Lehrer in Ausbildung und Fortbildung

Band 8

Erziehung im Lern- und Lebensbereich Schule

Hilfen zur Vermittlung und Verwirklichung erzieherischer Werte

Herausgeber: Walter Barsig/Hans Berkmüller/Helmut Sauter

VERLAG LUDWIG AUER DONAUWÖRTH

Ständige Mitarbeiter:

Siegfried Baumann, Anton Huber, Konrad Lohrer, Helfried Stöckel, Erhard Zausig

Autoren dieses Bandes:

Johann Fackelmann, Hans Kraus, Konrad Lohrer, Klaus Patho, Helmut Sauter, Rupert Schmid, Klaus Westphalen, Roland Würth, Günter Zimmermann

Quellenhinweis:

„Haus ohne Mitleid" von Paul Gurk, Klett Verlag, Stuttgart
„Die Erziehung des Schulkindes" von Walter Hemsing, Rechte beim Autor
Bildgeschichte aus „e.o. plauen, Vater und Sohn" © Südverlag GmbH Konstanz
Mit Genehmigung der Gesellschaft für Verlagswerte GmbH, Kreuzlingen/Schweiz

© by Verlag Ludwig Auer, Donauwörth. 1978
Alle Rechte vorbehalten
Satz: Composersatz Bergener, Haar
Druck und buchb. Verarbeitung: Druckerei Ludwig Auer, Donauwörth
ISBN 3-403-00891-6

Inhaltsverzeichnis

Vorwort 7

Klaus Westphalen

Zur pädagogischen Situation der Schule 9
1. Teil: Schulstreß und Schulkritik 10
2. Teil: Die Entwicklung des deutschen Schulwesens nach 1945 14
3. Teil: Pädagogische Perspektiven aus der heutigen Sicht 19

Konrad Lohrer

Die Wiedergewinnung des Erzieherischen in der modernen Leistungsschule 23
1. Die inhaltlichen Defizite unserer Bildungsreformen 23
2. ... veranlassen uns zu einer Reihe bildungstheoretischer und erziehungspraktischer Konsequenzen 25
3. ... und gipfeln in der Forderung nach der Wiedergewinnung des Erzieherischen in einer humanen Leistungsschule 37

Hans Kraus

Erziehung und Schulleben 38
1. Fundamente des Schullebens 40
2. Das Religiöse – Teilhabe an der Sache des Evangeliums 42
3. Das Sittliche – Ordnungsmacht im Schulleben 46
4. Das Musische – Ausdrucksgestaltung im Schulleben 48
5. Mitwirkung – Aufgabe im schulischen Leben 52
6. Handlungsfelder im Schulleben 55
7. Schulleben in der Bilanz zwischen Ermutigung und Begrenzung .. 58

Helmut Sauter

Erziehliche Aufgaben der Lehrerfortbildung
Hilfen für das erzieherische Handeln des Lehrers 61
1. Das Schwerpunktprogramm – erziehliche Schwerpunkte für die gesamte Lehrerfortbildung 62
2. Schwerpunkte für die schulart- und fachbezogene Lehrerfortbildung 68
3. Hilfen der Lehrerfortbildung für das erzieherische Handeln des Lehrers ... 77

Rupert Schmid

Sorgenkinder des Lehrers
Darstellung – Diagnostik – Beratung 93
1. Begriffe 95
2. Übersicht über diagnostische Verfahren 96
3. Falldarstellung 99

4. Die Anamnese	100
5. Die Exploration	106
6. Die Intelligenzdiagnostik	110
7. Test „Familie in Tieren"	111
8. Der Scenotest von G. v.Staabs	113
9. Multikausalität des Schülerverhaltens	117
10. Diagnose	123
11. Therapie	124
12. Zusammenfassende Übersicht über die bisherigen therapeutischen Bemühungen – Erfolge – Mißerfolge	127

Roland Würth

Erziehung durch Unterricht 130

1. Gedanken zum Begriff „Erziehender Unterricht"	131
2. Unterrichtsbeispiele zum „Erziehenden Unterricht"	131

Günter Zimmermann

Elternstammtisch – eine zeitgemäße Chance der erzieherischen Zusammenarbeit von Eltern – Schüler – Lehrer 141

1. Chance der Zusammenarbeit	142
2. Gemeinsamer Erziehungsauftrag von Elternhaus und Schule	142
3. Effektivität der in der Allgemeinen Schulordnung aufgezeigten Kontakt- und Beratungsmöglichkeiten	143
4. Der Elternstammtisch – zeitgemäße Chance zur Wiedergewinnung des Erzieherischen	144
5. Erfahrungen über die Operationalisierbarkeit des Modells	153

Johann Fackelmann/Klaus Patho

Mündliche Prüfung in Schulpädagogik 157

1. Prüfungsverlauf	158
2. Gegenstandsbereich	158
3. Analyse der Fragestellungen	160
4. Erwartungen der Prüfer	163
5. Möglichkeiten der Vorbereitung	176
6. Zusammenfassung	178

Vorwort

Band 8 der Reihe „Lehrer in Ausbildung und Fortbildung" greift einen Themenbereich auf, der schon seit einiger Zeit im Brennpunkt der pädagogischen Diskussion steht und durch das Seminarthema 1978/79 verstärkt in der Ausbildung zum Tragen kommt:

Die Vermittlung und Verwirklichung von Werten durch verantwortliches erzieherisches Handeln des Lehrers.

Der Schwerpunkt liegt bei allen Beiträgen zu diesem Themenbereich auf der unmittelbaren Umsetzung pädagogisch-theoretischer Erkenntnisse in unterrichtspraktische Handlungsabläufe und -entscheidungen.

In zwei Basisbeiträgen (K. Westphalen, K. Lohrer) wird die pädagogische Situation der Schule und ihr Erziehungsauftrag untersucht und damit eine fundamentale Standortbestimmung im Blick auf eine umfassende Wertdiskussion und Werterziehung abgegeben.

Eine Fülle von Anregungen und Hilfen für das erzieherische Handeln des Lehrers bieten die weiteren Beiträge „Erziehung und Schulleben" (H. Kraus), „Erziehliche Aufgaben der Lehrerfortbildung" (H. Sauter), „Sorgenkinder des Lehrers (R. Schmid), „Erziehung durch Unterricht" (R. Würth) und „Elternstammtisch" (G. Zimmermann). In anschaulicher Synthese von wissenschaftstheoretischen Erkenntnissen und schulpraktischen Anforderungen werden Beispiele für die Wertvermittlung und Wertverwirklichung durch personale und soziale Bildung im Lern- und Lebensbereich Schule gegeben.

Abschließend werden dem Leser Fallbeispiele und Lösungsmodelle für die mündliche Prüfung in Schulpädagogik (J. Fackelmann/K. Patho) vorgestellt, die hohen Transfercharakter besitzen und auch für den Schulalltag aktuelle Anregungen für verantwortliches erzieherisches Handeln bieten.

Ziele dieses Bandes sollen sein:

- einen unterrichtspraktischen Beitrag zum Seminarthema 1978/79 zu leisten,
- den Lehrer für seinen Erziehungsauftrag neu zu sensibilisieren,
- Anregungen für die eigene Fort- und Weiterbildung zu geben,
- den Junglehrer in seiner Ausbildung und seiner Unterrichtspraxis zu stärken,
- und nicht zuletzt dem Schüler *seine Schule* humaner und liebenswerter zu machen.

Wir wünschen den Lesern — ob Studierende, Lehramtsanwärter, Lehrer, Schulleiter, Schulaufsichtsbeamte, Eltern —, daß sie für ihre Fragen, Probleme und Aufgaben entsprechende Hilfen und Antworten finden mögen.

Die Herausgeber

Klaus Westphalen

Zur pädagogischen Situation der Schule

1. Teil: Schulstreß und Schulkritik 10

1. „Schulstreß" in der Bildungsreform 10
2. Schulkritik – ein historisches Phänomen 11
3. Kritikwürdige Phänomene der gegenwärtigen Schule 12
3.1 Die Verwissenschaftlichung des Unterrichts 12
3.2 Die Vernotung der Schüler 13
3.3 Die Verrechtlichung schulischer Entscheidungen 13
3.4 Die Uniformierung der Schulen 14

2. Teil: Die Entwicklung des deutschen Schulwesens nach 1945 14

1. Die Wiederaufbauphase (1945 bis 1964) 15
2. Die gesellschaftspolitische Wende (Mitte der 60er Jahre) 15
3. Die Phase der sog. Bildungsreform (bis 1973) 16
4. Die „Tendenzwende" (ab etwa 1973) 17
5. Ist die Bildungsreform gescheitert? 18

3. Teil: Pädagogische Perspektiven aus heutiger Sicht 19

1. Positionen und Zielvorstellungen 20
1.1 Positivistische Position 20
1.2 „Kritische Erziehung" 20
1.3 Pädagogische Erneuerung 20
2. Verhindert die Schule von heute eine pädagogische Erneuerung? 21
3. Pädagogischer Freiraum – Chance oder Illusion? 21
4. Die Schule vor schwierigen Aufgaben 22

1. Teil: Schulstreß und Schulkritik

„Jede zweite deutsche Familie mit schulpflichtigen Kindern hat Ärger mit der Schule. Jugendliche im Streß, Eltern in Ratlosigkeit, Lehrer in der Resignation — sie alle sind Opfer der Experimente progressiver Schul-Reformer. Vermassung und Anonymität, seelenlose Pädagogik und Schichtunterricht sind Kennzeichen des gegenwärtigen Schulbetriebes. Die Zahl der kontakt- und verhaltensgestörten Jungen und Mädchen steigt von Jahr zu Jahr. Die Leistungen lassen nach . . . "

Dieses Zitat, mit dem eine deutsche Wochenzeitung Leser zu gewinnen hoffte, repräsentiert aufs genaueste das Bild, das sich das gegenwärtige öffentliche Bewußtsein vom Gesamtkomplex Schule macht. Anfang 1977 hielten Schüler, Eltern und zum Teil sogar Lehrer in drei Folgen der ZEIT ein Scherbengericht über Schule ab, mit dem Ergebnis: „Unsere Schule ist eine Schande." Selbst in der Bayerischen Staatszeitung stand ein Diskussionsbeitrag unter der Überschrift: „Die schlechteste Schule, die es je gab . . . "

Wer die Krise des öffentlichen Bewußtseins über Schule für eine modische Pressekampagne hält, macht sich die Sache zu leicht. Schulkritik ist längst zum Politikum geworden. In Baden-Württemberg und Rheinland-Pfalz entwickelten im Auftrage des Kultusministers Kommissionen „Anwalt des Kindes" Vorschläge zur Verbesserung der „Schulmisere"; 1976 beschäftigten sich die Landtage in Bayern und Hessen ausführlich mit dem Thema „Schulstreß"; vielerorts macht die „Aktion Humane Schule" von sich reden. Schon 1975 verabschiedete der Deutsche Ärztetag eine vielbeachtete Entschließung zur „Überforderung von Schulkindern".

Die massive Schulkritik, für die sich eine Fülle weiterer Beispiele beibringen ließe, scheint sich allmählich zu einer Vertrauenskrise der Schule auszuwachsen. Es ist daher angebracht, nach den beweisbaren Fakten zu fragen und nach den Ursachen der Krise zu forschen.

1. „Schulstreß" in der Bildungsforschung

Im März 1977 trafen sich neunzehn Experten, die durch wissenschaftliche Beschäftigung mit dem Problem ausgewiesen waren, auf Einladung des Bundesministeriums für Bildung und Wissenschaft in Fellhorst bei Schleswig, um über den Forschungsstand zum Thema „Schulstreß und Schülerbeanspruchung" zu diskutieren. Sie konnten sich auf sechs Gutachten stützen, in denen bekannte Forscher alle erhältlichen Informationen zum Schulstreß zusammengetragen hatten [1]. Auf den ersten Blick erscheinen die Ergebnisse eher ernüchternd:

---

[1] Unterdessen erschienen in der Reihe „Werkstattberichte" des BMBW.

- Es gibt sehr wenige spezielle Untersuchungen zum „Schulstreß", da die noch relativ junge Bildungsforschung sich bisher eher auf die Erfolge und Leistungen einzelner wie auch ganzer Schulsysteme konzentriert hat.
- Die vorliegenden Statistiken über Verhaltensauffälligkeiten bei schulpflichtigen Kindern ergeben zwar eine relative Häufigkeit von Störungen (vom „harmlosen" Bauchweh bis zum Selbstmord). Doch ist es bekanntlich sehr schwer zu sagen, wo die Krankheit anfängt; entsprechend schwanken auch die Zahlen. Selbst wenn die häufig angegebene Zahl von etwa 20 % mehr oder weniger gestörter Kinder zutreffen sollte, ist es bisher in keinem Fall möglich, eine kausale Abhängigkeit physiologischer oder psychischer Störungen von bestimmten Faktoren der Schule nachzuweisen. Wieviele Kinder treten nicht mit minimalen zerebralen Dysfunktionen, die bisher verborgen geblieben sind, in die Schule ein? Wieviele würde man nicht schon mit 6 Jahren als zivilisationsgeschädigt oder erziehungsgeschädigt bezeichnen können? Die oft gehörte Behauptung „Schule macht krank" muß solange als unbestätigt zurückgewiesen werden, bis nicht Klarheit herrscht über konkrete Übertragungsmechanismen und Wenn-dann-Beziehungen zwischen Beanspruchungsfaktor und Beanspruchungsfolge.
- Die *Zunahme* von Störungen und Streßsymptomen wird zwar von den meisten Kinderärzten und Erziehungsberatern festgestellt. Einer strengen wissenschaftlichen Prüfung hält aber auch dieses Argument nicht stand, denn möglicherweise veranlaßte eine verstärkte Sensibilisierung von Eltern gegenüber vermeintlichen oder tatsächlichen Verhaltensauffälligkeiten sie dazu, einen Fachmann um Rat anzugehen. Solange nicht systematische Reihenuntersuchungen über eine Folge von Jahren hinweg vorliegen, läßt sich nicht mit Sicherheit behaupten, daß von der Schule verursachte Streßerscheinungen zugenommen haben.
- Gut gesichert erscheint nur, daß Schule Angst verursacht. 52 % aller deutschen Schulkinder leiden darunter. Aber auch hier ist es nicht möglich, einen Zuwachs von Schulangst nachzuweisen, da alle einschlägigen Untersuchungen erst aus den 70er Jahre stammen.
- Im übrigen erschien es den Experten durchaus zweifelhaft, ob Schulstreß ausschließlich und zu allen Zeiten als negatives Phänomen gesehen werden muß. Es kann vom Zeitgeist bzw. einer vorherrschenden Ideologie abhängen, ob der Schule eher Streßabbau oder Streßbewältigung zum Ziel gesetzt wird.

Beweise statt Evidenz?

Bei dieser Sachlage neigten die Bildungsforscher in Fellhorst eher dazu, dem Wort Streß vorerst auszuweichen durch den neutralen Begriff „Schülerbeanspruchung". Da andererseits Streßerscheinungen und Angstsymptome unter Schülern augenfällig vorkommen und eine Zunahme dieser Phänomene immerhin wahrscheinlich ist, forderten die Experten, an die Stelle der Evidenz Beweise zu setzen und entwarfen dafür ein umfangreiches Forschungsprogramm, das mittelfristig eine gewisse Kurskorrektur der Bildungsforschung auf die negativen Aspekte des Schulsystems wie auch des Schulalltags hin einleiten dürfte. Der Scheinwerfer richtet sich damit auf die Schattenseiten unserer Bildungseinrichtungen.

2. Schulkritik – ein historisches Phänomen

Noch eine zweite Gedankenkette mahnt zur Vorsicht gegenüber allzu dramatischen, allzu reißerischen Verteufelungen der heutigen Schulen. Schulstreß und Schulkritik scheint es zu geben, seitdem es Schule, insbesondere öffentliche Schule gibt. Der berühmte Hygieniker Max Pettenkofer kritisierte 1869 die Abnützung der körperlichen und geistigen Kräfte von Jugendlichen durch das Gymnasium, 1905 erschien ein Buch mit dem Titel „Die geistige Überbürdung in den höheren Schulen", und diese Reihe ließe sich fortsetzen. Als Friedrich Torberg 1929 seinen schulkritischen Roman „Der Schüler Gerber" schrieb, gelangten ihm in einer einzigen Woche zehn Schülerselbstmorde zur Kenntnis. Im dem von Alfred Graf 1912 herausgegebenen Buch „Schülerjahre – Erlebnisse und Urteile namhafter Zeitgenossen" finden sich im Prinzip dieselben Vorwürfe und Anklagen gegen die Schule und Lehrer wie in der ähnlich angelegten Sammlung von Walter Kempowski „Immer so durchgemogelt – Erinnerungen an unsere Schulzeit" aus dem Jahre 1974.

3. Kritikwürdige Phänomene der gegenwärtigen Schule

Dieser kurze Blick auf die Forschungslage und Geschichte des Themas „Schulstreß und Schulkritik" sollte vor Verzerrungen und voreiligen Schlüssen warnen, nicht aber die notwendige sachliche Diskussion behindern. Im Gegenteil, ich möchte selbst vier Phänomene an der gegenwärtigen Schule hervorheben, die mir kritikwürdig erscheinen. Dabei sei gleich eingeräumt, daß alle vier auch ihre guten Seiten haben, ursprünglich vielleicht sogar ausschließlich positiv zu bewerten waren; gerade das erschwert es, unerträgliche Grenzüberschreitungen und Fehlformen dingfest zu machen.

3.1 Die Verwissenschaftlichung des Unterrichts

Jedermann weiß, daß wir, wie Schelsky es ausdrückte, in einer „wissenschaftlichen Zivilisation" leben, daß wissenschaftliches Denken in Form von Abstrahieren, Argumentieren, Deduzieren usw. heute als einzig akzeptable geistige Kommunikationsweise gilt, daß Wissenschaft auf dem Wege über die Technik unseren Alltag beherrscht, daß wissenschaftliche Forschung das ökologische Leben der zukünftigen Menschheit bestimmen wird usw.

Selbstverständlich haben die Schulen dieser mächtigen Strömung voll Rechnung getragen. Wissenschaftliche Ausbildung wurde nicht mehr als Privileg einer kleinen Schar von Gymnasiasten betrachtet; sie ist unabdingbare Lebenshilfe für jedermann geworden (Theodor Wilhelm: Theorie der Schule 1967). Niemand bestreitet mehr, daß Lehrerbildung an den Wissenschaften erfolgen muß; die Pädagogik benennt sich in Erziehungswissenschaft um usw. Eine solche Entwicklung zurückdrehen zu wollen, wäre ein Anachronismus, der die Schule unfähig machte, ihre Aufgaben zu erfüllen.

Auf der anderen Seite sind heutzutage deutlich einige Fehlformen der Verwissenschaftlichung des Unterrichts zu beobachten. Ich nenne zuerst die Umdeutung des Wissenschaftsprinzips in *Ergebnisvermittlung*. Nicht Wissenschaft als Prozeß und Methode, als Umweg und Irrweg wird von unseren Schülern erfahren, sondern gewöhnlich wird Wissenschaft als eine Summe von Produkten, von Regeln und Resultaten vermittelt, die es zu lernen und anzuwenden gilt. Auch das muß natürlich sein, aber die Einseitigkeit der Unterrichtspraxis, das Monopol der Ergebnisvermittlung ist zu kritisieren. Zweitens nenne ich die *Monopolisierung* des Wissenschaftsprinzips an den Schulen in Form der *Verfachlichung*. Das Alltagsgeschäft der Schule ist doch (von wenigen Ausnahmen, etwa in der Grundschule, abgesehen) der sechsstündige Fachunterricht, und dieser orientiert sich an wissenschaftlichen Disziplinen („Abbilddidaktik"). Unsere Unterrichtsorganisation spiegelt direkt das System einiger dominanter Wissenschaften wider. Alternativen wie Konzentrationsunterricht, fächerübergreifende Projekte, erzieherische Freiräume sind praktisch in die letzten Winkel unserer Schulhäuser zurückgedrängt. Drittens muß man erkennen, daß die Wissenschaft an der Schule eine Hauptrolle als *Ausleseinstrument* spielt. Wer die wissenschaftlichen Lerngegenstände nicht bewältigt, weil er sie entweder quantitativ nicht faßt (z.B. eine oder mehrere Fremdsprachen zusätzlich zur Muttersprache) oder ihnen qualitativ nicht gewachsen ist (z.B. dem Grad der Abstrahierung im Mathematikunterricht), der scheidet frühzeitig aus dem Rennen um die Führungspositionen in der Gesellschaft aus. Ich will nicht behaupten, daß diese Einrichtung eine Fehlform sei, da ich bis heute kein gerechteres Medium für Leistungsbewertung kenne. Aber kann man es anthropologisch rechtfertigen, daß an unseren Schulen der Mensch nur als „homo scientificus" zählt?

3.2 Die Vernotung der Schüler

Man verzeihe die Neuschöpfung der pejorativen Vokabel „Vernotung". Sie soll ausdrücken, daß wir dazu neigen, die Schüler immer stärker zu beurteilen, zu bewerten, zu messen. Das komplexe Übertrittsverfahren von der Grundschule ins Gymnasium, der qualifizierende Hauptschulabschluß, das auf zwei Jahre angelegte Punktkonto eines Kollegstufenschülers sind Beispiele dafür. Die Verfeinerung und das größere Gewicht des Prüfungswesens an unseren Schulen entspringen freilich nicht etwa einer sadistischen Freude des Pädagogen an der Einstufung und Abqualifizierung von Menschen. Die Wurzeln liegen anderswo.

Zum einen, und das ist selbstverständlich ein positiver Ansatz, entspringt die Beurteilung von Schülern dem Leistungsethos unserer Gesellschaft. Leistungs*bewährung* ist zweifellos ein wichtiger Impuls im menschlichen Handeln und erweist sich am Leistungs*vergleich*. Zum anderen ist nach festen Kriterien beurteilte Leistung — und bezöge sie sich auch allein auf Bewältigung von wissenschaftlichen Lerngegenständen — der entscheidende Ausweis im Rahmen des Berechtigungswesens. So scheint Vernotung des Schülers sinnvoll und unersetzlich. Ob sie aber in allen Schularten und Schulstufen derartig dominieren muß, wird heute mit Recht gefragt. Könnte es nicht auch hier Freiräume geben oder wenigstens verdünnte Zonen, etwa in gewissen Fächern oder Klassen, in denen keine Schullaufbahnentscheidungen fallen?

3.3 Die Verrechtlichung schulischer Entscheidungen

Wenn mit der Vernotung der Schüler wichtige Entscheidungen über den zukünftigen Sozialstatus fallen, wenn die Schulwelt vor der Berufswelt die erste Phase des Wettbewerbs um Lebensqualität ist, so ist es vorbei mit der Schonraum-Ideologie, dann wird die Schule zum Ernstfall. Das erfordert, daß die Schule rechtsstaatlichen Grundsätzen unterworfen wird, daß für alle Schüler gleiche Chancen und gleiches Recht bestehen müssen.

Im letzten Jahrzehnt hat sich der juristische Schutz individueller Schüler sowie der gesamten Schülerschaft vor jeglicher Willkür (auch von seiten der staatlichen Verwaltung) immer mehr ausgedehnt. Das ist sicher gut so. Aber wenn auf dem 51. Deutschen Juristentag in Stuttgart 1976 zu einem weiteren Sturmangriff auf die Bastion Schule geblasen wurde, so wird man sich allmählich fragen müssen, wer eigentlich zu sagen hat in unserer Schule, die Kultusminister, die Juristen oder etwa gar die Finanzminister?

Ein besonderes Steckenpferd der Juristen war und ist z.B. das Verfahren der Leistungsbewertung. Hier, meine ich, wurden erträgliche Grenzen überschritten, die Lehrer zu Registratoren von Lernergebnissen degradiert. Es ist daher nur begrüßenswert, wenn allmählich eine gewisse Gegenbewegung einsetzt, wofür die Wiederherstellung des Ermessensspielraumes bei der Durchführung und Bewertung von Leistungserhebungen im Volksschulbereich ein erfreuliches Signal ist.

3.4 Die Uniformierung der Schulen

Die Herstellung gleicher Rechte und Chancen führt tendenziell immer zur Einrichtung gleicher Bedingungen. Dieser Tendenz kommt die Geschichte des öffentlichen Schulwesens in Deutschland entgegen; wir haben schon immer ein zentralistisches System gehabt. Das empfindet besonders deutlich, wer jemals die Gelegenheit gehabt hat, das amerikanische Schulsystem zu studieren: Dort verfügen die „local school boards" über wesentlich mehr Autonomie als hierzulande die einzelnen Schulen. Wenn derzeit vom „Lehrplanchaos" in der Bundesrepublik gesprochen wird, so kann darüber der Amerikaner nur lächeln: Er würde die Konkurrenz der Curricula als eine der pluralen Gesellschaft angemessene Rahmenbedingung empfinden.

Natürlich hat ein dezentralisiertes Schulsystem auch Nachteile. Das Scherbengericht z.B., welches über die sog. Normenbücher für die Abiturprüfung (offiziell: Einheitliche Prüfungsanforderungen) veranstaltet wird, ignoriert die gute Absicht der Kultusminister, durch diese Maßnahme wenigstens offenkundige Benachteiligungen mancher Schüler zu beseitigen. Aber insgesamt müssen wir uns fragen, ob die Zentralisierung und Vereinheitlichung unseres Schulsystems nicht einen Punkt erreicht hat, der wichtige Aktivposten wie Originalität und Spontaneität, Freude am Risiko und an individueller Gestaltung zurückdrängt. Wird nach den Erfahrungen mit der Schulreform im letzten Jahrzehnt nicht eher eine Lähmung Platz greifen, die Scheu vor Versuchen und Irrtümern, eine Flucht in die Geborgenheit allgemeiner Regelungen? Wieviele Schulen gibt es noch, die sich ein eigenes Profil, ein eigenes Klima bewahren?

Ich habe im ersten Teil meiner Ausführungen dargestellt, wie sich die Schule in den Augen der Öffentlichkeit und in den Schlagzeilen der Presse darbietet, sodann untersucht, welche aktuellen Ausprägungen ihr Erscheinungsbild für den Fachmann bestimmen. Ich möchte im zweiten Teil nach den Wurzeln der heutigen Schule fragen und in einem kurzen zeitgeschichtlichen Rückblick von der Zeit nach 1945 bis in die Gegenwart führen.

2. Teil: Die Entwicklung des deutschen Schulwesens nach 1945

Die nach 1945 einsetzende geistige Abrechnung mit dem Nationalsozialismus mußte jedem Pädagogen, der über den Sinn erzieherischen Handelns nachdachte, einen schweren Schock versetzen. Im allgemeinen Zusammenbruch der völkischen Werte stand man auch vor dem Scherbenhaufen des deutschen Idealismus und seiner Bildungsidee. „Die Forderung, daß Auschwitz nicht mehr sei, ist die allererste an Erziehung", so drückte Theodor W. Adorno das Zeitgefühl aus.

1. Die Wiederaufbauphase (1945 bis 1964)

Es lag nahe, nach dem Zusammenbruch aller Bezugssysteme in der Gegenwart die notwendigen Fixpunkte in der Vergangenheit zu suchen, im „Bewährten", d.h. in den Ideen des Christentums, des deutschen Idealismus, Humanismus und Liberalismus, also in Werten, die der Nationalsozialismus verraten hatte. In Bayern hat schon die Verfassung von 1946 oberste Bildungsziele in diesem Sinne festgelegt; sie beginnen mit der „Ehrfurcht vor Gott". Auch ein von der amerikanischen Besatzungsmacht ins Leben gerufener Ausschuß bestimmte im Jahre 1948 die obersten Bildungsziele und Bildungsaufgaben der bayerischen Schulen in Form eines „Bekenntnisses zu der christlich-abendländischen Kultur im deutschen Raum". Darüber hinaus stellte man auch fest, daß „die Tatsache der Begabungsunterschiede . . . eine Aufgliederung des Schulwesens in verschiedene Schularten (bedinge)".

Diese Grundsätze bestimmten hinsichtlich Zielsetzung und Organisationsform den Wiederaufbau des westdeutschen Schulwesens, auch wenn der Alliierte Kontrollrat noch 1947 eine stärkere Anlehnung an Schulsysteme des Auslands und eine insgesamt „progressivere" Richtung gefordert hatte. Die Schulen konnten sich in den ersten fünfzehn Jahren nach dem Krieg ruhig und ungestört nach den Mustern der Vergangenheit entwickeln; der politische, wirtschaftliche und militärische Ausbau Westdeutschlands nahm in der Ära Adenauer kaum Notiz vom Wiederaufbau des Bildungswesens.

2. Die gesellschaftspolitische Wende (Mitte der 60er Jahre)

Erst Mitte der 60er Jahre wurde das deutsche Schulwesen ungestüm aus dem Windschatten gerissen. Georg Picht veröffentlichte 1964 sein Buch „Die deutsche Bildungskatastrophe", in dem folgender inhaltsschwere Satz stand: „Die Zahl der Abiturienten bezeichnet das geistige Potential eines Volkes, und von dem geistigen Potential sind in der modernen Welt die Konkurrenzfähigkeit der Wirtschaft, die Höhe des Sozialprodukts und die politische Stellung abhängig". Dieser Satz hat in zweifacher Weise das deutsche Bildungswesen revolutioniert. Erstens setzte er das Bildungssystem in direkte Beziehung zum politischen, gesellschaftlichen und wirtschaftlichen System und eröffnete damit — ideell — die *gesellschaftspolitische Wende* in der deutschen Bildungspolitik. Zweitens brachte er — materiell — durch die Ausrufung eines „nationalen Notstandes erster Ordnung" die Lawine der Bildungswerbung ins Rollen, die zu einer nie gekannten quantitativen und finanziellen Expansion des Bildungswesens in Deutschland führte. Ich fasse die ideellen Grundzüge der gesellschaftspolitischen Wende im folgenden kurz zusammen:

- Der *idealistische Bildungsbegriff,* der verbunden ist mit den Idealen des „Geistes", der „Kultur" und der „Person", wird ausgehöhlt und aufgelöst, als nicht mehr zeitgemäß ins Abseits gestellt. Stellvertretend für viele, die zu dieser Entwicklung beitrugen, seien Theodor Litt, Georg Picht und Theodor Wilhelm genannt.
- An Stelle des traditionellen Bildungsbegriffs tritt ein neuer unter ausschließlich gesellschaftspolitischem Aspekt. Bildung wird betrachtet (a) als *gesamtökonomischer Produktionsfaktor* (Picht: „Der bisherige wirtschaftliche Aufschwung wird ein rasches Ende nehmen, wenn uns die qualifizierten Nachwuchskräfte fehlen . . . "), (b) als *individueller Sozialfaktor* (Helmut Schelsky definierte Schule als entscheidende Dirigierungsstelle für den künftigen sozialen Rang eines Menschen) und (c) als *Instrument einer umfassenden Gesellschaftspolitik* (Klaus Mollenhauer wies der Schule die Aufgabe zu, in der heranwachsenden Generation das Potential gesellschaftlicher Veränderung hervorzubringen).

3. Die Phase der sog. Bildungsreform (etwa 1964 bis 1973)

In der zweiten Hälfte der 60er Jahre hat sich die gesellschaftspolitische Wende durchgesetzt — vor allem im pädagogischen Überbau. Mit dieser Vokabel meine ich die Bereiche der Bildungspolitik der Bildungsplanung und der Bildungsforschung, also Macht- und Entscheidungsbereiche, in denen die faktische oder geistige Regulierung des Schulwesens versucht wird. Schelsky hat in seinem Buch „Die Arbeit tun die anderen" dies als Sinnstiftung bezeichnet und zugleich in Frage gestellt. Ich folge ihm in seiner Skepsis nicht. Wer immer Geschichte auch als Ideengeschichte betrachtet, wird es für legitim halten, wenn neue Entwicklungen sich zunächst in geistigen Veränderungen ankündigen und dann in Maßnahmen umschlagen. So geschah es in der deutschen Bildungspolitik nach 1964: Die Phase der Reformkonzepte und Reformmaßnahmen begann.

Man sieht heute viel deutlicher als seinerzeit, daß Reformimpulse und Reformaktivitäten keineswegs ein auf den Bildungsbereich begrenztes, gesellschaftlich isoliertes Unternehmen waren, sondern ganz im Gegenteil aus dem Nährboden einer *dreifachen* Aufwärtsentwicklung in der Bundesrepublik Deutschland erwuchsen:

a) Ermutigt durch die Erfolge der Wiederaufbauphase hatte sich ein geistiges Bewußtsein in der Öffentlichkeit hergestellt, das von Fortschrittsglauben und *Optimismus* getragen wurde. Die Grenzen des Wachstums kamen noch nicht ins Blickfeld, man rechnete mit quantitativer und qualitativer Expansion auf allen Gebieten.

b) Die *Bevölkerungspyramide* war gekennzeichnet durch eine breite Basis, d.h. die Verluste der Kriegszeit wurden ausgeglichen durch eine große Zahl Heranwachsender, für die in der Wirtschaft reichlich Arbeitsplätze vorhanden waren.

c) Die *wirtschaftliche Ausdehnung* war beträchtlich, der Export stieg von Jahr zu Jahr. Der Bedarf an Arbeitskräften konnte nur durch die Anwerbung von Gastarbeitern gedeckt werden; die mittleren und höheren Positionen waren in der Regel der deutschen Bevölkerung vorbehalten. Für den Ausbau der Infrastruktur in Bund, Ländern, Städten und Gemeinden standen reichlich Mittel zur Verfügung.

Optimistisches Zeitgefühl, Bevölkerungsexplosion und Wirtschaftsexpansion zusammen stellten die geistigen und materiellen Ressourcen für die Phase der Reformen im Bildungswesen dar. Durch dieses Klima begünstigt, regten sich allenthalben Reformimpulse, die von praxisnahen Verbesserungsvorschlägen über Realutopien zu ideologischen Wolkengebilden reichten. Grundgedanke war die *Höherqualifikation* möglichst vieler Heranwachsender. Der neue, dynamisch genannte Begabungsbegriff stellte sich in den Dienst dieser Idee. Weitere *Parolen* lauteten: Mobilisierung der Begabungsreserven, kompensatorische Erziehung, Demokratisierung der Schule, Partizipation der Lehrer, Aktualisierung der Lerninhalte, Perfektionierung der Lernprozesse, Durchlässigkeit und vor allem das sozialpolitische Leitziel Chancengleichheit bzw. Chancengerechtigkeit.

Der Vielzahl von Zielsetzungen entsprach eine Fülle von *Reformmaßnahmen*. Im Überbau entstanden die großen Pläne, von denen der Strukturplan (1970) und der Bildungsgesamtplan (1973) hervorragten. Die Bildungspolitiker waren plötzlich gefragte Mitglieder im Regierungskabinett, sie versuchten ihre Entscheidungen abzustützen durch Einrichtungen der Bildungsforschung, die in jenen Jahren großzügig ausgebaut oder neugegründet wurden. An die Bevölkerung wandte man sich mit großangelegten Werbekampagnen: „Schickt eure Kinder auf bessere Schulen"; für Lehrernachwuchs warben gut ausgestattete Broschüren der Kultusministerien. Die Schulen selbst profitierten von der Welle an Großmut und Spendierfreudigkeit: Alte Schulhäuser wurden abgerissen, die neuen vielfach hervorragend ausgestattet. An vielen Schulen regte der allgemeine Optimismus zu pädagogischen Experimenten an; daraus entstanden bald vielbeachtete Schulversuche, z.B. die Gesamtschule, die Orientierungsstufe, die Kollegstufe, das Berufsgrundschuljahr. Die Wertschätzung von Bildung drückte sich auch in der Einführung des 9. Hauptschuljahres aus (in Bayern 1969). Auch die innere Schulreform wurde nicht vergessen. Seit Robinsohns Buch „Bildungsreform als Revision des Curriculum" (1967) hatte man auch dafür eine Parole gefunden. In allen Ländern, Schularten und Schulfächern fanden Lehrplanreformen statt, die Lernzielorientierung setzte sich durch, die Schulbücher wurden attraktiver und − teurer, der Programmierte Unterricht dehnte sich − wenn auch zögernd − aus. Als Kriterien für den meßbaren Erfolg der Reformen hatten ihre wichtigsten Anreger, Friedrich Edding, Georg Picht und Ralf Dahrendorf, Indexziffern vorgeschlagen: der Anteil der Bildungsausgaben am Bruttosozialprodukt, die Prozentquote der Abiturienten im Gesamtjahrgang, die Zahl der Unterschichtkinder am Gymnasium. Stillschweigend wurde akzeptiert, daß sich der Erfolg von Bildungsreformen an Zahlen messen lasse, ein folgenschwerer, aber allgemein hingenommener Sieg des gesellschaftspolitischen Prinzips.

4. Die „Tendenzwende" (ab etwa 1973)

Ich gebrauche den schon fast berüchtigten Begriff „Tendenzwende", da ich keine bessere Bezeichnung für den allgemeinen Umschwung kenne, der sich in den frühen 70er Jahren vorbereitete und heute breite Flächen unseres Bewußtseins beherrscht. Das Wort „Tendenzwende" verweist darauf, daß es sich um eine allgemeine Wandlung handelt, die alle Gebiete des geistigen und materiellen Lebens umfaßt.

Wir haben vorhin drei Zeitströmungen als Impulsfaktoren der Bildungsreformen hervorgehoben: optimistisches Zeitgefühl, Bevölkerungsexplosion, Wirtschaftsexpansion. Alle drei werden nun erkennbar umgedreht. Das Schlagwort „Grenzen des Wachstums", formuliert im Bericht des Club of Rome, bremst den *Optimismus*, schraubt die Erwartungen zurück, wendet den Blick zurück auf das Erhaltenswerte aus der Vergangenheit. Die *Bevölkerungszunahme* wird umgeknickt, die demographische Pyramide steht wacklig auf einem spitzen Dreieck, eine neuartige, außergewöhnliche Entwicklungskurve drückt auf das Ausbildungs- und Beschäftigungssystem. Die *wirtschaftliche Expansion* wird durch eine *Rezession* abgelöst, die Zahl der Arbeitslosen bewegt sich um 1 Million.

Von diesen *Außen*faktoren her wird die Phase der Schulreform schwer erschüttert. Nicht wenige konstatieren oder dekretieren das völlige Ende der Bildungsreform. Die Begriffe Reform und Innovation werden als nicht mehr zeitgemäß aus dem Verkehr gezogen. Die Gesamtschulentwicklung zieht erstmals nüchterne Bilanz und stellt fest, daß wesentliche Reformziele nicht erreicht wurden. Das Buch von Christopher Jencks „Inequality" wird aus dem Amerikanischen übersetzt und bestätigt, daß Bildungsreformen keine gesellschaftlichen Veränderungen erbringen. Die genetische Begabungstheorie wird flugs rehabilitiert. Eine neue Sehweise bildet sich heraus: Statt auf die Steigerung der Abiturientenzahlen starrt man z.B. auf die Auspowerung der Hauptschule. Hauptschule und berufliche Bildung werden – zunächst in Proklamationen – aufgewertet auf Kosten des Gymnasiums und der allgemeinen Bildung. Plötzlich beeindrucken auch die alten Indexziffern nicht mehr; man erkennt, daß man nur Quantität, nicht Qualität gemessen hat.

Das ganze *Erscheinungsbild von Schule* ändert sich. In der optimistischen Phase stellte man an sie hohe und höchste Erwartungen – unter dem Aspekt einer Verbesserung der Gesamtgesellschaft. Jetzt konstatiert man ihre pädagogische Leere, registriert den angeblich wachsenden Schulstreß und bringt durch um sich greifende Schulkritik die Schule in die Krise. Die rosarote Brille wird abgesetzt, die Schule wird ohne Wohlwollen unter die Lupe genommen. Das im ersten Teil dieses Aufsatzes skizzierte Erscheinungsbild von Schule tritt vor die Augen der Öffentlichkeit.

Auf der *Maßnahmenseite* gerät der Ausbau der Gesamtschulen ins Stocken, die Orientierungsstufe tritt auf der Stelle, auf der gymnasialen Oberstufe wird die ohnehin nur begrenzte freie Fächerwahl weiter eingeschränkt. Allzu kühne Curriculumreformen haben sich ohnehin nie durchsetzen lassen. Manche Ministerien verteilen bereits Broschüren, in denen vor dem Lehrerberuf gewarnt wird. Schon kenne ich auch ein Flugblatt, in dem ausdrücklich für den Verbleib in der Hauptschule geworben wird. Die Überqualifikation von Schülern wird als fehlerhaft bezeichnet, da man Spannungsverhältnisse zwischen personalem Sein und Arbeitsplatzbeschaffenheit befürchten muß.

5. Ist die Bildungsreform gescheitert?

Nicht wenige neigen heute dazu, die Bildungsreform für gescheitert zu erklären und obendrein den pädagogischen Überbau für das negative Erscheinungsbild der heutigen Schule verantwortlich zu machen. Ich möchte in bezug auf diese Frage drei Gesichtspunkte besonders hervorheben:

a) Die *quantitative Stoßrichtung* der Reform hat den materiellen Abstand deutlich vermindert, der zwischen der florierenden Wirtschaft der Bundesrepublik und ihrem Schulwesen bestand. Gravierende materielle Defizite sind heute wohl nur noch in der Lehrer-Schüler-Relation zu sehen.

b) Die *soziale Stoßrichtung* der Reform hat sicherlich nicht die Gesellschaft verändert, aber doch bestehende Benachteiligungen merkbar reduziert. In München besuchen z.B. derzeit mehr Mädchen als Jungen die Realschulen und Gymnasien, die Landbevölkerung hat durch den Neubau von Schulen bessere Bildungschancen erhalten usw. Besonders wichtig erscheint mir, daß das Bewußtsein aller Lehrer für schichtenspezifische Behinderungen geschärft wurde.

c) Die *Hinwendung der Schule zur Gesellschaftspolitik* und Wirtschaft war ohne Zweifel einseitig, aber doch, wie sich aus den beiden vorigen Punkten ergibt, *produktiv*. Die gesellschaftspolitische Wende hat darüber hinaus unwiderruflich mit der Illusion aufgeräumt, Schule sei ein Schonraum, ein isolierter, ja sogar autonomer Bezirk außerhalb der Gesellschaft. Wenn auch Schule kaum das Potential gesellschaftlicher Veränderung ist, wie die Neue Linke glaubte, so muß doch unbestritten bleiben, daß sie einen gesamtökonomischen Produktionsfaktor und einen individuellen Sozialfaktor darstellt. Hinter diese Erkenntnisse können wir nicht zurück, auch wenn wir wissen, daß damit Schule nur zu einem Teil, nicht zur Gänze beschrieben wird.

Im übrigen hat A.O. Schorb zu Recht darauf hingewiesen, daß es *zwei verschiedene Vorstellungen von Reform* gibt. Die erste betrachtet alle Entwicklungen in der Reformphase gebündelt und integriert als „die große Bildungsreform", gleichsam als einen gigantischen Schulversuch, der gelingt oder scheitert. Sie ist – nach Schorb – mit Skepsis aufzunehmen, „wenn man nicht zuvor darzulegen vermag, ob die vielen Detailerscheinungen, aus denen sich der Eindruck ‚große Reform' gebildet hat, in Wirklichkeit voneinander abhängig sind oder ob sie nicht gegeneinander Autonomie besitzen". Die zweite Vorstellung hält Schorb für sachgerechter: „Reform ist die notwendige fortlaufende Mitveränderung des Bildungssystems mit kulturellen, wirtschaftlichen, sozialen und demokratischen Wandlungen. Es gibt kein endgültiges Erreichen des Zieles, sondern nur eine Transposition derselben ständigen Erneuerungsbereitschaft in sich wandelnde soziale, kulturelle und politische Szenerien. Reform so verstanden kann gar nicht endgültig scheitern . . ., sie kann höchstens vorübergehend mit einem ihrer Ansätze erfolglos bleiben."

3. Teil: Pädagogische Perspektiven aus heutiger Sicht

Ich schließe mich der Anschauung Schorbs an. Das Bildungswesen ist nach einer relativ ruhigen Wiederaufbauphase aus dem Windschatten getreten. Es hat, beflügelt von Impulsfaktoren im Gesellschafts- und Wirtschaftssystem, außerordentliche Anstrengungen zu seiner Verbesserung unternommen. Wenn die vielleicht zu hochgesteckten Zielerwartungen nur teilweise erfüllt werden konnten und obendrein nur in eine Richtung verliefen, so ist dies kein Grund, jetzt den großen Stillstand auszurufen. Wer dies versucht, handelt unhistorisch. Die Geschichte entwickelt sich außerhalb der Schule weiter, das Bildungswesen kann sich ihr nicht entziehen. Zum Beweis dafür: Wir können die gesellschaftspolitische Wende jetzt nicht einfach rückgängig machen; jedermann weiß, welche fatalen Auswirkungen die Verknappungssituation in der Arbeitswelt in naher Zukunft für uns und die Schule haben wird. Schon fordert z.B. die GEW die obligatorische Einführung eines 10. Hauptschuljahres und eines Berufsgrundbildungsjahres in der 11. Jahrgangsstufe . . .

Im folgenden verlasse ich die Ebene der großen bildungspolitischen Umwälzungen, die die pädagogische Situation der Schule nachhaltig beeinflußt haben. *Im dritten Teil* frage ich nach den pädagogischen Perspektiven der Schule, die aus heutiger Sicht erkennbar sind.

1. Positionen und Zielvorstellungen

Schule ist eine Einrichtung, die von Menschen für Menschen gemacht und betrieben wird. In sie fließen weltanschauliche Positionen und Zielvorstellungen ein, sei es auf dem Wege über die Lerninhalte (Curriculum), sei es auf dem Wege über die Lehrpersonen. Die pädagogische Situation der Schule und der Schüler in ihr bestimmt sich – theoretisch – aus der jeweils herrschenden Erziehungstheorie.

Nach Auflösung der humanistisch-idealistischen Bildungsidee, nach der gesellschaftspolitischen Wende, im Rahmen der gesellschaftlichen Unsicherheit gegenüber Normen ist es allerdings nicht möglich, von *einer* herrschenden Erziehungstheorie zu sprechen. Unsere Schüler sind in der Praxis mehreren erzieherischen Leitbildern ausgesetzt und erleben oft schon im Klassenzimmer die Pluralität der Demokratie.

Ich glaube, daß sich derzeit drei Positionen unterscheiden lassen, die in Lehrpersonen und Curricula dem Schüler gegenübertreten und selbstverständlich auch in Beziehung stehen zu rivalisierenden Strömungen der Erziehungswissenschaft:

1.1 Viele Lehrer haben sich auf wissenschaftliche Bastionen zurückgezogen; sie betreiben zwar Unterricht, aber ausdrücklich nicht Erziehung. „Wie komme ich dazu, die Kinder fremder Leute zu erziehen", fragte ein bayerischer Gymnasiallehrer. Curricula werden von ihnen prinzipiell ohne eigene Stellungnahme durchgenommen; die Person des Lehrers tritt völlig zurück hinter der Sache. Das führt dann zu jenen Fehlformen der Verwissenschaftlichung, die wir im 1. Teil betrachtet haben, zu einseitig kognitiver Ausrichtung der Schüler. In der Erziehungswissenschaft könnte man diese Position als *positivistisch* bezeichnen; sie bemüht sich dort um „wertfreie" empirische Informationen.

1.2 Eine andere Position, die sog. *Kritische Erziehung,* bemüht sich demgegenüber intensiv um die Einstellungen der Schüler; ihr Leitziel ist die sog. Emanzipation des Individuums aus „vermeidbaren Zwängen". Dabei steht die Kritik an der Gesellschaft im Vordergrund: Abbau ungerechtfertigter Autorität, Parteinahme für die jeweils Schwächeren, mehr Demokratisierung, Autonomie und Partizipation sind einige Parolen dieser Bewegung. Sie wurzelt im wissenschaftlichen Bereich vor allem in der sog. Kritischen Theorie der Frankfurter Schule und teilweise im Marxismus.

1.3 Eine letzte Richtung schließlich nenne ich „*Pädagogische Erneuerung*". Sie ist unter der geistigen Leitung des bayerischen Kultusministers als Reaktion auf die gesellschaftspolitische Wende entstanden, sie fordert „Wiedergewinnung des Erzieherischen", Rückkehr zu Kultur und Disziplin, zu einem humanen Klima ohne einseitige Politisierung, zu vertrauensvollem Umgang zwischen Lehrern, Eltern und Schülern, zu persönlicher Autorität. Im Mittelpunkt des Erziehungsvorgangs sollen Bemühungen um die Personalität des Menschen stehen.

Zusammenfassend und sicherlich zu pauschal läßt sich feststellen, daß die positivistische Richtung von der Sache her bestimmt ist, die Kritische Erziehung sich stark auf die Gesellschaft bezieht, während die Pädagogische Erneuerung das Individuum in den Vordergrund stellt.

2. Verhindert die Schule von heute eine pädagogische Erneuerung?

Wenn wir die Zielvorstellungen der drei genannten Positionen auf dem Hintergrund der im 1. und 2. Teil des Referats beschriebenen Situation der Schule sehen, so erweist sich, daß der *positivistische Ansatz* unter den gegenwärtigen Bedingungen die besten Möglichkeiten hat. Das Alltagsgeschäft der Schule ist eben die Vermittlung vorgegebener wissenschaftlicher Lerninhalte unter Anleitung des Lehrers und unter dem Zwange geforderter Leistung. Ob die Verrechtlichung und Vereinheitlichung der Schulen eine Ausdehnung des *gesellschaftskritischen Ansatzes* verhindern werden, ist noch nicht ausgemacht; jedenfalls steht fest, daß Grenzüberschreitungen subversiver Art durch das Verwaltungs- und Rechtssystem Schule sehr erschwert werden.

Welche Chancen aber hat die *Pädagogische Erneuerung?* Ich fürchte, daß auch hier die Struktur der Schule mit ihrer derzeitigen gesellschaftspolitischen Ausrichtung und ihren vier möglichen Fehlformen sich eher als Hemmnis auswirken wird, mag auch die „Tendenzwende" einer Repädagogisierung noch so sehr entgegenkommen. Überall stößt man auf Einflüsse des Außengeschehens, auf Sachzwänge, auf tief verwurzelte Organisationsformen usw. Wie soll da das humane Klima verbessert werden? Wie kann die Zufriedenheit der Eltern, Schüler, Lehrer und der gesamten Öffentlichkeit mit „ihrer" Schule wiederhergestellt werden?

3. Pädagogischer Freiraum – Chance oder Illusion?

An einem Beispiel möchte ich zum Schluß zeigen, wo derzeit Chancen der Wiedergewinnung des Erzieherischen bestehen und auf welche Schwierigkeiten sie stoßen. Im Zusammenhang mit der Schulstreßdebatte hat das bayerische Kultusministerium Anfang 1976 angeordnet, in die Lehrpläne einen pädagogischen Freiraum von etwa einem Fünftel der tatsächlich zur Verfügung stehenden Unterrichtszeit einzuplanen, „der für den *erzieherischen Bereich* des Unterricht und andere Tätigkeiten zur Verfügung steht, die nicht der direkten Vermittlung von Lerninhalten dienen". Ich habe seinerzeit in dieser Maßnahme eine große Chance für die bayerischen Schulen erblickt und glaube auch heute noch, daß dieses Konzept eine Befreiungstat sein könnte. In der Pädagogischen Welt, Heft 10/1976, habe ich unter dem Titel „Der Schüler im Mittelpunkt?" darüber einen Aufsatz veröffentlicht und auch konkrete Vorschläge für diesen Freiraum zur Diskussion gestellt.

Inzwischen hat sich meine damals schon vorsichtig angedeutete Skepsis eher verstärkt. Es scheint, daß vorgegebene Lernziele und Lerninhalte, daß das weitgehend durch Allgemeine Schulordnungen und zusätzliche Ministerialschreiben vereinheitlichte Schulwesen, daß das immer wichtiger werdende Prüfungssystem jede Ausweitung des pädagogischen Freiraums verhindert. Schlimmer noch, es sieht so aus, als ob sich nach der „Tendenzwende" im Bildungswesen, nach dem angeblichen Scheitern der Bildungsreform eine lähmende Resignation an den Schulen selbst ausbreitet.

4. Die Schule vor schwierigen Aufgaben

Mit Sicherheit lassen sich unserer eher pessimistischen Betrachtung der Schulsituation einige positive Argumente entgegenhalten. Man kann darauf hinweisen, daß der Lehrer viel mehr Freiheit habe als der Lehrplan-Schein trügt, daß sich Humanität im Klassenzimmer durch keinen Außendruck habe verdrängen lassen, daß auch „das Erzieherische" niemals gänzlich verloren gegangen sei usw. Die Berechtigung solcher Aussagen ist durchaus anzuerkennen, doch, so meine ich, beweist das Gesamtergebnis unserer Überlegungen: *Es steht nicht gut um die pädagogische Situation der Schule.*

Die Schule leidet unter einem starken gesellschaftlichen Druck, der sich am deutlichsten in der Wichtigkeit und öffentlichen Einschätzung der schulischen Leistungserhebung (Benotung) ausdrückt. Obwohl die Schule unleugbar mehr Freiräume für Erziehung, für personale Begegnung, für Selbsttätigkeit und Eigeninteressen der Schüler benötigte, entwickelt sie sich offenbar unaufhaltsam weiter in Richtung auf einen gigantischen Apparat uniformierten und kontrollierten Lernens, das keinesfalls mehr als bloße Vorbereitung auf den Ernstfall gelten darf.

Unter diesen Umständen steht die Schule in Zukunft vor schwierigen Aufgaben. Sie muß — zwischen überschäumender Schulkritik von seiten der Öffentlichkeit und wachsender Resignation von seiten der Lehrer — zunächst sich selbst wiederfinden. Sie braucht ein Selbstverständnis, in dem sich die Anerkennung der gesellschaftlichen Funktionen der Schule mit einer Neubelebung ihrer erzieherischen Aufgabe verbindet. Erziehung aber richtet sich nach den Worten der Bayerischen Verfassung nicht allein auf Wissen und Können, sondern auf die Bildung von Herz und Charakter. Sie hängt ab von der Welt der Werte, auf die hin Bildung erfolgt. Insofern läßt sich sagen, daß die pädagogische Situation der Schule verbessert werden kann durch Wiederaufnahme einer umfassenden Wertdiskussion unter dem Aspekt der Erziehung und durch Schaffung von Bedingungen, die Werterziehung zu fördern geeignet sind.

Konrad Lohrer

Die Wiedergewinnung des Erzieherischen in der modernen Leistungsschule [1]
Ein Beitrag zur Wertdiskussion und Werterziehung

1.	Die inhaltlichen Defizite unserer Bildungsreformen	24
1.1	Äußere Reformhektik statt innere Schulreform	24
1.2	Politische Indoktrination statt Repädagogisierung von Schule	24
2.	... veranlassen uns zu einer Reihe bildungstheoretischer und erziehungspraktischer Konsequenzen	25
2.1	Den ganzen Menschen als Einheit sehen: Die Integration kognitiver und affektiver und psychomotorischer Lernziele im Unterricht einer erziehenden Schule	25
2.2.1	Reizwort Leistung	25
2.1.2	Leistung als gesamtmenschliche Aufgabe	26
2.1.3	Erziehungsfeindliche Lehrpläne?	26
2.2	Erziehung in der modernen Leistungsschule: Affektive Bereiche des Unterrichts mit Inhalten füllen	27
2.2.1	Problembewußtsein wecken	28
2.2.2	Vertrauen aufbauen	29
2.2.3	Kreatives Verhalten unterstützen	30
2.2.4	Kritikfähigkeit anbahnen und vertiefen	30
2.2.5	Identitätsrollen aufbauen	31
2.2.6	Frustrationstoleranz schaffen	32
2.2.7	Eigene Entscheidungen vorbereiten	32
2.3	Affektive Zielhaltungen in der Vorbereitung, Durchführung und Auswertung von Lernprozessen: Person und Aufgabe des Lehrers in der Schule von heute	33
2.3.1	Weg vom Curriculum – hin zum Pädagogischen? Erzieherische Möglichkeiten eines lernzielorientierten Unterrichts	33
2.3.2	Abbau von Schulangst und Anonymität durch Bildung von Kleingruppen	34
2.3.3	Reflexionen zum Eigenverhalten des Lehrers Rollenverhalten / Erfahrungsvorsprung / Führungsstile / Wertorientierung und Wertbekenntnis des Lehrers	35
3.	... und gipfeln in der Forderung nach der Wiedergewinnung des Erzieherischen in einer humanen Leistungsschule Leitziele personaler und sozialer Erziehung: Der disziplinierte Mensch / Der kultivierte Mensch / Der zivilisierte Mensch	37

---

[1] Zusammenfassung von Referaten, die der Verfasser in der zentralen, regionalen und lokalen staatlichen Lehrerfortbildung und bei Veranstaltungen der Lehrerverbände gehalten und mit einer großen Zahl von Lehrkräften aller Schularten diskutiert hat. Siehe dazu auch „Schulreport", Heft 3/1978.

1. Die inhaltlichen Defizite unserer Schulreformen...

1.1 Äußere Reformhektik statt innerer Schulreform

Als zu Beginn der Reformjahre Georg Picht sein aufsehenerregendes Buch „Die deutsche Bildungskatastrophe" schrieb, setzte das ein, was man später als „expansion scolaire" beschrieb: Unter der Drohung, die Bundesrepublik Deutschland könnte ihre Spitzenposition im industriellen Wettstreit der Nationen verlieren, wenn nicht die Zahl der Akademiker („Index wirtschaftlichen Wachstums") verdoppelt würde, gingen Staat und Kommunen daran, neue Haupt-, Realschulen und Gymnasien zu bauen, die Schülerzahlen weiterführender Schulen zu vervielfachen und die letzten Bildungsreserven zu mobilisieren („Dem katholischen Mädchen auf dem Lande seine Chance!"). In immer schnellerem Tempo und größerem Umfang wurde das Schul- und Bildungswesen zahlreicher Länder [2] der Bundesrepublik Deutschland außerdem durch organisatorische Reformen geprägt, die überkommene Schulstrukturen grundsätzlich in Frage stellten und den Bildungskanon früherer Generationen durch neue Lernzielkataloge ablösten.

Trotz der für deutsche Bildungsverhältnisse nahezu stürmischen Entwicklung der Schule in allen ihren Ausprägungsformen und obwohl – was häufig vergessen wird – das Sozialprestige der deutschen Lehrerschaft durch neue Aufgaben und vor allem finanzielle Einkommensverbesserungen in einem Ausmaß gestiegen war, von dem frühere Generationen bestenfalls zu träumen wagten [3], wuchs das Unbehagen an dieser Entwicklung, schrieb eine Legion von Verbandskolumnisten ihr in der Tat ernstzunehmendes Klagelied und verbanden zahlreiche Eltern, Politiker und Journalisten die Vokabel „Schule..." immer häufiger mit dem Zusatz „... in der Krise!"

Der Grund dafür lag auf der Hand. Denn die Mehrzahl aller Reformen fragte

- nur quantitätsbestimmt,
- vorwiegend organisationszentriert
- nicht radikal, d.h. bis zur Wurzel hin
- nicht nach dem *inneren* Ertrag der Schulreformen.

In aus heutiger Sicht beschämender Weise wurde in der vielzitierten Bildungseuphorie der 60er Jahre jene Sichtweise von Schulen vernachlässigt, da und dort zweifellos auch „vergessen", die nicht erst seit Herbarts theoretischen Ansätzen eine der beiden Grundsäulen darstellte: die *Erziehung*.

1.2 Politische Indoktrination statt Repädagogisierung von Schule

So entstand damals ein pädagogisches Vakuum, das bis in unsere Zeit die Schule in die Gefahr brachte, zur kognitiven Lernschmiede zu verkümmern. In einer Ära der Reformen, die das Wort Erziehung immer seltener verwendete, ja sogar aus einzelnen Lehr-

---

[2] Hier ist sorgfältig zwischen „A-" und „B-Ländern" zu unterscheiden.
[3] Man vergleiche das Lehrereinkommen 1958/1978.

plänen verbannte, dauerte es nicht lange, bis neue Ideologien diese „pädagogischen Freiräume" [4] auszufüllen begannen. Kraftvoll sekundiert von der zu einer Art pädagogischen Weltanschauung hochstilisierten Irrlehre der antiautoritären Erziehung in Familie und Schule versuchten indoktrinierende Systemgegner Schule zum Manöverfeld gesellschaftlicher Veränderung zu machen und den Lehrer zum „Agenten für Gesellschaftsveränderung" umzufunktionieren. Im Extremfall las sich das dann so:

„Unser Ziel lautet: kommunistische Erziehung von Proletarierkindern! Dieser Auftrag gestaltet sich vielschichtig, gemessen an den Problematiken, die dieses Ziel ausmachen. Also muß ein Rahmenkonzept erstellt werden, das primär ideologisch bestimmt sein muß . . . " [5]. Vor einem halben Jahrzehnt war dann der Bayerische Kultusminister einer der ersten „Rufer in der pädagogischen Wüste", der dazu mahnte, dem hochsignifikanten „Verlust des Pädagogischen" die Forderung nach der *„Wieder- oder Rückgewinnung des Erzieherischen"* folgen zu lassen. Das entstandene Erziehungsvakuum dürfte nicht durch Kräfte aufgefüllt werden, die ihre Intentionen aus Zielvorstellungen speisten, die weder am Kind noch an der Verfassung orientiert sind. Die Repädagogisierung von Schule sei vielmehr durch die große Zahl jener Lehrer zu leisten, die sich als

— verantwortungsbereite Pädagogen dem jungen Menschen,
— überzeugte Demokraten der Verfassung und dem Staat
— engagierte Christen ihrem Glauben

verpflichtet fühlten. Die inhaltlichen Defizite unserer Bildungsreformen müßten zum Umdenken Anlaß geben und durch entsprechende Maßnahmen ausgeglichen werden [6].

2. . . . veranlassen uns zu einer Reihe bildungstheoretischer und schulpraktischer Konsequenzen . . .

2.1 Den ganzen Menschen als Einheit sehen
Die Integration kognitiver *und* affektiver *und* psychomotorischer Lernziele im Unterricht einer erziehenden Schule

2.1.1 Reizwort „Leistung"

Alle Versuche, Lehrer zu Agenten für Gesellschaftsveränderung zu machen, waren stets von der Aufforderung begleitet, Schule als Stätte der Leistungs*verweigerung* auszurufen. Schule sollte „ein Ort der Lustvermittlung" (so Gamm und seine Anhänger), keinesfalls aber ein Reproduktionsinstrument jener Gesellschaft sein, die durch „ihre vertikale Schichtung mit dem Charakter des sozialen Oben und Unten" (so der Entwurf eines kirchlichen Jugendplans aus dem Jahre 1978 (!)) gekennzeichnet sei.

Erfreulicherweise fanden diese Paukentöne aus dem Reformorchester radikaler Politpädagogen im Gros der bayerischen Lehrerschaft kein Echo. Pädagogen aller Schulen

---

[4] Nicht zu verwechseln mit dem heute benützten Begriff, der später noch abgehandelt wird.
[5] Berliner Schülerladen-Theoretiker (Protokoll des Psychologischen Instituts der Freien Universität Berlin, 1969/70).
[6] Vergleiche dazu Hans Maier, Zwischenrufe zur Bildungspolitik, Hannover 1973.

wußten und wissen, um mit einem Wort des bayerischen Kultusministers zu sprechen, „Leistung ist nicht alles. Aber ohne Leistung ist Schule auch in Zukunft nicht möglich".

2.1.2 Leistung als gesamtmenschliche Aufgabe?

Wenn trotzdem heute, auch nach der stiller werdenden Diskussion um das zweifellos existierende Problem der Schülerüberbelastung im Zusammenhang mit dem Begriffsfeld Leistung selbst von konservativer Seite Unbehagen artikuliert wird, dann auch deshalb, weil vornehmlich im Bereich weiterführender Schulen, da und dort leider auch schon in den ersten vier Jahrgangsstufen Leistung *nicht* als *gesamt*menschliche Aufgabe verstanden wird. Obwohl die gesamte bayerische Lehrerschaft auf die Bayerische Verfassung und damit auch auf dem Artikel 131 ihren Amtseid abgelegt hat, scheint lediglich der dazu noch modifizierte erste Teil von Satz 1 Art. 131 BV Beachtung zu finden: „Die Schulen sollen Wissen vermitteln". Häufig in totale Vergessenheit geraten ist aber die zweite, eminent wichtige Passage: „. . . sondern auch Herz und Charakter bilden!" Im Bestreben, ein Maximum von reproduktionsfähigen Informationen an Schüler zu „vermitteln" oder bestenfalls Probleme aufzuarbeiten, unterliegt die Schule immer wieder der Gefahr, ihre Lernzielkataloge nahezu ausschließlich durch kognitive Intentionen zu überfrachten und so — wie es Jürgen Ipfling formulierte — ihre zentrale Aufgabe zu perventieren.

2.1.3 Erziehungsfeindliche Lehrpläne?

Auf der Suche nach Sündenböcken, die für die Kopflastigkeit von Schule und damit für die Erziehungsfeindlichkeit herhalten sollen, stieß eine pädagogisch interessierte Öffentlichkeit, von einzelnen Verbandsfunktionären aller Richtungen mit subtilen Methoden aufmerksam gemacht [7], bald auf die schon vom semantischen Ersteindruck her Unbehagen weckenden „Curricularen Lehrpläne" des Freistaates Bayern [8]. Sieht man einmal von der Tatsache ab, daß die Ursachen der Schulstreßmisere dem „CuLP" bereits aufgebürdet wurden, als Lehrpläne dieser Art noch gar nicht existierten (wie eine Diskussion in einem Städtischen Münchner Gymnasium ergab), sind auch heute Vorwürfe in Richtung erziehungsfeindlicher Lehrpläne sehr genau zu prüfen. Nicht immer liegt ihnen nämlich die in der Tat sehr ernstzunehmende Sorge um die notwendige Ausgewogenheit von „Kopf, Herz und Hand" (Pestalozzi), moderner artikuliert die Parität kognitiver, affektiver und psychomotorischer Zielintentionen des Lernens zugrunde . . .

Das vom Bayerischen Staatsministerium für Unterricht und Kultus für alle Schularten in Bayern verbindlich gemachte curriculare Lehrplankonzept bringt jedoch bereits in seinen vier Zielklassen des Lernens (Wissen, Können, Erkennen und Werten) alle Voraussetzungen mit, qua Unterricht den *ganzen Menschen* anzusprechen, Leistung in allen Dimensionen anzustreben und somit wirkungsvolles erzieherisches Tun anzubahnen. Sind — was leider vereinzelt zugestanden werden muß — verschiedene Lehrplansequenzen (nicht nur der Kollegstufe) auch nach der angekündigten „Entrümpelung der Lehr-

---

[7] Man verfolge die gezielten publizistischen Aussagen des Bayerischen Philologenverbandes.
[8] Von Gegnern in bewußter Fälschung als „ISP-Lehrpläne" bezeichnet. Das ISP entwickelt mit Tausenden von praktizierenden Lehrern Lehrplan*vorschläge,* die dann vom Staatsministerium für Unterricht und Kultus (nach notwendigen Modifikationen) verbindlich gemacht werden!

pläne" weiterhin stofflich überfrachtet, dominieren also kognitive Zielsetzungen in mitunter nicht mehr zu verantwortender Weise, dann kann und soll der von einem pädagogisch orientierten Lehrer geplante lernzielorientierte Unterricht durch die auf Feinzielebene durchgeführte Ausgewogenheit der didaktischen Zielklassen den „Verlust des Erzieherischen" wieder wettmachen; ein „vom Schüler aus zum Schüler hin" (Theo Dietrich) orientierter Unterricht kann schon deshalb erzieherisch wertvoll sein, weil er dafür Sorge trägt, daß „unsere Schulen nicht kopflastig, herzlos und linkshändig" werden (Hans Maier).

Das Lesen und Schreiben eines Textes, das Lösen mathematischer Aufgaben, kommunikative Kompetenz im Bereich einer Fremdsprache, das selbständige Aufsuchen und Verarbeiten von Medieninformationen (nur um einige kognitive und instrumentale Aufgaben zu nennen), stellt zweifellos Leistung dar. In gleicher Weise wird Leistung aber auch sichtbar, wenn Schüler über sich und andere reflektieren, Toleranz gegen Andersdenkende lernen, Rücksicht auf Benachteiligte nehmen, Bereitschaft und Fähigkeit zur Diskussion zeigen, Hilfsbereitschaft und Verantwortungsbewußtsein spüren lassen, Arbeitsfreude und Ausdauer dokumentieren. Damit sind aber bereits einige der für schulisches Lernen wichtige, weil Erziehungsprozesse auslösende „affektive Bereiche des Lernens" angesprochen.

2.2 Erziehung in der modernen Leistungsschule:
Affektive Bereiche des Unterrichts mit Inhalten füllen

Die Frage nach den Inhalten des *kognitiven* Bereichs ist relativ leicht zu lösen: Schularten, Schulstufen und Schulfächer werden mit Aufgaben gefüllt, die dazu beitragen sollen, intellektuelle Funktionen wie Auffassungs- und Beobachtungsgabe, Gedächtnis, Denk- und Urteilsvermögen, zu erweitern und zu vertiefen.

Wesentlich schwieriger ist die Frage nach den Inhalten des affektiven Bereichs zu beantworten, da sie relativ unmittelbar in die Problematik verbindlicher Erziehungsziele einmündet.

Wie aus der Geschichte der Pädagogik unschwer abzuleiten, verfügt jede historische Epoche über die ihr eigenen pädagogischen Leitziele. Der geschlossene Aufbau gesellschaftlicher Strukturen ermöglichte dabei die Dominanz oder Alleinherrschaft einer Theorie. Die komplexen gesellschaftlichen Strukturen parlamentarischer Demokratien westlicher Prägung gestatten jedoch solche monistischen Zielvorstellungen in der Pädagogik nicht. Eine sich als pluralistisch definierende Gesellschaft wird auch im Bereich der Erziehung über alternative und konkurrierende Vorstellungen verfügen (müssen), die auf divergierenden normativen Positionen aufbauend, verschiedene Antworten auf die Fragen nach Sinn und Aufgabe des Lebens und damit nach Zielen, Inhalten und Verfahren der Erziehung gestatten. Während allerdings noch vor einem halben Jahrzehnt die Anerkennung eines absoluten Wert- und Normpluralismus zur Tabuzone progressiver Pädagogen gehörte, sind heute Tendenzen verbreitet, die totale Liberalisierung erzieherischer Werte und Normen einzuschränken.

Auf dem Erfahrungshintergrund von „Bildungsreformen", die echt demokratische Begriffe wie Mündigkeit und Emanzipation mit extrem sozialistischen oder kommunistischen Inhalten besetzten und so für ihre (Veränderungs-) Zwecke okkupierten, wendet man sich heute wieder mehr den pädagogischen Aussagen zu, wie sie aus Grundgesetz und Bayerischer Verfassung abzuleiten sind [9]. Daß Erziehung keinesfalls in einem völlig unverbindlichen Raum verbleiben muß, hat auch Otmar Schießl [10] bereits 1973 in seiner lesenswerten Schrift „Lehren als Erziehungsprozeß" dargestellt. Als Ziel und Inhalt lassen sich in jeder Erziehung zwei Pole feststellen, die in das rechte Spannungsverhältnis gebracht werden müssen: Individualisation und Sozialisation. Die Verwirklichung, auf diese Ziele gerichtet, setzt einen mündigen, verantwortungsbereiten und aufgeschlossenen Erzieher voraus, der Aufgeschlossenheit gegenüber dem einzelnen Menschen und Einfallsreichtum in seinen Erziehungsmaßnahmen besitzt" [11].

Aus der Fülle neuer oder bewährter Möglichkeiten, „Erziehen durch Unterrichten" (Zöpfl/Schofnegger) zu planen und zu verwirklichen, sollen im weiteren Verlauf dieser Arbeit einige Situationen personaler und sozialer Bildung, die für eine humane Leistungsschule typisch erscheinen, herausgegriffen werden. Sie könnten als zentrale affektive Bereiche und nicht zuletzt wegen des o.g. immanenten Spannungsverhältnisses dazu beitragen, die Wieder- oder Zurückgewinnung des Erzieherischen zu ermöglichen.

2.2.1 Problembewußtsein wecken

Schule und Familie sind durch das Spannungsfeld von personaler und sozialer Bildung gekennzeichnet. Spannungen zwischen dem „Ich" und „Du' sind existentiell notwendig und sollten — mögen wir sie nun Konflikte nennen oder nicht — keinesfalls verdrängt, sondern schulisch aufgearbeitet werden. Spannungen und Probleme erlebt der Schüler mit sich und im Zusammenleben mit anderen. Seine „Bemühungen um die Ich-Identifikation" [12] dokumentieren sich in verborgen geäußerten oder laut hinausgerufenen Fragestellungen wie „Wer bin ich?", „Was soll ich hier?", „Warum lebe ich überhaupt?". Deutschunterricht wird daher vor allem in der „Praxis der Arbeit mit Texten" (Karl Stocker) diese Ich-Konflikte aufgreifen und schülerorientiert verarbeiten.

Aktuelle Medien wie Schallplatten, Tonbänder, Tonbildreihen und „Problemfilme" sollten im lehrplankonformen Unterricht oder in den Freiräumen unserer Curricula (20 % der gesamten Schulzeit sind planungsfrei) gezielt eingesetzt werden. Daß auch der Religionsunterricht ein weites Betätigungsfeld zur Bewältigung schüleradäquater Problemfälle vorfindet, ist längst erkannt worden. Es darf allerdings nicht seine Aufgabe sein, Magddienste für sozialkundliche Lernziele und Lerninhalte zu leisten, sondern die Heilskraft von Gottes Wort und Tun bewußt erleben zu lassen.

Probleme und Schwierigkeiten zeigen sich dem Schüler aber auch bei der Auseinandersetzung mit seiner Umwelt. Da Selbsterfahrung und Selbstverwirklichung immer nur am Du geschehen (Martin Buber), muß gerade hier eine Erziehung intendierende Schule erkennbare Leistungen anpeilen. „Konflikte mit anderen" erlebt der Schüler bei täglichen Auseinandersetzungen, im Streit und durch brutalen Schulvandalismus. Sie wer-

---

[9] Das ISP arbeitet derzeit ein Programm von Erziehungszielen aus, das von der Bayerischen Verfassung her abgeleitet wird. Siehe zum Thema „Verfassungsauftrag und Curriculum" auch die Beiträge des Verfassers in „Blätter für Lehrerfortbildung", 7/8 1978, 12/1978, 1/1979, 2/1979 sowie in F.O. Schmaderer (Hrsg.) Wertorientierung, Wertvermittlung und Wertverwirklichung...", München 1978.
[10] Otmar Schießl, Lernen als Erziehungsprozeß, 2. Aufl., Donauwörth 1973.
[11] Otmar Schießl, a.a.O., S. 49.
[12] Otmar Schießl, a.a.O., S. 50. Die in diesem Unterkapitel aufgeführten Teilüberschriften übernahm der Verfasser und führte sie schulpraktisch aus.

den vom Lehrer weder verharmlost noch dramatisiert, sondern gemeinsam mit den Schülern, nicht gegen einen oder alle, analysiert und konsequent verfolgt.

Einzelaussprachen mit „schwierigen" Schülern bringen dabei erfahrungsgemäß größere Erfolge als „Klassengerichte" mit Kollektivstrafregistern. Das biblische Wort vom „siebenmal siebzig Mal" verzeihen können (und sollen) müßte uns allen ins Gedächtnis gerufen werden, wenn wir in den Stoßseufzer ausbrechen „Ich habe dir doch schon dreimal erklärt, daß man *so etwas* nicht tut!".

Als weitere erzieherisch bewährte Intention erweist sich in diesem Zusammenhang die Fähigkeit und Bereitschaft des Lehrers, auf „Sündenböcke" in der Klasse zu verzichten und sogenannte „Sargnägel" (unter den Schülern) nicht in und außerhalb des Klassenverbands zu isolieren. Gerade weil (brave) Kinder die Bestrafung von Mitschülern verlangen, die gegen Zucht und Ordnung verstoßen haben, darf – so verständlich das auch in der Situation einmal sein kann – ein pädagogisch reflektierender Lehrer nicht billige Hilfsdienste aus (Mit-) Schülerhand annehmen. Das verhaltensgestörte Kind oder der soziale Außenseiter kann nur dann behutsam in die Gesamtheit der Klassengemeinschaft integriert oder re-integriert werden, wenn Mitschüler (im Rahmen des gebotenen Takts) über seine Schwierigkeiten informiert wurden und somit entsprechendes Verständnis, das Kinder erfahrungsgemäß gerne zeigen, dokumentieren.

2.2.2 Vertrauen aufbauen

Wenn Probleme im Zusammenleben mit anderen oder Identifikationsprobleme des Schülers einer positiven Lösung zugeführt werden sollen, muß der Lehrer einen erziehenden Unterricht planen und verwirklichen, der in zweifacher Weise dazu beiträgt, Vertrauen aufzubauen: Vertrauen des Schülers zu sich selbst und Vertrauen zu seiner Umwelt. Dies geschieht zunächst durch eine Klassenatmosphäre, die weder durch das eiskalte Distanz weckende „Guten Morgen, Herr Oberlehrer!", noch durch das pädagogischen Blue-jeans-Stil demonstrierende „Ich heiße Korbinian X; sagt *Korbi* zu mir" gekennzeichnet sein darf. Eine Pädagogik des Vertrauens und der menschlichen Solidarität [13] – als letzte Chance humaner Pädagogik in diesem Jahrtausend – muß, um Leistung im oben genannten gesamtmenschlichen Bereich zu erzielen, dem Schüler *Mut* machen. Dazu gehört ein lobender, anerkennender, positiv verstärkender Lehrer, der mit Pestalozzi, Don Bosco und Tausch/Tausch weiß, daß (bei aller gebotenen Differenzierung) nur so die für das Vertrauen notwendigen positiven Selbstwertgefühle seiner Schüler aufgebaut werden können. Es darf – erst recht nicht nach der weithin begrüßten „Tendenzwende" – nicht mehr *die* Art von Schule geben, in der das „Nicht bestraft werden", bereits die höchste Form von Lob darstellt. Es darf nicht mehr jenen (Münchner Sonderschul-) Lehrer geben, der seinem Schüler eine „Schützenkette" um den Hals hing, und ihn der mitleidlos johlenden Klasse als neuen „Rechtschreibmeister" (30 Fehler!) präsentierte!

---

[13] Vergleiche dazu die Aussagen von BLLV-Präsident W. Ebert in der „Bayerischen Schule".

2.2.3 Kreatives Verhalten unterstützen

„Kreativität bringt eine Weitung des Blickfelds und führt zur Entdeckung jener Maßnahmen und Haltungen, durch die der Einzelne Konflikte bewältigen oder mit ihnen leben kann. Sie verhindert die Fixierung auf einige wenige Methoden und Idole und regt zur ständigen Auseinandersetzung mit jenen Zielen und Verhaltensweisen an, die von der Umwelt dauernd an Menschen herangetragen werden" (O. Schießl) [14]. Kreativität kann nicht erzwungen werden. Sie ist Haupt- oder Nebenprodukt eines „Erziehens durch Unterrichten" [15] das auf Drill und Paukstudio verzichtet und Lernen nicht quantitativ (100 neue Stichworte!), sondern qualitativ mißt. (Prozeß- nicht Produktorientierung!) Entdeckendes Lernen als didaktisches Ergebnis eines sozial-integrativen Unterrichtsstils erschließt die häufig verschütteten Quellen jugendlicher Kreativität und erweist sich als ein Gegenpol jener Erziehung, die durch ein Zuviel an Autorität, Angst, Ironie, Tadel und Mißtrauen bestimmt wird. Aufbau affektiver Bereiche in einer Leistungsschule von heute wird daher auch immer ein Bekenntnis zur Förderung der (trainierbaren) Kreativität unserer Schüler sein.

2.2.4 Kritikfähigkeit anbahnen und vertiefen

‚Zu den wichtigsten fachübergreifenden, erzieherisch bedeutsamen Lernzielen gehört heute nach allgemeiner Auffassung die Befähigung und Bereitschaft zu kritischem Denken. Angesichts der Tatsache, daß wir unendlich vieles an Informationen, Urteilen, Haltungen, Verhaltensmustern und Entscheidungen gedankenlos übernehmen, erscheint diese Forderung vorrangig" (F. Kopp) [16]. Wenn Schule ihren notwendigen Beitrag zur Erziehung leisten will, muß sie die Kritikfähigkeit des jungen Menschen anbahnen und vertiefen. Dabei ist nicht jenes destruktive Verhalten gemeint, das (scheinbare) Voraussetzung zur „Emanzipation" sein sollte, sondern eine Art positiver Grundeinstellung zum Ganzen des Lebens wie sie Brunnhuber und Zöpfl [17] in ihrer „Erziehung zum kritischen Ja" beispielhaft belegt haben.

Kritik verwendet der Schüler – soll er „Qualifikationen für Lebenssituationen" [18] erhalten – als Filter gegen sich und andere. Unterricht aller Schularten und Jahrgangsstufen wird daher eine so definierte, wahrhaft demokratische Grundhaltung zum allgemein verbindlichen Erziehungsziel zu erklären haben. Als Hilfen im Unterricht bieten sich hier an

- *Zahlreiche Motivationsphasen des Lernens*
  Problemorientierter Unterricht; Fragezeichen als Symbol für Kritik an Aussagen, die in der folgenden Stunde untersucht werden; bewußte didaktische Provokationen zur Weckung von Kritik des Schülers u.v.a.m

- *Alle Vertiefungs- und Reflexionsphasen des Lernens*
  Warum wurde so gehandelt? Welche Konsequenzen ergaben sich aus dieser Haltung? Welche anderen Folgerungen hätten gezogen werden können? Der kommunikativ-linguistische Aspekt des modernen Literaturunterrichts [19]. Welche Absicht verfolgt

---

[14] Otmar Schießl, a.a.O., S. 50.
[15] Zöpfl/Schofnegger, München 1977.
[16] Ferdinand Kopp, Erziehung zum kritischen Denken, in: Päd. Welt, 4/1974, S. 385.
[17] Brunnhuber/Zöpfl, Erziehung zum kritischen Ja, Erziehungsziele konkret, Donauwörth 1975².
[18] Saul B. Robinsohn.
[19] Vgl. Konrad Lohrer, in: Lehrer in Ausbildung und Fortbildung, (Hrsg. Barsig, Berkmüller, Sauter), Band 3, Deutschunterricht in Grund- und Hauptschule I, Donauwörth 1977.

der Verfasser mit diesem Text? Was will er mit seiner Sprache beim Leser erreichen? Wie liefere ich mich dieser Intention aus?

- *Die meisten Überprüfungsphasen gemeinsam geplanten Lernens*
  War unsere Ausgangshypothese richtig? Haben wir die gemeinsam geplanten Arbeitsschritte eingehalten? Nützten wir alle zur Verfügung stehenden Arbeitsmittel aus? Welche angestrebten Ergebnisse haben wir nicht erreicht?

In solchen Situationen des Unterrichts erlebt der Schüler, daß kritisches Denken erhöhte Verantwortung erfordert und in der Regel nur auf der Grundlage umfangreicher Informationen erfolgen kann. Negativbeispiele von Kritik als Zeichen von Besserwisserei und Gschaftlhuberei werden ebenfalls unterrichtlich aufgegriffen und einer entsprechenden Wertung zugeführt. Der Aufbau der Kritikfähigkeit des Schülers darf allerdings nicht da abbrechen, wo es um *seine* Person oder die Person des *Lehrers* geht. Der gute Pädagoge wird daher den jungen Menschen zu ständiger (kritischer) Reflexion über eigenes und fremdes Verhalten" (Karl Lanig) anhalten und auch sich selbst nicht zum „Off-Limit-Bereich" in der Reflexionszone seiner Schüler definieren.

2.2.5 Identitätsrollen aufbauen

Oberstes Leitziel humaner Pädagogik in einem demokratischen Staat ist die „Erziehung zur Person"[20]. Im Gesamtbereich affektiver Lernziele kommt daher der Persönlichkeitsbildung eine ganz besondere Bedeutung zu. Wenn Schule diese Erziehungsaufgabe wahrnehmen will, muß sie über Möglichkeiten und Verfahren verfügen, den jungen Menschen mehr und mehr zu einer eigenverantwortlichen Lebensführung anzuleiten. Dies kann (u.a.) dadurch erfolgen, daß ein „erziehender Unterricht" dem Schüler Möglichkeit der „Identität mit Idealen" und der „Identität mit sich selbst" (O. Schießl) anbietet. In beiden Bereichen registrieren wir jedoch bedauerliche Defizite.

Nach Jahren und Jahrzehnten der Persönlichkeitsbildung als Prozeß der „Identität mit Idealen", bei denen beispielsweise der faschistische Staat Führerbilder in reicher Zahl produzierte und damit die Begeisterungsfähigkeit junger Menschen auf das Schrecklichste ausnützte, folgte in der Nachkriegszeit ein fast totaler Verzicht auf die Präsentation von Leitfiguren. Da Schule sich — wie schon mehrfach dargestellt — größte erzieherische Abstinenz auferlegte, wurden unsere Jugendlichen zu „Idealen" abgedrängt, die in Überlebensgröße als Poster zahlreiche Kinderzimmer „schmücken"[21]: Sänger oder Gesangsgruppen aus dem Bereich der Beat- und Popmusik, die nicht selten die Funktion früherer Schutzengel- oder Heiligenbilder übernahmen. Wesentlich harmloser erscheinen da die Größen aus der Sportwelt, zumal deren psychische und physische Leistungsfähigkeit von Schule durchaus idealtypischer Verwendung zugeführt werden könnte. Wiedergewinnung des Erzieherischen muß deshalb, wenn wir affektive Inhalte zielkonsistent füllen wollen, auch jene Leitbilder anbieten, die in zentralen Bereichen menschlichen Lebens als Vorbild erscheinen. Gesellschaft, Politik, Sport und Kirche sind aufgerufen, diesem bedeutenden Bereich der Erziehung mehr Aufmerksamkeit zu schenken!

In gleicher Weise signifikant sind die Defizite im Identifikationsprozeß des Schülers mit sich selbst. Jeder Lehrer sieht sich immer wieder der Gefahr gegenüber, junge Menschen

---

[20] Vgl. die hervorragenden Aussagen von Fritz Stippel.
[21] Bilder dieser Art sind bedauerlicherweise auch in zahlreichen Klassenzimmern anzutreffen, obwohl die „Stars" nicht selten der Rauschgiftszene angehören.

nach seinem „Bild und Gleichnis" zu formen. Generationen von Pädagogen haben daher immer wieder Generationen von Schülern nach ihrer Vorstellung von Identität geprägt und sie damit in ichfremde oder Schutz- bzw. Kompensationsrollen abgedrängt. Aufgabe einer modernen, um Erziehung bemühten Leistungsschule wäre es jedoch, jede Fixierung auf solche personenfremden Rollen zu vermeiden und Schüler in jenen Rollen zu bestärken, die personengemäß sind. Wenn Eltern oder Lehrer ihren Schülern wieder und wieder versichern, daß sie „dumm", „faul", „frech", „böse", „uninteressiert", „phantasielos", „für dieses Fach unbegabt' etc. seien, besteht die stets aufs neue zu beobachtende Gefahr, daß familiäre oder schulische Pädagogik ihr Ziel verfehlt: den mit sich selbst identischen Menschen [22]!

2.2.6 Frustrationstoleranz schaffen

Obwohl schulisches Leben auf der Grundlage von Lob und Anerkennung aufgebaut werden sollte, werden sich sowohl im personalen Bereich wie im sozialen Umfeld des Schülers immer wieder Situationen ergeben, die seine Fähigkeit, Enttäuschungen zu ertragen, erforderlich machen. Schule hat daher, wenn junge Menschen zu Lebenstüchtigkeit erzogen werden sollen, die Aufgabe, Belastungen im Bereich von Personalisation und Sozialisation zu thematisieren und Hilfen zu ihrer Bewältigung anzubieten. „Mit Niederlagen zu leben" lernen die Schüler in einem Unterricht, der das Leben in seiner Gesamtheit schildert und nicht einseitige Schwarz-Weiß-Malerei versucht. Daß Frustrationstoleranz in Partnerschaften, Kleingruppen oder anderen Sozialformen des Unterrichts problemloser „erlernt" werden kann als ausschließlich in der Härte eigenen Versagens, ist bekannt, und sollte auch unter diesem Aspekt zur Variation des didaktischen Artikulationsrhythmus von Unterricht Anlaß geben.

2.2.7 Eigene Entscheidungen vorbereiten

Fähigkeit und Bereitschaft zur eigenen (Wert-) Entscheidung werden heute zu Recht als höchster affektiver Wert definiert. „Selbstverwirklichung in sozialer Verantwortung" [23] anzubahnen und nach Möglichkeit wenigstens in zentralen Teilbereichen zu verwirklichen, wird jedoch nur dann möglich sein, wenn die Schule verfassungsmäßig legitimierte Situationen der „Wertorientierung, Wertvermittlung und Wertverwirklichung" (F.O. Schmaderer) anbietet und entsprechend nützt. Erziehung zu „Mündigkeit zu eigener Entscheidung" muß dabei jenen von der Lernsituation des Schülers abhängigen Stufengang beachten, der von fast ausschließlicher Fremdbestimmung zu dem erstrebten Maß an Selbstbestimmung führt. Oder – mit Job Günther Klink [24] gesprochen – „Verhindern wir nicht Selbstbestimmung durch Versagen vorläufiger Fremdbestimmung ...? Wir müssen stellvertretend für den jungen Menschen Forderungen und Versagen durchhalten, die zunächst nicht mit dem momentanen Interesse der Kinder übereinstimmen".
„Mündigkeit zu echter Entscheidung sollte daher konsequent vom ersten Schultag an bis zu den Abschlußklassen weiterführender Schulen leitzielartig vorbereitet und

---

[22] Hier handelt es sich um eine der schwersten Erziehungsaufgaben überhaupt, die ein Höchstmaß von pädagogisch-psychologischer Ausbildung erfordert.
[23] Leitziel der Kollegstufe in Bayern.
[24] Job Günther Klink, in: Der Spiegel, Heft 22/1973, S. 57 f.

grundgelegt werden. Dies kann dadurch erfolgen, daß Schüler mehr als bisher Verantwortung [25] übertragen bekommen, Unterricht *auch* vom Schüler mitgeplant wird (Lernzielfindung aus der Sicht der Schüler"/Klaus Westphalen, Ingrid Müller), und sich ein Unterrichtsstil durchsetzt, der auf übertriebenen Dirigismus verzichtend, Schüler nicht zu Reproduktionsmaschinen herabwürdigt.

Entscheidungen des Schülers können also bereits auf der unmittelbaren Ebene von Unterricht vorbereitet werden. Hier bieten übrigens die christlichen Kirchen ein nachahmenswertes Beispiel, wenn sie jungen Menschen die Entscheidung der Teilnahme an Firmung oder Konfirmation selbst in die Hand legen . . .

2.3 Affektive Zielhaltungen in der Vorbereitung, Durchführung nund Auswertung von Lernprozessen:
Person und Aufgabe des Lehrers in der Schule von heute

Wer die von Jahr zu Jahr (erfreulicherweise) intensiver geführte Diskussion um die Rück- oder Wiedergewinnung des Erzieherischen verfolgt, muß feststellen, daß sich alle Vorschläge zur „Repädagogisierung von Schule" nahezu ausnahmslos mit der Person des *Schülers* beschäftigen. Dabei drängt sich der Eindruck auf, als wäre „alles wieder in Ordnung, wenn der junge Mensch nur folgsamer, fleißiger, ordentlicher, – erzogen sei" [26]!

Wenn nicht übersehen, so doch in ihrem Stellenwert offenkundig unterbewertet, erscheint dabei die Person des *Lehrers*. Dabei wird völlig vergessen, daß eine pädagogisch orientierte Leistungsschule nur dann möglich erscheint, wenn auch und gerade die Person des Erziehers in den Reflexionshorizont pädagogischer Erneuerung gestellt wird. Da äußere Schulreform dem Lehrer vorwiegend unterrichts-technische Neuaufgaben überantwortete („der Lehrer als Unterrichtsingenieur und Konstruktur von Lernprozessen"), blieb die Pädagogenschaft unserer Schulen – von Ausnahmen abgesehen – entweder dem mehr oder weniger patriarchalischen Erziehungsstil ihrer eigenen Jugendzeit verhaftet oder verzichtete bewußt auf edukative Interaktionen [27] oder sah sich (ohne es zu erkennen) in die Rolle pädagogisch-didaktischer Handlanger einer politisch indoktrinierten Schulsoziologie abgedrängt. *Innere* Schulreform kann, wenn sie ihren Namen zu Recht tragen will, auf Person und Aufgaben des Lehrers nicht verzichten. Aus diesem Grund will dieser Beitrag abschließend Gedanken vorstellen, die sich zum erziehenden Lehrer der 80er Jahre bekennen [28].

2.3.1 Weg vom Curriculum – hin zum Pädagogischen?
Erzieherische Möglichkeiten eines lernzielorientierten Unterrichts

Unterricht früherer Jahre versuchte die ihm per Lehrplan vorgegebenen umfangreichen Stoffkataloge unmittelbar an Schüler zu „vermitteln". Ergebnis war oftmals eine Art von Abbilddidaktik, die wissenschaftliche Inhalte und Verfahren in elementarisieren-

---

[25] Verantwortung im Sinne von Mitverantwortung.
[26] Diskussionsbeitrag eines Lehrers.
[27] Zitat eines Gymnasiallehrers „Was kümmert mich die Erziehung von Kindern anderer Leute?"
[28] Vgl. das Motto der Landesvertreterversammlung der KEG in Augsburg (März 1978) „Reformen ohne Ende? Schule und Erziehung der 80er Jahre gestalten!"

der Weise an junge Menschen herantragen wollte. Der Schüler wurde somit zum Objekt von Unterricht, der Lehrer zum bloßen Stoffvermittler degradiert [28].

Lernzielorientierter Unterricht ist dagegen — zumindestens in seiner theoretischen Konzeption — ganz auf die Person des Schülers ausgerichtet: Die erste Spalte unserer neuen Lehrpläne wendet sich an den Schüler und erklärt, wie Wissen und Können, Erkennen und Werten angebahnt, vertieft und ausgeweitet werden sollen. Es geht also nicht in erster Linie darum, Schülern ein Maximum von Informationen aufzuzwingen, sondern *alle Dimensionen seines Lernens* anzusprechen. Lernzielorientierter Unterricht ist somit stets *pädagogischer* Unterricht oder — um abermals Zöpfl/Schofnegger zu zitieren — „Erziehen (erfolgt hier) durch Unterrichten". Von dieser Prämisse ausgehend, wird deutlich, von welch peinlicher Ignoranz die heute immer mehr artikulierte Auffassung ist, Wiedergewinnung des Erzieherischen bedeute zwangsläufig „Weg vom Curriculum — hin zum Pädagogischen!" Ein recht verstandenes Curriculum (und Curriculare Lehrplanmodelle wie sie der Freistaat besitzt, könnten hier Vorbildliches leisten) ist, da lernzielorientiert, immer wahrhaft *pädagogisch,* da die gesamte Lehrplanung zunächst ausschließlich auf die *Person* des durch Unterricht zu erziehenden Schülers ausgerichtet ist. Die Dominanz des „Warum und Wozu?" vor der bisher üblichen Priorität des „Was unterrichte ich?" erhält ihre pädagogische Abrundung durch zwei curriculare Defizite, die als „Lehrerdominanz bei der Artikulation überwiegend fachbezogener Lernziele" umschrieben werden könnten. Lehren und Erziehen in der Schule sind um so wirkungsvoller, je mehr die Schüler bei der Ausdifferenzierung von Feinzielen eigene Interessen und Intentionen einfließen lassen können. Die vom Lehrer bewußt vollzogene Hereinnahme des zu Erziehenden in die Planung, Durchführung und Auswertung von Unterricht erhöht die Identifikationsfähigkeit und -bereitschaft des Schülers mit „seinem" Unterricht und schafft so (neben dem Abbau von Anonymität und Schulangst) alle Voraussetzungen für eine demokratische Erziehung. In gleicher Weise wird der Lehrer zum Erzieher, wenn er die Notwendigkeit erkennt und entsprechende Schlußfolgerungen daraus zieht, daß allgemeine erzieherische Lernziele *vor* Fachlernzielen einzuplanen und zu realisieren sind. Hartmut von Hentig und anderen ist in diesem Zusammenhang zuzustimmen, wenn sie erklären, daß neben solidem Wissen und Können, das weiterhin notwendig sei, pädagogisch so relevante Ziele wie Bereitschaft zum Umlernen, zur Revision von Urteilen, zur Kooperation, zur Austragung von Konflikten, zur Mitverantwortung, in den Unterricht einfließen sollen [29]. Zielfixierung und Stoffauswahl im Unterricht der Schule sollten also, unterstützt durch entsprechende Eigenaktivitäten der Schüler und den vom Lehrer vollzogenen Verzicht auf Stoffhuberei [30] aller Art, bewußt in den Dienst affektiver Bildung gestellt werden.

2.3.2 Abbau von Schulangst und Anonymität durch Bildung von Kleingruppen

Obwohl die letzten Jahre einen erfreulichen Rückgang der Schülerdurchschnittszahlen in unseren Klassen gebracht haben, wird erzieherische Arbeit auch weiterhin durch

---

[28] Daher die Forderungen der Reformpädagogen wie Gaudig, Kerschensteiner u.a.
[29] Ein entsprechender Vorschlag des ISP — veröffentlicht im „Schulreport" (Heft 2/1973) — wurde leider nicht intensiv genug diskutiert.
[30] Hier liegt auch der Grund, warum ein an sich so hervorragend didaktisches Modell wie der Curriculare Lehrplan in Bayern häufig Kritik herausfordern *mußte:* die für die Lehrplanarbeit Verantwortlichen konnten sich nicht zu einer radikalen stofflichen Entrümpelung — als zentrale Voraussetzung für die „Wiedergewinnung des Erzieherischen" — entschließen.

schulischen Situationen behindert, die von zu großen Schülerpopulationen bestimmt sind. Zu große Klassen aber fördern die erziehungshemmende Anonymität des Einzelnen, verhindern sein individuelles wie soziales Engagement und führen zum Aufbau jener „Schutz- oder Kompensationsrollen", die unter 2.2.5 beschrieben wurden. Als erzieherische Konsequenz ist hier ein Lehrer zu fordern, der die Großgruppe Klasse so oft dies nur möglich erscheint in Kleingruppen umstrukturiert. Leider trifft man bei Diskussionen immer noch die Meinung an, daß „Gruppenunterricht" in zahlenmäßig großen Klassen nicht möglich ist. Solche Aussagen bestätigen dann die pessimistischen Prognosen jener, die erklären, daß Gruppenunterricht vorwiegend unter didaktischen und nicht – was notwendiger wäre – unter sozialpädagogischen Aspekten erfolge. Wieder- oder Rückgewinnung des Erzieherischen heißt in diesem Fall Schüler in Lern-, Interessen-, Sympathie-, Projekt- oder Kampfgruppen [31] aufzuteilen und die hier entstehenden Gruppenprozesse erzieherisch zu fördern und positiv zu beeinflussen.

In pädagogisch unabdingbaren Kleingruppen wird es eher möglich sein, als im Gesamtverband einer allzu großen Klasse, die bei 2.2.1 - 2.2.6 aufgeführten affektiven Bereiche mit entsprechenden Inhalten zu füllen. Der Aufbau von Problembewußtsein, Vertrauen, Kreativität, Kritikfähigkeit, Identitätsrolle und Frustrationstoleranz vollzieht sich – von einigen Ausnahmen abgesehen – im Kleinverband der Gruppe leichter als in den anonymitätsfördernden und häufig erziehungsfeindlichen Grauzonen populationsstarker Strukturen.

2.3.3 Reflexionen zum Eigenverhalten des Lehrers

„Als Mitglied einer Lerngruppe und Klassengemeinschaft unterliegt der Lehrer selbst den affektiven Verhaltensweisen und gruppendynamischen Prozessen, die in einer Klasse wirksam sind" (O. Schießl) [32]. Will Schule Erziehungsarbeit leisten, sollten mehr als bisher vier Aspekte des Lehrerverhaltens reflektiert werden: sein Rollenverhalten, sein Erfahrungsvorsprung, sein Führungsstil und seine Wertorientierung bzw. sein Wertbekenntnis.

Das Rollenverhalten des Lehrers

Microteaching als eine bewährte aber in der Lehrerfortbildung leider viel zu wenig genützte Möglichkeit didaktischer *und* pädagogischer Selbsterfahrung, löst immer wieder die ungläubige Frage aus „... und das soll ich sein?". Jeder Lehrer, der sich von Tonband [33] und Kamera während seiner unterrichtlichen Tätigkeit „belauschen" ließ, wird bestätigen, daß die objektive Technik ein anderes Bild seiner Interaktionsformen vermittelt, als dies subjektive Selbsteinschätzung gestattet hätte. Soll Unterricht *erzieherisch* wirksam werden, ist es für den Lehrer notwendig, sein eigenes „Rollenverhalten" kritisch zu analysieren und entsprechende Konsequenzen zu ziehen. Wie für den Schüler gilt auch für den Lehrer die Forderung, die Differenz zwischen Identitätsrolle und Berufsrolle möglichst gering zu halten.

---

[31] Gedacht ist an den Bereich des Sports.
[32] Otmar Schießl, a.a.O., S. 89.
[33] Der Einsatz des Tonbands zur permanenten Selbstkontrolle des Lehrers ist dringend zu empfehlen.

Der Erfahrungsvorsprung des Lehrers

Erziehende Schule und erziehender Unterricht können nicht auf den vielseitigen Erfahrungsvorsprung des Lehrers verzichten – dürfen ihn aber auch nicht verabsolutieren. Während die „alte Schule" im Sinne der *Bewahrungs*pädagogik das Kind möglichst selten dem Schock negativer Eigenerfahrung ausliefern wollte, glaubten pädagogische Utopisten der 60er und 70er Jahre *Bewährungs*pädagogik zur ultima ratio von Schule machen zu können. Kinder – das lehrt die Erfahrung – wünschen, ja verlangen aber nach dem Erfahrungsvorsprung des Lehrers und lehnen anbiedernden Blue-jeans-Stil („Sagt du zu mir ...") entschieden ab. Die Forderung nach „Führen und Wachsenlassen" – wie sie von Th. Litt aufgestellt wurde – berücksichtigt in zeitloser Richtigkeit beide Aspekte erzieherisch wertvollen Tuns: Freiheit und Bindung, Eigenentscheidung und Fremdbestimmung.

Führungsstile des Lehrers

Die Verwirklichung affektiver Lernziele im Unterricht kann weder durch autoritäres noch durch extrem liberales Verhalten des Lehrers geleistet werden. Die Forderung nach einem sozial-integrativen Führungsstil, der affektive Prozesse ermöglicht, muß deshalb auch im Zusammenhang mit wachsender pädagogischer Aktivität in unseren Schulen aufs neue gestellt werden. Zahlreiche Unterrichtsdokumentationen können erfreulicherweise die Aussage bestätigen, daß in den letzten Jahren Schule gerade auf diesem Sektor die meisten Fortschritte gemacht hat. Problematischer dagegen ist die Frage, ob unsere Lehrerschaft (im Ganzen) bereit ist, alles, was von ihr erzieherisch intendiert wird, auch selbst dem Schüler vorzuleben: Höflichkeit, Pünktlichkeit, Aufrichtigkeit, berufliches Engagement. Damit aber werden – zumindestens in Randzonen – Wertorientierung und Wertverwirklichung des Lehrers angesprochen.

Wertorientierung und Wertbekenntnis des Lehrers

Da Erziehung ohne die Verwirklichung von Werten und Normen nicht möglich ist, hat sich auch der Lehrer diesen Werten und Normen zu unterwerfen. Alle Versuche, in der Schule von heute das Pädagogische wieder- oder zurückgewinnen müssen im Sand verlaufen, wenn es nicht gelingt, Lehrer aller Schularten für einen Unterricht zu gewinnen, der von der Forderung nach Wertorientierung, Wertvermittlung und Wertverwirklichung bestimmt ist. Schüler aller Jahrgangsstufen können nur dann erzogen werden, wenn ihre Lehrer selber bereit sind, die in Grundgesetz und Verfassung niedergelegten Grundwerte menschlichen (Zusammen-) Lebens zu realisieren. In diesem Zusammenhang muß die Frage gestattet sein, inwieweit tatsächlich alle Lehrer unserer Kinder fähig und bereit sind, Schüler zur Ehrfurcht vor Gott, zu Selbstbeherrschung, Verantwortungsgefühl, Verantwortungsfreudigkeit, Hilfsbereitschaft und zur Aufgeschlossenheit für alles Wahre, Gute und Schöne zu erziehen?

Einer, wie auch immer gearteten Gewissens- und Wertschnüfflerei durch administrative Personen oder Institutionen soll hier in keiner Weise das Wort geredet werden. Was aber gefordert werden kann, ist die harte Selbstreflexion jedes einzelnen von uns, inwieweit Berufsauftrag, Lehrerrolle und außerdienstliches Verhalten eine *(Wert-)* Einheit bilden. Eine von uns selbst festgestellte (Wert-) Schizophrenie müßte dann eigentlich zu Konsequenzen im Sinne von Einstellungs- oder Verhaltensmodifikationen führen ...

3. ... und gipfeln in der Forderung nach der Wiedergewinnung des Erzieherischen in einer humanen Leistungsschule

Alle Überlegungen, wie die Wiedergewinnung des Erzieherischen in einer sich als human definierenden Leistungsschule möglich gemacht werden könnte, haben sich auch mit der konkreten Frage nach dem Leitziel der Erziehung auseinanderzusetzen. Oder – einfacher gefragt – wie soll der Schüler aussehen, wenn er nach dem Besuch weiterführender Schulen das „Reifezeugnis" (gleich welcher Schularten) überreicht bekommt?

Bereits 1973 hat Bayerns Kultusminister, Professor Dr. Hans Maier, ein Menschenbild gezeichnet, das – aus der Philosophie Kants stammend – dann auch für unsere Zeit volle Gültigkeit hat, wenn wir es (gleichsam als Zusammenfassung des bisher Gesagten) mit zeitrelevanten Inhalten füllen. Gefordert ist demnach der disziplinierte, kultivierte und zivilisierte Mensch.

Diszipliniert ist der „in das Leben entlassene Schüler", wenn er ja sagt zu Selbstbeherrschung, Triebverzicht [34] und Meisterung der Affekte; wenn er die Fähigkeit zur Zeit- und Handlungsdisposition besitzt; wenn er Disziplin als wichtigste Voraussetzung menschlicher, d.h. wirklich demokratischer Kommunikation anerkennt.

Kultiviert ist der von Familie und Schule als Individuum erzogene Mensch dann, wenn er nein sagt zu Standardisierung, Schematisierung und Konformismus seiner Zeit. Angesprochen ist hier der wharhaft personale Mensch, der die Verfügbarkeit des Menschen ablehnt und sich zur Freiheit der *Person* bekennt.

Kultur wird verstanden als Ergebnis personaler Bildung (im Sinne Fritz Stippels).

Als *zivilisierten* Menschen können wir jenen Schüler ansprechen, der fähig und bereit ist zu partnerschaftlicher Kooperation, human definierter Leistung und (mehr als nur) religiöser Aufgeschlossenheit. Er ist gekennzeichnet durch Freude an Geselligkeit, Höflichkeit und dem Schönen in dieser Welt.

Zivilisation – hier verstanden als Ergebnis sozialer Bildung.

Mit Professor Dr. Hans Maier ist abschließend die Frage zu stellen, ob man Erziehung '78 [35] tatsächlich auf diese einfache, formelhafte Aussage bringen kann?

„Ich glaube man kann. Denn es kommt in der Bildungspolitik nicht auf fachesoterische Abschließung, sondern auf verständliche und verwendbare Begriffe an. ... In der Bildungspolitik der nächsten Jahre wird es darauf ankommen, daß wir über dem Technologischen und Organisatorischen die innere Bildungsreform nicht aus dem Auge verlieren. Ihr Ziel aber heißt – auf eine kurze Formel gebracht – *die Wiedergewinnung des Erzieherischen"* in einer humanen Leistungsschule.

---

[34] Nach Freud die Grundlage jeder Kulturleistung.
[35] In Blickrichtung auf das neue Jahrtausend.

Hans Kraus

Erziehung und Schulleben

Einleitung 40

1. Fundamente des Schullebens 40

1.1 Bildungsziele aus der Verfassung 40
1.2 Bildungsaufgaben aus der Schulordnung 40
1.3 Erziehungsziele aus den Lehrplänen 41
1.4 Schulleben und Lehrerverhalten 41
1.5 Auftrag an den Lehrer 42

2. Das Religiöse – Teilhabe an der Sache des Evangeliums im Schulleben 42

2.1 Christliche Erziehung 42
2.2 Begegnung von Staat und Kirche im Schulleben 43
2.3 Die Meditation – Vorfeld des Schulgebetes 43
2.4 Beten in der Schule 44
2.5 Wirkung des Gebetsliedes 45
2.6 Nächstenliebe in der pädagogischen Kleinsituation 45
2.7 Pädagogische Ziele der religiösen Dimension 46

3. Das Sittliche – Ordnungsmacht im Schulleben 46

3.1 Schulleben und Gemeinschaft 46
3.2 Tugenden im Schulleben 46
3.3 Konfliktbeherrschung im Schulleben 47
3.4 Analyse des gemeinsamen Tuns 48

4. Das Musische – Ausdrucksgestaltung im Schulleben 48

4.1 Schulleben und Heimatverbundenheit 48
4.2 Schulleben in den Bildungsplänen 49
4.3 Schulleben in der Kritik 50
4.4 Notwendigkeit eines gemeinschaftlichen Handelns 50
4.5 Schulleben und Spiel 51

5. Mitwirkung – Aufgabe im schulischen Leben 52

5.1 Mitwirkung als soziales Prinzip 52
5.2 Mitwirkung nach der Schulordnung 53
5.3 Mitwirkung und Fachkompetenz 54
5.4 Der pädagogische Auftrag für das Zusammenwirken 54
5.5 Korrelation zwischen Erziehung und Mitwirkung 54

6. Handlungsfelder im Schulleben 55

6.1 Handlungsfelder (Übersicht) 55
6.2 Einzelaufgaben in den Handlungsfeldern (Beispielkatalog) 56
6.3 Der pädagogische Auftrag für die Lehrerkonferenz 56

6.4 Gestaltungsbeispiel: Auswahl des Bildschmucks zur Ausgestaltung
    des Schulzimmers 57

7. Schulleben in der Bilanz zwischen Ermutigung und Begrenzung 58
7.1 Schulleben braucht Spielraum 58
7.2 Schulleben braucht Engagement 58
7.3 Schulleben braucht Wertordnung 59
7.4 Pädagogischer Auftrag 59

Einleitung

Das Leitmotiv für das Schulleben heißt: *Wertschätzung*. Es entspricht dem inneren und äußeren Geschehen in einer Schule und gilt für alle Beteiligten in der Schulgemeinde, im pädagogischen Bereich für Lehrer und Schüler, für das Religiöse als Teilhabe an der Sache des Evangeliums, für das Sittliche als Ordnungsmacht, für das Musische als Ausdrucksgestaltung, für die Mitwirkung als soziales Prinzip, für die Anerkennung einer Wertordnung, aber auch für den Umgang mit dem materiellen Eigentum, das den in der Schule Tätigen eigenverantwortlich zur Nutzung, Erhaltung und Pflege anvertraut ist.

Dieser Beitrag befaßt sich mit den Grundlagen, Sinngebungen und Ausdrucksformen des Schullebens als Bilanz zwischen Auftrag und Schulwirklichkeit, zwischen Ermutigung und Begrenzung, zwischen Überlieferung und Neubesinnung, verstanden als Wegweisung und Hilfe für diejenigen Lehrer, die auf der Suche sind, ein Schulleben aufzubauen, das sich einer Erziehung zum anderen verpflichtet.

1. Fundamente des Schullebens

1.1 Bildungsziele aus der Verfassung

Für die Schulen in Bayern gilt Art. 131 Abs. 2 der Verfassung des Freistaates Bayern:

„Oberste Bildungsziele sind Ehrfurcht vor Gott, Achtung vor religiöser Überzeugung und vor der Würde des Menschen, Selbstbeherrschung, Verantwortungsgefühl und Verantwortungsfreudigkeit, Hilfsbereitschaft und Aufgeschlossenheit für alles Wahre, Gute und Schöne."

1.2 Bildungsaufgaben aus der Schulordnung

Die Allgemeine Schulordnung (ASchO) überträgt der Schule in § 3 Abs. 1 Bildungsaufgaben, die auch für das Schulleben gelten; z.B.

„zu selbständigem Urteil und eigenverantwortlichem Handeln zu befähigen,
zu Freiheit, Toleranz und Achtung vor anderen Menschen zu erziehen,
friedliche Gesinnung im Geiste der Völkerverständigung zu wecken,
ethische Normen, kulturelle und religiöse Werte verständlich zu machen,
die Bereitschaft zu demokratischer Verantwortung und politischem Handeln zu wecken."

1.3 Erziehungsziele aus den Lehrplänen

Schulleben ist Nähe, ist unmittelbar erfahrene Gegenwart, die Gelegenheit bietet, das nach den Erziehungszielen der Lehrpläne angestrebte Verhalten im Bezugsraum des schulischen Lebens (z.B. im Schulbus, im Klassenzimmer, im Pausenhof) einzuüben.

Hierzu einige aus den curricularen Lehrplänen entnommene Zielstellungen, die für das Schulleben bedeutsam sind:

- *Jahrgangsstufe 1-4*

  Fach: Heimat- und Sachkunde
  „Soziale Fähigkeiten und Spielregeln (Höflichkeit, Hilfsbereitschaft, Fairneß) können weder durch verbale Belehrung noch durch Gewöhnung allein erworben werden. Sie werden im Umgang mit Menschen erfahren, die solche Überzeugungen und Haltungen zu verwirklichen suchen. Dies gilt auch für die Schüler."

- *Jahrgangsstufe 5*

  Fach: Geschichte
  „Die Schüler sollen lernen, sich den eigenen Interessen, Werthaltungen und Einstellungen bewußt zu sein, sich in die Situation anderer Menschen zu versetzen und abweichende Standpunkte gelten zu lassen."

- *Jahrgangsstufe 5-6*

  Fach: Deutsch
  „Der Deutschunterricht erfüllt eine Reihe von wichtigen erzieherischen Aufgaben: Erziehung zur mitmenschlichen Zuwendung und Anerkennung, zu werterfüllten Haltungen und Einstellungen .."

- *Jahrgangsstufe 8*

  Fach: Erziehungskunde (Lernziel Nr. 4.3)
  „Kenntnis von Verhaltensweisen, mit denen man die Wertschätzung des anderen zum Ausdruck bringen kann."

- *Chorgesang (Instrumentalunterricht)*
  „Der Chorgesang (Instrumentalunterricht) dient der Bereicherung des Schullebens."

- *Jahrgangsstufe 7*

  Fach: Sozialkunde
  „Verbindliche Richtschnur sind das Menschenbild und die Gesellschaftsordnung, wie sie im Grundgesetz für die Bundesrepublik Deutschland und in der Verfassung des Freistaates Bayern verankert sind."

Die Lehrplanziele beauftragen den Lehrer, im Schulleben Verhaltensweisen einzuüben, die für das Zusammenleben in der Gemeinschaft notwendig sind.

1.4 Schulleben und Lehrerverhalten

Der Lehrer ist im Rahmen seiner Dienstaufgaben an die Leitvorstellungen der Verfassung, an die Zielsetzungen der Lehrpläne und an die Weisungen der Schulordnung gebunden.

Die Vorbereitung auf das Leben in einer Gesellschaft des Nebeneinanders erfolgt im Erziehungsfeld einer humanen Schule. Die kulturimmanenten Bedürfnisse einer demokratisch-freiheitlich-sozialen Gesellschaftsordnung verlangen ein Lehrerverhalten, das diesen Grundprinzipien entspricht:

Beispiel:

- *Die „Achtung vor der Würde des Menschen"*
  gebietet eine Wertschätzung, Anerkennung und Achtung des Schülers im Unterricht und in der Erziehung zur Steigerung seines Selbstwertgefühls.
- *Das „Bedürfnis nach Freiheit"*
  bedeutet für den Lehrer als Erzieher, Entscheidungen vorzubereiten und zu begründen.
- *Eine „Erziehung im Geiste der Demokratie"*
  zielt auf eine institutionalisierte und im Freiraum des Schulalltags ermöglichte Mitwirkung.
- *Die Intention „Soziale Kompetenz"*
  strebt ein Verhalten an, das den Mitschüler in seinem Andersgeartetsein versteht, annimmt und erträgt, das Toleranz und Selbstbeherrschung in Konfliktsituationen aufbringt und die Motive des eigenen Handelns reflektieren kann.

1.5 Auftrag an den Lehrer

Wohin der Lehrer erziehen will, muß in ihm selbst wirken durch sein persönliches Beispiel. Wer im Schulleben nicht vorlebt, was er als Erziehungsziel im Unterricht anstrebt, wird als Erzieher unglaubwürdig. Der Lehrer muß als Erzieher die Fähigkeit besitzen, die Freiheit und Grenzen des Miteinanders im Schulleben aufzuzeigen, den ihm anvertrauten „Menschen in seinem Widerspruch" anzunehmen und auf ihn mit den Tugenden des Friedens (z.B. Liebe, Geduld, Freundlichkeit, aufbauende Kritik) einzuwirken.

„Der Lehrer sieht sich vor der Aufgabe, immer wieder zu überprüfen, ob er sein Erzieherverhalten, seine Führungshilfen und seine Planungen des Unterrichts mit den Erziehungszielen und den Erziehungseinstellungen in Übereinstimmung hält, wie sie im Lehrplan unter den Lernzielen und Lerninhalten beschrieben werden." Dieser Auftrag aus der Präambel für das Fach Erziehungskunde in den Jahrgangsstufen 8-9 (KMBI I So.-Nr. 36/1977, Seite 1088, Ziff. 3) läßt sich sinngemäß auch für das Lehrerverhalten im Schulleben anwenden.

2. Das Religiöse – Teilhabe an der Sache des Evangeliums im Schulleben

2.1 Christliche Erziehung

Das Volksschulgesetz (VoSchG) kennzeichnet im Art. 9 Abs. 1 das Fundament der Erziehung in der Schule: „In den christlichen Gemeinschaftsschulen werden die Schüler nach christlichen Grundsätzen unterrichtet und erzogen."

Die Elemente einer christlichen Erziehung sind: das Glaubensbekenntnis, die Gebote Gottes, das Gebet und das Glaubensgut christlicher Überlieferung mit seinen Schriften, Formen und Symbolen. Christliche Erziehung heißt: Teilhabe an der Sache des Evangeliums. Dies geschieht in der Schulgemeinschaft, die bekennt, den Geboten gehorcht, betet, sich dem Nächsten zuwendet und gemeinschaftlich in den Glaubensformen handelt. In der von einer pluralistischen Gesellschaft eingerichteten öffentlichen Schule liegt jedoch „die Chance, Akzente einer Erziehung im Geiste des Evangeliums in die allgemeine Schule einzubringen, allein bei einem Lehrer, der sich zu einem christlichen Glauben bekennt" [1].

2.2 Begegnung von Staat und Kirche im Schulleben

In der Schule begegnen sich Staat und Kirche. Ihr Verhältnis zueinander ist verfassungsmäßig geregelt und gewährleistet ein rechtlich geordnetes Gegenüber.

„Nach Art. 137 Abs. 1 BV ist es Sache der Erziehungsberechtigten, um die Erfüllung der religiösen Pflichten ihrer Kinder besorgt zu sein. Die Schule unterstützt die Erziehungsberechtigten bei dieser Erziehungsaufgabe. Schulgebet, Schulgottesdienst und Schulandacht sind Möglichkeiten dieser Unterstützung." (EBASchOVo Ziff. 3.2.2). Der Unterstützungsauftrag wirft die Frage auf, was verlangt, was vorenthalten werden kann. Die christliche Gemeinschaftsschule bekennt sich zur Wahrung der Formen und Symbole christlicher Tradition. Das verfassungsmäßig garantierte Recht der Glaubens-, Gewissens- und Bekenntnisfreiheit (Art. 4, Abs. 1 und 2 GG) beinhaltet das Recht, die eigene Überzeugung im Schulleben zu verschweigen. Diese Freiheit findet dort eine Begrenzung, wo durch die Ausdehnung des Schweigens das christliche Bekennen anderer im Schulleben an einer christlichen Gemeinschaftsschule nicht mehr gewährleistet ist.

2.3 Die Meditation — Vorfeld des Schulgebetes

Schulleben braucht Stille, die die Tagesordnung des Leistungsalltags unterbricht für eine innere Sammlung, für ein Hineinhorchen in die eigene Person, eine Stille, die hilft, die persönlichen Gedanken und Erfahrungen in Beziehung zu setzen mit einem Wort, mit einem Zeichen, mit einem Bild.

Die von den Schülern erfahrene Wirklichkeit des Lebens und der Schule hat eine innere Mächtigkeit in den Wünschen und Interessen, in den Erfolgen und Niederlagen, in den personalen Begegnungen, in der Freude und Traurigkeit, in den Enttäuschungen und in der Angst. Die Erfahrungen, Gedanken und Empfindungen werden wiedergegeben in einer Meditation mit Bildern und Symbolen — und dies ohne Diskussion und Benotung. Alle Beiträge werden angenommen. Sie sind Vorübungen zur Gebetsgestaltung. Sie dienen der Gebetserziehung.

Beispiel einer Bildmeditation

Der Außenseiter.
Der Lehrer zeigt ein Bild: Schüler, die lachen und sich freuen. Einer steht abseits — allein.
Die Klasse, mit der Technik der Bildmeditation vertraut, soll sich zu folgenden Fragen äußern:

a) Was sagt das Bild?
b) Was denkt der Schüler, der abseits steht?
c) Gebt ihm Antwort!

---

[1] Ferdinand Kopp, in: „Christ und Schule", Zeitschrift der KEG vom April 1975.

Die von den Schülern aufgeschriebenen Sätze werden im Klassengespräch besprochen und sprachlich verbessert (z.B. nach Satzmuster, Reihenfolge der Gedanken, Aussagekräftigkeit). Die Schüler tragen die überarbeiteten Ergebnisse in das Meditationsheft ein.

Beispiel:

a) Schüler lachen.
   Sie freuen sich.
   Einer steht abseits.
   Er ist allein.
   Er ist traurig.

b) Ich habe Kummer.
   Zuhause.
   In der Schule.
   Ich habe niemand, mit dem ich reden kann.
   Ich bin unglücklich.

c) Ich lade dich ein.
   Ich höre dich an.
   Du kannst mir sagen, was dich bedrückt.
   Du brauchst einen Freund.
   Ich will dir helfen.

Eine Schülergruppe übernimmt die Aufgabe, Foto und Texte auf ein großformatiges Papier aufzukleben und im Schulzimmer auszuhängen.

Für anspruchsvollere Übungen eignen sich Symbolbilder, z.B. Mauer, Tür, Baum, Schlüssel, Brücke, Steine, Wasser, Hände, Gesichter usw.

Lernziel: Meditation mit den Elementen der Schöpfung.

2.4 Beten in der Schule

- *Beten erzieht zur Demut,*
  weil wir unseren eigenen Willen dem Willen Gottes unterordnen und uns ihm zur Verfügung stellen.

- *Beten weckt unser Mitgefühl für den Nächsten,*
  weil im Gebet Fürbitte geleistet wird für den bedürftigen, armen, hungernden und notleidenden Menschen in der Welt.

- *Beten vermindert die Angst,*
  weil wir im Gebet die Gefühle der Angst ansprechen und im Gespräch mit Gott Vertrauen gewinnen.

- *Beten erzieht zur Brüderlichkeit,*
  weil wir im Gebet das Leben des anderen respektieren und unsere Verantwortung für den Nächsten erkennen.

- *Beten stiftet Geborgenheit,*
  weil wir im Gebet mit anderen gemeinschaftlich in der Sache Gottes handeln.

Beten in der Schule heißt: Glaube und Schulalltag verknüpfen. Im Alltag der Schule ergeben sich Fragen und Probleme, deren Weltlichkeit durch das Gebet überschritten werden in den Bereich des Glaubens; andererseits soll die Kraft des Evangeliums hineinwirken in die Tagesordnung der Schule. Die Schulwirklichkeit ohne Antwort aus dem Evangelium erfahren, wäre ein Mangel an christlicher Erziehung.

2.5 Wirkung des Gebetliedes

Sprechen ist nur eine Form des Betens. Eine andere, mit ebenso befreiender Wirkung, ist das Gebetslied, wie es in zahlreichen Gesangbuchversen zum Ausdruck kommt, weil gerade hier die Grenzsituation des Lebens in literarischen und musikalischen Kunstformen gestaltet worden sind. Auch die christlichen Gebetslieder der Gegenwart sprechen von der Bedürftigkeit der heilsuchenden Menschen in unserer Zeit. Die modernen Melodien wecken das Interesse der Jugend und finden Eingang in Jugendgruppen und Schulklassen. Das Geheimnis dieser Songs liegt darin, daß sie die Wirklichkeit des Hörers aufgreifen. Ein Lied hat dann Erfolg, wenn es textlich und musikalisch unmittelbares Empfinden ausdrückt.

Durch die Begegnung mit dem religiösen Lied soll der Schüler erfahren und erkennen, daß Singen ermutigt und stärkt, die Wirklichkeit besser zu ertragen und zu bewältigen.

Das Lied kann eine emotionale Antwort sein auf die Erfahrung einer äußeren oder inneren Not.

2.6 Nächstenliebe in der pädagogischen Kleinsituation

Der oberste Grundsatz einer christlichen Erziehung ist das von Christus an uns gegebene Liebesgebot, das den Nächsten annimmt, ihm Wertschätzung und Anerkennung zuteil werden läßt und Vertrauen stiftet. Nächstenliebe beginnt in den pädagogischen Kleinsituationen des Schullebens.

Beispiel:

Wir bemerken nicht viel von dem, was die Schüler am Morgen vor dem Schulbeginn in der Familie oder auf dem Schulweg erlebt und erfahren haben, welches Ereignis in der Seele des Kindes noch nachwirkt und mit freudiger oder trauriger Gestimmtheit in die Schule hineingetragen wird. Da sind sie nun: die Ängstlichen und Zaghaften, die Furchtsamen und Schüchternen, die Selbstbewußten und Zuversichtlichen, die Strebsamen und Gleichgültigen. Sie alle wünscht sich der Lehrer für seinen Unterricht als Arbeits- und Sympathiegemeinschaft.

Doch bevor der Unterricht beginnt, mag es sein, daß das Kind von seinem Lehrer mit einen Händedruck begrüßt wird, da ein aufmunterndes Wort erfährt, dort einen freundlichen Blick erhält.

In dieser pädagogischen Kleinsituation wird die Grenze der harten Schulwirklichkeit überschritten; hier wird spürbar, daß es noch mehr gibt, was über die Last der Arbeit und Leistung hinausreicht und doch mit einer inneren Mächtigkeit in den Schulalltag hineinwirkt: die Liebe zum Nächsten, zum Schüler, auch wenn er uns enttäuscht hat, auch wenn Zweifel oder Schuld die Beziehungen belasten. Wir wenden uns ihm abermals zu, weil wir wissen, daß diese individuelle Zuwendung stets ein Wagnis bleibt und das Risiko des Scheiterns in sich birgt. Erziehung im Geiste des Evangeliums läßt sich durch Niederlagen im Schulleben nicht entmutigen.

2.7 Pädagogische Ziele der religiösen Dimension

Die religiöse Dimension im Schulleben läßt sich in folgende pädagogische Ziele fassen:

– Bewußtsein, daß Menschen Wertschätzung, Anerkennung und Annahme brauchen;
– verstehen, daß Vertrauen die Grundlage des Zusammenlebens ist;
– Bewußtsein, daß Belastungen Gott anvertraut werden können;
– bereit sein, mit anderen gemeinschaftlich in der Sache des Evangeliums zu handeln.

3. Das Sittliche – Ordnungsmacht im Schulleben

3.1 Schulleben und Gemeinschaft

Schulleben vollzieht sich in der Gemeinschaft. In der Begegnung mit dem anderen entfaltet sich die Person des Schülers.

Zu Beginn des Schuljahres werden neue Schulklassen organisiert. Der Lehrer hat nun als Klaßleiter die Aufgabe, Kontakte zu knüpfen, gegenseitige Beziehungen herzustellen, Anonymität zu öffnen und äußere Ordnungen aufzubauen. Durch die Annahme jedes einzelnen Schülers schafft er die Grundlage einer echten Bindung.

Gemeinschaft braucht Gesinnungsqualität. Sie aktualisiert sich in der Begegnung zum einzelnen Schüler, im Beziehungsgefüge innerhalb der Klassengemeinschaft und in der Analyse des gemeinsamen Tuns. Die Pflege guter Sitten im Schulleben bedeutet, Tugenden verstehen und anerkennen.

„Tugenden als Erziehungsziele aufstellen heißt nicht nur formale Forderungen erheben. Tugenden sind nur dann wirklich, wenn Gesinnungen sich im Tun aktualisieren, wenn sie sich im Leben bewähren. Sie setzen die konkrete Begegnung voraus, sie sind das in der besonderen Situation moralisch Geforderte. Tugend ist immer Einsatz, ist aktive Konkretisierung mit der Wirklichkeit, ist Engagement.

Erziehung zur Pflicht ist Erfüllung konkreter Pflichten, Erziehung zur Höflichkeit ist Übung im höflichen Verhalten, zur Selbständigkeit selbständiges Handeln, zur Sorgfalt sorgfältiges Arbeiten bei der Erfüllung ganz konkreter Aufgaben, und das alles täglich und stündlich und immer wieder! Erziehung zur Tugend ist ganz wirklichkeitserfüllte, inhaltlich bestimmte Erziehung" [2].

3.2 Tugenden im Schulleben

gegenüber dem einzelnen	in der Klassengemeinschaft	gegenüber der Arbeit
Hilfsbereitschaft	Friedensliebe	Gründlichkeit
Fairneß	Sachlichkeit	Gewissenhaftigkeit
Höflichkeit	Redlichkeit	Sorgfalt

---

[2] Walter Horney, in: „Handbuch für Lehrer", Bd. 3, S. 358.

gegenüber dem einzelnen	in der Klassengemeinschaft	gegenüber der Arbeit
Rücksichtnahme	Geselligkeit	Sachlichkeit
Anständigkeit	Gerechtigkeit	Ausdauer
Verträglichkeit	Verantwortungsbewußt-	Sauberkeit
Duldsamkeit	sein	Zuverlässigkeit
Aufrichtigkeit	Konfliktbeherrschung	Pflichterfüllung
Vorurteilslosigkeit	Ritterlichkeit	Regelmäßigkeit
Freundlichkeit		Pünktlichkeit

Aktualisierungsbeispiel

Hilfsbereitschaft
durch Übernahme schulinterner Sozialaufgaben,

Fairneß
bei Sport und Spiel im Zuerkennen einer Chance,

Höflichkeit
durch Bitten, Danken und Grüßen,

Rücksichtnahme
gegenüber dem schwächeren Schüler,

Anständigkeit
durch ehrliche und aufrichtige Zuwendung,

Verträglichkeit
auch nach der Lösung von Konflikten,

Duldsamkeit
durch Vermeiden von Affekthandlungen.

3.3 Konfliktbeherrschung im Schulleben

Konflikte ereignen sich zumeist unmittelbar. Diese Unmittelbarkeit zwingt zu einer sofortigen Handlung des Lehrers, dessen Autorität bei jedem Problem herausgefordert wird. Ein Angriff auf die Autorität verursacht oft emotionale Reaktionen. Ernstsituationen bedürfen der Reflexion und erfordern das Beherrschen von Beurteilungs- und Handlungskriterien.

Konfliktbeherrschung bedeutet

— *Konflikte bejahen*
  Konflikte sind Interessengegensätze. Lehrer und Schüler müssen einsehen, ,,daß Konflikte nur im Rahmen von gemeinsam anerkannten Verfahrensregeln und in der Bereitschaft zum Ausgleich zu lösen sind."
  (Curricularer Lehrplan ,,Sozialkunde" für die 7. Jahrgangsstufe; KMBI I So.-Nr. 5/1976, Seite 117)

— *Sich vom Handlungszwang lösen*
  Sofortiges Reagieren ist nicht immer notwendig. Eine Loslösung vom Handlungszwang schafft Zeit zur Reflexion und mobilisiert neue Gedanken, wie Friede wieder hergestellt werden kann.

– *Probleme versprachlichen*
Wichtigstes Mittel zur Bewußtmachung und Bewältigung von Problemen ist die Sprache. In der Konfliktbeherrschung bedeutet dies: sich informieren, anhören, beurteilen, vorschlagen, vermitteln, fragen (z.B. Wie können wir das regeln?).
– *Nach Ursachen suchen*
Konflikte werden erst durch ihre Folgewirkungen sichtbar. Wir fragen nach den Motiven einer Handlung nach dem Grundsatz: „Verstehen und helfen, vorbeugen statt heilen."
– *Verhaltenssicherheit stabilisieren*
Das heißt: Positives Schülerverhalten emotional verstärken, die Gefühle des Schülers verstehen und ansprechen, positive und negative Besonderheiten während des Unterrichts aussprechen.

3.4 Analyse des gemeinsamen Tuns

Schulleben will rückschauende Orientierung. Dies geschieht durch eine Analyse des gemeinsamen Tuns.

Am Ende einer Arbeitsphase fragt der Lehrer:

– Was hat uns heute (in dieser Woche) Spaß gemacht?
– Was hat uns (nicht) gefallen?
– Was hat uns enttäuscht?
– Was ist uns gut (nicht) gelungen?
– Was könnten wir noch verbessern?
– Wer hat noch Fragen zu einer Sache?
– Wer braucht noch Hilfe?
– Was müssen wir nochmals wiederholen?
– Gab es für dich eine Überraschung?
– Was war spannend (langweilig)?
– Was nimmst du dir für die nächste Woche vor?
– Wen sollten wir besonders loben?

Ein Lehrer spricht in seiner Klasse über Grenzen. Er will verdeutlichen, daß Grenzen trennen, Probleme verursachen, isolieren. Die Geschichte berichtet über Beispiele der Überwindung durch Verträge, Vereinbarungen, aber auch durch Gewaltanwendung. Ein Schüler sagt: „Gedanken gehen über Grenzen." Der Lehrer greift diesen Beitrag auf und konkretisiert ihn mit Beispielen aus dem politischen Weltgeschehen. Am Ende der Stunde wird die Schüleräußerung nochmals lobend gewürdigt. Der Schüler darf seinen Gedanken auf ein großformatiges Plakat drucken, das im Klassenzimmer ausgehängt wird. Schulleben – in diesem Fall ausgedrückt durch Illustration der Originalität.

4. Das Musische – Ausdrucksgestaltung im Schulleben

4.1 Schulleben und Heimatverbundenheit

Es ist inzwischen eine Stätte kommunaler und kirchlicher Aktivitäten geworden: das alte Schulhaus im Dorf, mit Kirche und Gemeindehaus einst kulturelle Mitte der Gemeinde. Im Inneren entdecken wir noch die Spuren einer Zeit, da das Klassenzimmer als „Schulwohnstube" im Geiste Pestalozzis eingerichtet war, in dem sich die pädagogischen Ideen eines Peters Petersen konkretisieren im rhythmischen Geschehen zwischen Arbeit und Spiel, in der Verbindung von Erlebtem und Unterricht, in der Abwehr gegen isoliertes Denken und Lernen, gegen Lebensferne und bildungsarme Methoden, gegen einen didaktischen Schematismus zugunsten eines aktiven Schullebens. Ziel war die Entfaltung der musischen Kräfte des Kindes, die Gestaltung eines Schullebens, nach Tätigkeit orientiert, gebunden an den Schulort mit seinen Menschen, seiner Ortskultur in Brauch und Sitte, seiner Geschichte, seinem Jahreslauf, seiner gewachsenen Tradition. Was die Archive noch aus dieser Zeit berichten, erkennt der kundige Leser als Beispiele, wie das Schulleben dazu beitrug, den Menschen zu beheimaten durch ein Kennenlernen, Verstehen und Schätzen des Lebens in seinen Ausdrucksformen im heimatlichen Bezugsraum.

Auf dem sonderpädagogischen Kongreß 1950 sagte J.F. Dietz, der Freund und Kenner der Dorfschule: „Der lebensnahe Unterricht ist eingebettet in ein echtes Schulleben, das der Eigenart des Landkindes entspricht und reiche Möglichkeit zur Betätigung der kindlichen Kräfte in gemeinsamer Arbeit, in Spiel und Feier gibt, im engsten Anschluß an das dörfliche Gemeinschaftsleben, aus denen es Impulse und Anregungen aufnimmt, in das es gebend und gestaltend zurückwirkt."

Die Schule unserer Tage erhielt im Rahmen der Kultur- und Heimatpflege den pädagogischen Auftrag, Grundlagen zu schaffen für die Beheimatung des Menschen. Die Bereitschaft, an der Pflege des heimatlichen Kulturgutes durch verantwortungsbewußtes Handeln mitzuwirken, wird in einem Schulleben, das sich diesem Heimatgeschehen verbunden fühlt, angebahnt. Konkret kann dies geschehen durch originale und personale Begegnungen (z.B. Unterrichtsgang, Museumsbesuch, Lehrwanderung; Interview mit dem Heimatpfleger oder dem Naturschutzbeauftragten), durch Projektgestaltung (z.B. Ortschronik), durch Arbeit mit Quellen (z.B. Urkunden, Dokumente), durch die Teilnahme an Aktionen (örtliches Brauchtum, Verschönerung und Umweltschutz) sowie durch musische Aktivitäten (z.B. heimatliches Liedgut, Mundartdichtung, Volkstanz und Laienspiel).

4.2 Schulleben in den Bildungsplänen

Die reformpädagogischen Ideen der 20er Jahre fanden Ausdruck in der Sprache der Verfassung und in den Bildungsplänen für die bayerischen Volksschulen; zum Beispiel:

— „Die Schulen sollen nicht nur Wissen und Können vermitteln, sondern auch Herz und Charakter bilden..." (BV Art. 131 Abs. 1).

— „Das Kind soll sich in seiner Schule beheimatet und geborgen fühlen. Wohnliche Ausgestaltung des Klassenzimmers trägt dazu bei. Über das Gemüthafte hinaus gewinnen die Schüler Verständnis für die Grundregeln des Zusammenarbeitens und Zusammenlebens. Durch einsichtiges Verhalten, durch freiwillige Mitverantwortung und Mitverwaltung helfen sie, das Schulleben gestalten. In ihm wird das Kind zu Spiel und Feier, zu frohem und ernstem Schaffen angeregt. Natürlicher Anstand und gute Umgangsformen werden stets beachtet und geübt; ein pfleglichwith Verhalten zu allen Dingen, Tieren und Pflanzen ist notwendig. Gesundheitliche Grundregeln zu befolgen ist für ein Zusammensein unerläßlich. Schulfeiern, Wanderungen, Aufenthalt im Schullandheim Elternabende sollen aus dem gemeinsamen Leben herauswachsen und es fördern..." (Aus dem Bildungsplan für die bayerischen Volksschulen 1950 — Teil V).

Das äußere und innere Gefüge der Schule hat sich seit dieser Zeit erheblich geändert. Dennoch bleiben die Grundmotive des Schullebens gleich, wie immer sie auch umschrieben werden: Schulleben braucht Wertschätzung, Nähe, Gemeinschaft, Mitwirkung, Spielraum, Engagement und Wertordnung.

4.3 Schulleben in der Kritik

Die Lehrergeneration, die damals die Maxime der Bildungspläne aus den Jahren 1950 und 1955 in den Schulen verwirklichte, hinterließ in Chronik und Archiv das Erbe eines vielfältigen Schullebens von der Gestaltung des Schulzimmers bis zur Schulfeier als Höhepunkt im Schuljahr. Spiel und Feier, Musik und Tanz, bildnerisches Gestalten und musisches Werken, die Pflege örtlicher Bräuche und die Mitwirkung an kirchlichen Handlungen und heimatlichen Begebenheiten waren Ausdruck eines aktiven Gemeinschaftslebens.

„Das war meine schönste Zeit!" meinen heute noch diejenigen Lehrer, die ein solches Schulleben mitgetragen haben; sie sagen dies weniger aus einer sich ergebenden oder gar widerständigen Haltung heraus gegenüber den Formen und Inhalten der Schulen unserer Zeit, es ist wohl mehr das Urteil über ein gegenwärtig da und dort erfahrenes, zwischen Leistung und Muse noch unausgeglichenes Schulleben.

Kritiker klagen über

- die Dominanz des Wissenschaftlichen
- die Favoritisierung des Kognitiven
- die Überschätzung des Meßbaren
- den Verlust traditioneller Bindungen
- die Vernachlässigung der historischen Dimension
- den Verzicht auf Leitbilder
- den Mangel an Emotionalität
- die Armut an persönlichem Kontakt
- die Einengung des Freiraumes für Kreativität
- die Unsicherheit in der Moralbegründung

In einer solchen Atmosphäre ist der pädagogische Mutterboden zu dürftig, arm an Wärme und Kraft für ein „gedeihliches" Schulleben.

4.4 Notwendigkeit eines gemeinschaftlichen Handelns

Schüler brauchen Geborgenheit in der Gemeinschaft. Es gibt Kinder, die die Familie als unterbrochene Gemeinschaft erleben (z.B. Schlüsselkinder, Kinder in Wochenendehen u.a.). Der Schüler – vor allem in der Hauptschule – erlebt Schule als wechselnde Gemeinschaft (z.B. Auflösung des Klassenverbandes in Leistungskursen), er erlebt Schule in der Fahrgemeinschaft der Schulbusschüler, in der zwischen Freiheit und Begrenzung sich bewegende Pausenhofgemeinschaft, in der Gemeinschaft von Klasse, Gruppe und Clique.

Ein Schulleben, das sich auf die ganze Persönlichkeit der Kinder bezieht, kann nur gestaltet werden durch eine enge Zusammenarbeit der Lehrer, die in einer Klasse unterrichten.

Die Notwendigkeit eines gemeinschaftlichen Handelns wird in der Allgemeinen Schulordnung (Art. 4 Abs. 1) ausgedrückt. Die „vertrauensvolle Zusammenarbeit aller Beteiligten" ist auch adressiert an die Lehrer, die in einer Klasse den Erziehungsauftrag als Lehrergruppen gemeinsam erfüllen. Das kann sich konkretisieren in einer vereinbarten Rückbesinnung am Ende einer Arbeitswoche durch ein Sammeln und Herausheben von Besonderheiten: z.B. originelle Schülerbeiträge im Laufe der Woche, besonders gut gelungene Zeichnungen und Hefteinträge, Werkstücke, Aufsätze, freiwillige Leistungen und Hilfestellungen, gemeinschaftsförderndes Verhalten, den „Kavalier" im Schulbus, an der Haltestelle, im Pausenhof, innerhalb des Schulgebäudes, das Lied der Woche und schließlich die Rückerinnerung auf den zu Beginn der Arbeitswoche ausgewählten Leitspruch.

Dieses Miteinander ist mehr als nur die stundenplanmäßige Aneinanderreihung der Lehrer und Fächer, es ist ein gemeinsames, aufeinander abgestimmtes Tun, bei dem jeder Schüler eine Chance des Erfolges erhält.

4.5 Schulleben und Spiel

Spielen bedeutet: Loslassenkönnen – von Sollerfüllung, Sachzwang, Leistung, Routine, von der Angespanntheit der Alltagsarbeit, von der Sorge, Last und Mühe des Abverlangten. Unsere Schule wird herzlos, wenn in ihr das Rationale, Kognitive und Wissenschaftliche dominiert, wenn sie das Loslassenkönnen vernachlässigt, wenn die Sorge (etwa um die bessere Note) den Schüler beherrscht; er wird unmutig, gehemmt, seelisch krank. Kein Wunder dann, wenn Ärzte in solchen Fällen bei den Schulkindern neurotische Störungen feststellen, wenn Mediziner die Schule als einen am Streß erkrankten Patienten bezeichnen. Da wird das Musische in der Schule zu einer heilenden Kraft im Sinne einer pädagogischen Seelsorge. Sich um die Seele (eines Schülers) sorgen heißt: sie befreien – von der Angst, vom Mangel an Wertschätzung, Gemeinschaft, Zuwendung und musischer Entfaltung. „Unruhige finden bei Musik Ruhe, Hemmungen lösen sich bei Spiel und Gesang, Einzelgänger finden leichter Kontakt, dramatische Darstellung und Zeichnungen helfen zur Lösung von Spannungen und besondere rhythmische Gymnastik, zusammen mit Musik bewährt sich im ganzen Bereich seelischer Hygiene"[3].

Spielen ist im Schulleben ein Gemeinschaftserlebnis, es ist ein methodisches Mittel zur handelnden Erschließung von Sachverhalten und dient dem sozialen Lernen.

Beispiele

Gemeinschafts-erlebnis	Erschließung von Sachverhalten	Soziales Lernen
Anlässe:	Fachbezug:	Daseinssituationen:
Geburtstag Jubiläum Schulentlassung Verabschiedung Erntedank Heimatfest	Geschichte (z.B. Szene aus dem Bauernkrieg) Arbeitslehre (z.B. Szene einer Bewergung Sozialkunde (z.B. Szene einer Gerichtsverhandlung)	Außenseiter und Vorurteil. Macht und Gehorsam Mut und Feigheit Streit und Versöhnung Schuld und Vergebung Freiheit und Gesetz

Die sozial erzieherische Funktion des Rollenspiels hat im Schulleben eine besondere Bedeutung:

- es stellt menschliche Grundsituationen dar,
- fragt nach dem eigenen Verhalten,
- ermöglicht ein Einfühlen in die Rolle des anderen,
- läßt Probleme des menschlichen Verhaltens erfassen
- und weckt die Bereitschaft zur Verantwortung in der Gemeinschaft.

Schulleben braucht Spielraum. Das ist der Raum ohne Angst, ohne Leistungsdruck, eine Atmosphäre des freien Atmens und einer emotionalen Wärme. Was Schüler erleben: im Jahreslauf, im Unterricht, in der Klassengemeinschaft – drängt nach einem handelnden Ausdruck.

5. Mitwirkung – Aufgabe im schulischen Leben

5.1 Mitwirkung als soziales Prinzip

Der Strukturplan für das deutsche Bildungswesen forderte im Jahre 1970:

„Der öffentlich verantworteten Bildung ist vielmehr die Aufgabe gestellt, den Gesamtprozeß der Bildung eines Menschen ... in den gesellschaftlichen Zusammenhang hereinzunehmen" (S. 32).

„Wenn es ferner das Ziel der Schule ist, den jungen Menschen auf das Leben in einer offenen Gesellschaft und in einem demokratischen Staat vorzubereiten, müssen die Grundmuster des mündigen Verhaltens in der Schule eingeübt und erprobt werden. Einübung und Erprobung erfolgen im tätigen wechselseitigen Verhalten zwischen Schülern und zwischen Lehrern und Schülern" (S. 37).

„Die Mitwirkung der beteiligten Personen (Lernender, Eltern, Lehrer, Berater) an den Entscheidungen über Bildungsgänge und an den Regelungen des Schullebens ist nach dem Grad der Verantwortlichkeit zu gewährleisten" (S. 38).

Mitwirkung als soziales Prinzip einer demokratischen Staatsordnung betrifft auch die Schule als Teil der Gesellschaft. Die Volksschule als Stätte des Unterrichtes und der Erziehung ist gleichzeitig auch eine Rechtseinrichtung. Das Schulleben erhält damit auch einen politischen Stellenwert.

---

[3] F. Kopp, in: Didaktik in Leitgedanken", 1971, S. 36, Donauwörth.

5.2 Mitwirkung nach der Schulordnung

Die seit 1973 gültige Allgemeine Schulordnung (ASchO) und die ergänzenden Bestimmungen beheben das bisherige Defizit im Bereich der Mitwirkung an den Volksschulen und institutionalisierten „Einrichtungen zur Mitgestaltung des schulischen Lebens" (ASchO – Abschnitt IX).

Gemeinschaften (Lehrerkonferenz, Schülervertretung, Schulforum und Elternbeirat) werden Träger des Schullebens. Das Kriterium der Zusammenarbeit ist die Beteiligung an sachlichen Regelungen.

Die Schülermitverantwortung (SMV) – nach ASchO § 58

— soll allen Schülern die Möglichkeit geben, Leben und Unterricht ihrer Schule, ihrem Alter und ihrer Verantwortungsfähigkeit entsprechend mitzugestalten,
— wird unterstützt vom Leiter der Schule, von den Erziehungsberechtigten und den Lehrern,
— erfolgt im Rahmen des Grundgesetzes, der Verfassung des Freistaates Bayern, der Gesetze und der Schulordnung,
— steht unter dem Vorbehalt des Rechtes der Erziehungsberechtigten und der Funktionsfähigkeit der Schule.

„Im Rahmen der SMV stellen sich den Schülern folgende Aufgaben:

— Vorbereitung und Durchführung gemeinsamer Unternehmungen (Gemeinschaftsaufgaben)
— Übernahme von Ordnungsaufgaben,
— Wahrnehmung schulischer Interessen der Schüler und Mithilfe bei der Lösung von Konfliktfällen" (ASchO § 58 Abs. 1).

Mitwirkung bei Gemeinschaftsaufgaben

Dazu zählen nach ASchO § 58 Abs. 2:

— die Einrichtung von Arbeitsgruppen,
— die Übernahme schulinterner Aufgaben,
— die Planung und Gestaltung von Unternehmungen.

Mitwirkung bei Ordnungsaufgaben

Im Rahmen schulintern vereinbarter Ordnungen können die Schüler mitwirken, durch die Übernahme von Ordnungsdiensten

— im Klassenzimmer,
— im Schulgebäude,
— auf dem Schulweg.

Mitwirkung bei der Wahrnehmung schulischer Interessen

Art. 131 Abs. 3 BV fordert in der Schule eine Erziehung „im Geiste der Demokratie". Nach ASchO § 58 gehören zu den Rechten der Schülervertretung im Rahmen der SMV das Informations-, Anhörungs-, Vorschlags-, Vermittlungs- und Beschwerderecht.

5.3 Mitwirkung und Fachkompetenz

Für das Schulleben müssen Mitwirkungsrechte nach ihrer Sachdienlichkeit gemessen werden, sie können zusätzlichen Sachverstand mobilisieren. Das partnerschaftliche Zusammenwirken der Interessengruppen, Beratungsanteil und Rechtszuerkennung müssen den Zielsetzungen der Schule förderlich sein und nach Aufwand, Bedarf und Effektivität den Grundsatz der Zweckmäßigkeit erfüllen. Die Allgemeine Schulordnung wahrt die Sach- und Fachkompetenz des Lehrers. Ein Zuviel an fachfremder Einflußnahme schmälert den pädagogischen Auftrag, ein Zuwenig an Mitwirkung wäre ein Defizit an Demokratie.

„Die Frage nach dem Gleichgewicht zwischen pädagogischer Freiheit und rechtlichen Bindungen verlöre an Bedeutung, wenn die rechtliche Ordnung in der Schule nicht als Beeinträchtigung, sondern stärker als eigenes Anliegen des Erziehers empfunden und genutzt werden wollte"[4].

5.4 Der pädagogische Auftrag für das Zusammenwirken

Schulleben vollzieht sich im Miteinander der Lehrer und Schüler. Die Bereiche der Gemeinschafts- und Ordnungsaufgaben, die Aktionen bei der Wahrnehmung schulischer Interessen, die Formen des religiösen Lebens, Umgangssitten und musisches Gestalten sind die Handlungsfelder des Zusammenwirkens, in denen sich die erziehlichen Absichten des Lehrers verbinden mit den Mitwirkungsmöglichkeiten der Schüler. Jede Mitwirkungsaufgabe hat im Schulleben eine erziehliche Komponente, ebenso wird das erzieherische Handeln des Lehrers darauf abzielen, die Mitwirkung der Schüler zu aktivieren.

5.5 Korrelation zwischen Erziehung und Mitwirkung

Mitwirkung und Erziehung

Schüler übernehmen in der Klasse alltägliche Ordnungsaufgaben (Tafeldienst, Blumenpflege, Gestühlordnung, Aufräumungsarbeiten, Austeilen von Lernmitteln usw.). Dabei geht es nicht nur um die Tätigkeiten des Besorgens und Bereitstellens oder gar um die Freudigkeit der Kinder an besonderen, an herausgehobenen Aktivitäten; hier geht es auch um ein Sicheinüben in die Arbeitstugenden der Pünktlichkeit, der Regelmäßigkeit, der Sorgfalt und Gewissenhaftigkeit, des Verantwortlichseins für ein „Ordnungsamt", das der Gemeinschaft dient, Rechte und Pflichten einschließt und durch Vereinbarungen der Klassengemeinschaft legitimiert wird. Wer sein „Amt" vernachlässigt, verliert die Qualifikation zur Mitwirkung. Mitwirkung ist deshalb im Schulleben eine Verantwortung auf Zeit.

---

[4] Dietrich Falckenberg, in: „Schulordnung als Lebenshilfe", aus: „Erziehung hat Zukunft", 1975, S. 176.
  – Die Verfassung des Freistaates Bayern (BV). – Das Volksschulgesetz (VoSchG). – Die Allgemeine Schulordnung (ASchO). – Lehrpläne für die bayerischen Volksschulen. – Der Strukturplan für das Bildungswesen 1970, 3. Auflage 1971, Klett, Stuttgart.

Erziehung und Mitwirkung

In der Erziehung zur Heimatverbundenheit mit dem Ziel mitgestaltender Aktivität plant ein Lehrer mit seiner Klasse das Projekt einer Ortschronik. Die einzelnen Maßnahmen werden in der Klasse besprochen. Die Schüler bilden Interessengruppen: die „Reporter" interviewen den Heimatpfleger, die Sammler besorgen mundartliche Texte und Sprüche, die Fotografen suchen historische Ortsmotive, die Spieler üben eine Szene aus dem früheren Rechtswesen ein, die Zeichner gestalten Wappen und Symbole, die Statistiker kümmern sich um die Zahl der Einwohner, Maschinen und Fahrzeuge einst und jetzt, eine Schülergruppe gestaltet einen Wandteppich mit einem heimatlichen Bauensemble, die Mädchen interessieren sich für alte Kochrezepte und Speisefolgen bei Familienfesten, die Redakteure ordnen die Beiträge zu einer Ortschronik. Mit den Namen der Mitarbeiter auf der ersten Seite entsteht ein Prospekt, den die Klasse der Schule übergibt als eine ständig verfügbare Quelle heimatlicher Daten.

Erziehung konkretisiert sich in diesem Falle in einer langfristig angelegten Mitwirkung, die gemessen werden kann am Inhalt, an der Form und an der Freude am gemeinsamen Werk.

6. Handlungsfelder im Schulleben

Der Bereich des Zusammenwirkens im Schulleben läßt sich in Handlungsfelder einteilen. In einem Handlungsfeld verbinden sich die pädagogischen Zielsetzungen des Lehrers (oder einer Lehrergruppe) mit den Mitwirkungsmöglichkeiten der Schüler.

6.1 Handlungsfelder (Übersicht)

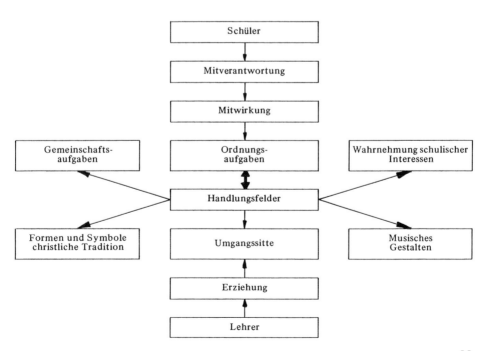

6.2 Einzelaufgaben in den Handlungsfeldern (Beispielkatalog)

Gemeinschaftsaufgaben	Ordnungsaufgaben	Wahrnehmung schulischer Interessen
Einrichtung von Arbeitsgruppen – kulturell – sportlich Übernahme schulinterner Aufgaben – Helferdienst – Partnerschaften – Hausaufgabenhilfe Planung und Gestaltung von Unternehmungen – Schulausstellungen – Schulfahrten – Wanderungen – Schullandheimaufenthalte – Sportliche Veranstaltung – Wettbewerbe – Besuche: Theater, Konzert, Museum – Aufbau einer Schülerbücherei – Personale Begegnungen	Ordnerdienste auf dem Schulweg – Schülerlotse – Schulbushelfer Ordnerdienste im Schulgebäude – Schülerbibliothek – Fundbüro – Garderobe Ordnerdienste im Klassenzimmer – Tafeldienst – Blumenpflege – Gestühlordnung – Klassenbücherei – Lehrmittelordner – Kartenordner – Bilderdienst – Sammlungsdienst – Filmdienst – Werkzeugordner – Schaukastendienst	Schülerrechte Informationsrecht Anhörungsrecht Vorschlagrecht Vermittlungsrecht Beschwerderecht Mitwirkungsrecht bei der Aufstellung und Durchführung der Organisation und Betreuung von besonderen Veranstaltungen Anregungen und Vorschläge für Unterricht und schulische Veranstaltungen
Formen und Symbole christlicher Tradition	Umgangssitte	Musische Gestalten
Formen – Schulgebet – Schulandacht – Schulgottesdienst – Rel. Morgenbesinnung – Soziale Dienste Symbole – Kruzifix – Symbole des Kirchenjahres – Bilder, Plakate	– Hilfsbereitschaft – Höflichkeit – Rücksichtnahme – Fairneß – Anständigkeit – Duldsamkeit – Dienstwilligkeit – Kameradschaftlichkeit – Ritterlichkeit	– Schulspiel – Schulfeier – Schulchor – Schulmusik – Volkstanz Bildnerisches Gestalten Musisches Werken

6.3 Der pädagogische Auftrag für die Lehrerkonferenz

Die Schulleitung, die Lehrerkonferenz und die einzelnen Klaßleiter überprüfen, welches Handlungsfeld in der Schule bzw. in der Klasse bevorzugt oder vernachlässigt worden ist, was vorbildlich abläuft, geändert oder verbessert werden muß.

Beispiel

Handlungsfeld: Umgangssitten

Der Rektor einer Grundschule stellt fest, daß das Verhalten der Schüler in den Schulgängen und im Pausenhof zunehmend aggressiver wird. Zur Verbesserung der Umgangssitten werden in einer Lehrerkonferenz erziehliche Maßnahmen besprochen. Die Schüler übernehmen die Aufgabe, großformatige Plakate anzufertigen, die an ein rücksichtsvolles Verhalten in der Schulanlage erinnern sollen. Flankierende Maßnahmen im Unterricht der einzelnen Klassen verstärken die Aktion, deren Erfolg abschließend wiederum in einer Lehrerkonferenz analysiert wird.

6.4 Gestaltungsbeispiel: Auswahl des Bildschmucks zur Ausgestaltung des Schulzimmers

Handlungsfeld: Gemeinschaftsaufgabe
Zielsetzung: Auswahl des Bildschmuckes zur Ausgestaltung des Schulzimmers

Das Schulzimmer ist das Gesicht der Klasse. Die Formen der Ausgestaltung reichen von einem eng auf den Unterricht bezogenen und nur vom Lehrer bestimmten Bildschmuck bis hin zu freien, ausschließlich nach dem Geschmack der Schüler ausgewählten Wanddekorationen. Wo nur der Unterricht zum Maßstab dessen wird, was im Schulsaal zum Aushang kommt, vermissen die Schüler die optische Nähe ihrer Lebensidole; wo nur die Klasse allein entscheidet, was gefällt, wird es fraglich, das schulische Umfeld in den Erziehungsplan des Lehrers einzubeziehen.

Die Auswahl des Bildschmuckes zur Ausgestaltung des Schulzimmers ist eine Gemeinschaftsaufgabe, bei der Lehrer und Schüler im gemeinsamen Gespräch die Kriterien festlegen, die für die Bildauswahl maßgebend sind.

Die Auswahl kann erfolgen:

— nach einem situativen Anlaß,
  z.B. der historische Festzug anläßlich eines Heimatfestes;
— nach den Lernzielen,
  z.B. Gesprächsregeln, Stromkreislauf usw.;
— nach einer Thematik,
  z.B. Tiermütter, Verkehrsgeschichte in Briefmarken
  Wald, Blüten, Schmetterling, Motive aus dem heimatlichen Bezugsraum
— nach einem Sinnmotiv,
  z.B. Jubel und Enttäuschung (Gesichter bei einem Wettkampf);
— nach kunstästhetischen Gesichtspunkten,
  z.B. Bilder aus der Kunsterziehung.

In einer 9. Jahrgangsstufe haben die Schüler eine besondere Vorliebe für großformatige Poster, mit denen sie auch die Wände ihres Schulzimmers dekorieren wollen. Der Lehrer, auf seine erzieherischen Intentionen bedacht, diskutiert mit der Klasse über die Illustration von Daseinssituationen junger Menschen. Man beschließt, den Bildschmuck zur Ausgestaltung des Schulzimmers nach Sinnmotiven zu ordnen. Im gemeinsamen Gespräch werden anhand einzelner Bildbeispiele solche Sinnmotive festgelegt. Schülergruppen erhalten den Auftrag, entsprechende Bilder oder Fotos zu sammeln und eine Raumfläche eigenständig zu gestalten. Folgende Sinnmotive wurden ausgewählt:

Sinnmotiv	Bildbeispiel
Zuwendung	Menschen helfen behinderten Kindern
Verantwortung	Menschen am Arbeitsplatz
anvertraute Welt	Bilder zum Umweltschmutz
Isolation	Menschen leben allein
gestaltete Freizeit	Jugend am Wochenende

Die Bildgruppen werden in den Unterricht mit einbezogen (z.B. Religion, Erziehungskunde, Sozialkunde, Geschichte, Deutsch).

Die Schüler wählen ein Bild aus, das sie besonders anspricht. Sie erhalten den Auftrag, über dieses Bild einen Monolog zu schreiben (z.B. Gedanken eines einsamen Menschen, Gedanken eines Außenseiters usw.). Der fiktive Monolog bedarf eines engen Vertrauensbezuges zwischen Lehrer und Schüler. Der Lehrer muß wissen: hier kann Verborgenes sichtbar werden, Gefühle werden ausgedrückt, Gedanken offenbart. Der didaktische Zugriff in die Anonymität des Schülerlebens setzt Grenzen gegenüber einer öffentlichen Kundgabe, trägt andererseits aber dazu bei, den Schüler besser zu verstehen.

7. Schulleben in der Bilanz zwischen Ermutigung und Begrenzung

7.1 Schulleben braucht Spielraum

Er wird begrenzt:

- durch die Fülle der organisatorischen Probleme,
- durch den Mangel an Personal für Neigungsgruppen,
- durch oft noch zu große Klassenstärken,
- durch Stoffpensum und Prüfungstraining,
- durch den Wechsel der Schülergemeinschaften,
- durch die Übermacht intellektueller Fächer,
- durch die Anonymität in Großraumschulen.

Wo die Aufgabe der Schule als ein Instrument der Intellektualisierung angesehen wird, mag es sein, daß „zwar die Leistungen, aber niemals die Augen der Schüler glänzen" (H. Brühweiler).

7.2 Schulleben braucht Engagement

Dazu ermutigen:

- die zahlreichen Ideen berufsoffener Lehrer,
- der gute Wille, Schulleben vielfältig zu gestalten,
- die hohe Wertschätzung einer sozialen Erziehung,
- die vorhandene Einsicht in die Bedeutung der Kreativität,
- die äußeren Voraussetzungen an den neuen Schulen,
- das Potential an Ausstattung und Gerätschaften,
- schließlich der Appell, „daß wir wieder stärker die affektiven, personalen, praktischen und realistischen Momente im Schulleben betonen müssen" (H. Maier).

Wo das Engagement den Spielraum auszuweiten vermag, wird Schulleben vielfältig gestaltet mit Orff'schem Schulwerk, mit Schulchor und Sportgruppen, mit Spiel und Feier, mit Ausstellungen und Wettbewerben.

7.3 Schulleben braucht Wertordnung

Schulleben deuten heißt: nach den Beziehungen fragen, die das Verhältnis der Lehrer, Schüler und Klasse zum einzelnen zur Gemeinschaft und zur Arbeit bestimmen.

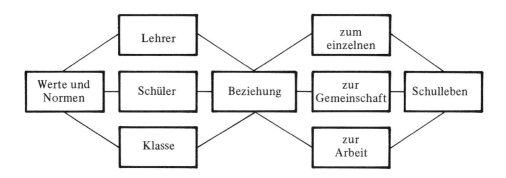

Für das Verhalten in der Schulgemeinschaft sind Wertmaßstäbe und Normen erforderlich, die von den im Schulleben Beteiligten anerkannt werden; z.B.

für das Verhalten zum einzelnen

Ihn anerkennen und achten, seine Meinung respektieren, ihm keinen Schaden zufügen, seine Intimsphäre nicht verletzen, ihn nicht zu einer ordnungswidrigen Handlung nötigen, Vorurteile überwinden, Schuld eingestehen, üble Nachreden unterlassen, hilfsbereit sein, ihn nicht als Konkurrenten ansehen, ihn nicht demütigen.

für das Verhalten zur Arbeit

Pflichten erfüllen, Arbeit gewissenhaft und zuverlässig erledigen, pünktlich sein, um das Beherrschen von Arbeitsabläufen besorgt sein, Ausdauer üben, sich gründlich vorbereiten, andere bei der Arbeit nicht stören, regelmäßig teilnehmen, Arbeitsordnungen respektieren, Arbeitsideen einbringen, für eine Verbesserung der Arbeitsverhältnisse eintreten.

für das Verhalten in der Gemeinschaft

Frieden stiften und wahren, Leben und Eigentum schützen, friedliches Zusammensein nicht stören, sich der Gemeinschaft zur Verfügung stellen, für die Wahrheit eintreten, Anvertrautes behüten, mit anderen redlich und ehrlich umgehen, mit anderen zusammenarbeiten, niemand bevorzugen oder benachteiligen, Gemeinschaftliches pflegen, Konflikte lösen helfen, Bedürftige unterstützen, Schaden wieder gutmachen, mit anderen fair diskutieren, zugunsten der Gemeinschaft auf etwas verzichten, gesetzte Gemeinschaftsordnungen achten.

7.4 Pädagogischer Auftrag

Schulleben beginnt in der Klasse und wird getragen von dem Lehrer, der bereit ist, seine Erziehungsaufgaben im Geiste einer religiös-sittlichen Wertbezogenheit zu erfüllen in einer sinnvollen Verbindung mit den rechtsstaatlichen Prinzipien einer demokratischen Gesellschaftsordnung.

Anmerkung

Die Grundgedanken dieses Beitrages wurden erstmals in der Zeitschrift „Welt der Schule" Nr. 1, Februar 1978, Ehrenwirth, München, veröffentlicht.

Helmut Sauter

Erziehliche Aufgaben der Lehrerfortbildung
Hilfen für das erzieherische Handeln des Lehrers

1.	Das Schwerpunktprogramm − erziehliche Schwerpunkte für die gesamte Lehrerfortbildung	62
1.1	Das Schwerpunktprogramm 1977/78	62
1.2	Das Schwerpunktprogramm 1979/80	63
1.3	Die Realisierung einzelner Aufgabenfelder	63
2.	Schwerpunkte für die schulart- und fachbezogene Lehrerfortbildung	68
2.1	Erziehliche Aufgaben und Problembereiche	68
2.2	Konzeption eines erziehlich ausgerichteten Lehrgangs, Beispiel „Das Lehrer-Schüler-Verhalten in Erziehung und Unterricht"	68
2.2.1	Analyse und Lösung von Konfliktsituationen	68
2.2.2	Rollenspiel als Übung zur Verhaltensmodifikation	72
2.2.3	Beobachtung, Analyse und Modifikation des Lehrer-Schüler-Verhaltens während einer Unterrichtsstunde	73
3.	Hilfen der Lehrerfortbildung für das erzieherische Handeln des Lehrers	77
3.1	Erzieherische Hilfen für die Kommunikation zwischen Lehrer − Schüler	77
3.2	Erzieherische Hilfen durch Analyse und Modifikation von Verhaltensweisen	79
3.3	Das Umgehen mit Konflikten in der Schulklasse	81
3.4	Günstige Formen von Feed-back (Rückkontrolle)	82
3.5	Wahrnehmungsverhalten und Urteilsbildung	85
3.6	Erziehungspotentialitäten der Lerninhalte, aufgezeigt an einem Beispiel des Faches Erziehungskunde	86
Schlußgedanke		92
Literatur		92

Vorbemerkung

Der Ruf nach „Wiedergewinnung des Erzieherischen" oder anders formuliert, nach „Erziehen durch Unterrichten" kann und darf nicht nur in der pädagogischen Fachliteratur Widerhall finden — Ausgangspunkt und Zielfeld zugleich muß die Schulwirklichkeit selbst sein. Deshalb ist es die vordringlichste Aufgabe der Lehrerfortbildung, ob sie nun auf zentraler, regionaler oder lokaler Ebene stattfindet, das Bewußtsein für erzieherische Aufgaben wieder zu stärken, den Blick des Lehrers für erziehliche fruchtbare Situationen zu schärfen und ihm erziehliche bzw. disziplinelle Verhaltensstrategien zur Konfliktbewältigung aufzuzeigen und diese in Fallbeispielen zu reflektieren, zu modifizieren und zu aktualisieren. Im folgenden wollen wir thesenartig das entsprechende Angebot der Lehrerfortbildung an Beispielen der Akademie für Lehrerfortbildung in Dillingen aufzeigen und Hilfen für das erzieherische Handeln, die in den Lehrgängen erarbeitet werden, auszugsweise darstellen.

1. Das Schwerpunktprogramm — erziehliche Schwerpunkte für die gesamte Lehrerfortbildung

Der Koordinationsausschuß für Lehrerfortbildung im Bayerischen Staatsministerium legt in gemeinsamer Absprache mit der Akademie für Lehrerfortbildung und dem Staatsinstitut für Schulpädagogik im zweijährigen Turnus ein Schwerpunktprogramm fest, das im Teil A die erziehlichen Aufgaben der gesamten Lehrerfortbildung festschreibt.

1.1 Das Schwerpunktprogramm 1977/78 umfaßt folgende Bereiche:

Schule und Belastbarkeit des Schülers

— der pädagogische Leistungsbegriff
— Sinn und Grenzen der Leistungsmessung
— die pädagogische Zweckbestimmung der Hausaufgabe
— Abstimmung von Leistungsforderungen durch Zusammenarbeit der Lehrer

Lernzielorientierung im Unterricht

— die Notwendigkeit von Zielentscheidungen für Unterricht und Erziehung
— Freiräume im Curricularen Lehrplan; pädagogische und didaktische Konsequenzen für den Lehrer

Erziehung als Aufgabe des Lehrers

— Erziehung zu wertorientiertem Verhalten entsprechend den Bildungszielen der Verfassung des Freistaates Bayern
— Beraten als Teil der Erziehungsaufgabe

1.2 Das Schwerpunktprogramm 1979/80 modifiziert und erweitert diese erziehlichen Aufgabenbereiche:

Schule als pädagogischer Raum

- Erziehungspotentialitäten, die im Lernangebot begründet liegen („Erziehen durch Unterrichten")
- Schule als Lebensbereich (Gestaltung von Schulfeiern, Schullandheimaufenthalten, Wanderungen, Klassenfahrten u.ä.)
- Abbau von Anonymität, Schulangst und Schulverdrottenheit
- Pädagogische Betreuung der Lerngruppe und des einzelnen Schülers (Aufbau personaler und sozialer Identität, Individualisierung und innere Differenzierung)

Wertorientierung als pädagogische Aufgabe

- Bewußtseinsbildung
- Erziehung zu Werthaltungen im persönlichen, zwischenmenschlichen und gesellschaftlichen Bereich
- Verwirklichung inhaltlicher Schwerpunkte im Wertbereich (personale und soziale Bildung, Umwelterziehung, sinnvolle Gestaltung der einzelnen Lebensbereiche u.ä.)

1.3 Die Realisierung einzelner Aufgabenfelder des Schwerpunktprogramms sollte permanent in allen Lehrgängen stattfinden. Die Gestaltung eines fachdidaktisch ausgerichteten Lehrgangs kann dies ebenso berücksichtigen wie mehr erziehlich ausgerichtete Lehrgänge. Zwei Beispielen zeigen dies:

Lehrgang Nr. 35, 06.03.-10.03.1978: Fachliche Fortbildung von Rektoren an Hauptschulen

Möglichkeiten zur Entwicklung und Verstärkung der emotionalen Dimension im Unterricht

Lehr-/Lernziele	Erziehungs- und Unterrichtssituationen	methodische Vollzugsform
Fähigkeit, eigene Emotionen auszusprechen und verständlich zu machen, ohne die Würde der Mitschüler zu verletzen. Fähigkeit, auf emotionale Äußerungen und Handlungen der Mitschüler zu achten, diese realitätsgetreu zu interpretieren und zu verstehen.	1. Vor Unterrichtsbeginn 1.1 Austausch von Informationen und Erlebnissen	Dialog, informelle Kommunikationskontakte
Fähigkeit, in spielerischen Vorhaben den Erfolg der Mitschüler anzuerkennen und positiv zu verstärken.	1.2 Durchführung von Denksportaufgaben und Tischspielen	Spielformen freiwillige Spielpartner

Lern-/Lehrziel	Erziehungs- und Unterrichtssituationen	methodische Vollzugsform
Fähigkeit, die Information des Mitschülers anzuerkennen und seine eigene in den zutreffenden Stellenwert einzuordnen.	1.3 Einstimmung auf die kommende Unterrichtsstunde	Vergleich der Ergebnisse von vorbereitenden oder nachbereitenden Aufgaben. Ausstellen des gesammelten Objekt- oder Bildmaterials. Leselotto, Bildeinsatz.
	2. Im Lehr-/Lernprozeß	
Förderung der gefühlsmäßigen Sicherheit und angstfreier Äußerung der Schüler. Verstärkung einer affektbetonten Sachauseinandersetzung. Fähigkeit, risikoreiche Lösungswege durchzuführen (Mut- und Durchhaltevermögen steigern).	2.1 Mitplanen an der Zielstellung und der Gestaltung des Unterrichts	Sensibilisierung für problemorientierten Unterricht durch schülergemäße Motivation: Neues, Erstaunliches, noch nie Erlebtes, Provozierendes, eigene Gestaltungs- und Lösungsversuche.
Aufschließen des emotionalen Gehalts der Lehrinhalte. Fähigkeit, positive Gefühls- und Wertbezüge zu verinnerlichen. Verständnis für sachorientierte Gefühls- und Gemütsregungen. Werten von Anmutung und Erlebnisfähigkeit. Fähigkeit zu emotional sicherem Werten und Urteilen. Ausbilden von Werthaltungen und Gesinnungen. Fähigkeit, Freude am Lernen und Arbeiten zu gewinnen. Fähigkeit, auf die eigene Kraft zu vertrauen. Steigern der Hingabe und Einsatzbereitschaft. Anerkennung der Leistung der anderen Mitschüler und des Lehrers.	2.2 Lehr-/Lerninhalte – Texte im Literaturunterricht – biologische Grundtatsachen und Zusammenhänge – soziale Verhältnisse und Situationen	Phasen der stillen Betrachtung. Phasen der selbständigen Interpretation und Wertung. Phasen des Staunens. Phasen sozialen Handelns.
	2.3 Lehr-/Lernmethoden – darbietende Lehrform – forschend-entdeckendes Lehrverhalten	Lehrererzählung (Geschichte). Problemsensibilisierung. Phasen selbständiger Lösungsversuche. Transfersituationen.
	3. In Konfliktsituationen	
Fähigkeit, Konflikte und Störungen als solche zu erkennen. Einsicht, daß Störungen die Mitschüler in ihrem Lern- und Arbeitswillen beeinträchtigen. Entwickeln von angstfreien Äußerungen. Einsicht in notwendige Verhaltensbegrenzungen. Toleranz gegenüber Meinungen und Handlungen anderer. Steigerung der Selbstbeherrschung. Aufbau und Erweiterung der	3.1 Disziplinschwierigkeiten	Dialog. Klassengespräch. Phasen der physischen und psychischen Entladung (emotionale Katarsis n. H. Roth). Rollenwechsel. Rollenspiel. brain-storming.
	3.2 Erziehliche Grenzsituationen – wechselseitige Antipathie – Intoleranz	Austragen des Konfliktes im Gespräch, Rollenspiel, Planspiel. Ausagieren des Konflikts durch geeignete physische und psychische Entladung.

Lern-/Lehrziel	Erziehungs- und Unterrichtssituationen	methodische Vollzugsform
Frustrationstoleranz Fähigkeit zur Selbst- und Fremdkritik. Fähigkeit, Konflikte auszutragen und Lösungen zu finden. Fähigkeit, auf Bedürfnisse und Gefühle der Mitschüler einzugehen. Verstärken der Selbstkontrolle. Bereitschaft, anderen Mitschülern im Abbau ihrer Konflikte zu helfen. Fähigkeit, auch oppositionelles Verhalten von Mitschülern zu verstehen und zu ertragen. Abbau von Diskriminierungstendenzen. Fähigkeit, Konflikte zu verbaler Kontaktaufnahme. Fähigkeit, auf die Bedürfnisse und Gefühle der anderen einzugehen. Verstärken der Selbstkontrolle.	– Aggressionen – Streit – Erpressung – Gewaltanwendung 3.3 Das Außenseiterproblem – das Gastarbeiterkind – der Sündenbock – der Empfindsame – der Anführer einer Clique – der Klassenclown – der Rowdy – der Streber	(Therapie des Spiels) brain-storming Das pädagogische Gespräch oder „Sprechstunden für Schüler". Das gemeinsame Gespräch. Das Helfersystem. Freiraum für „unterrichtsfremde" Aktionen. Rollenspiel. Mitspracherecht der Klasse. Instrumentarium geeigneter Führungshilfen.
	4. Musische Grundstimmung des Unterrichts	
Fähigkeit zur positiven Selbstkommunikation. Fähigkeit zur Vertiefung in den emotionalen Gehalt von neuen Erfahrungen. Bereitschaft, andere nicht zu stören. Fähigkeit, Gefühle und positive Grundstimmung (Humor, Freude, Heiterkeit) vor anderen zu zeigen. Abbau von Kontaktschwäche und Eigenbezogenheit. Abbau von Angstgefühlen und Unentschlossenheit. Fähigkeit zu selbständigem kreativem Verhalten. Bereitschaft und Fähigkeit, Entscheidungen zu treffen, zu begründen und durchzuführen. Bereitschaft und Fähigkeit zur selbständigen Gestaltung. Fähigkeit, positive / negative Gefühlsregungen zu zeigen. Förderung der emotionalen Sicherheit durch Wertschätzung. Anerkennen der Leistung anderer. Steigerung des Selbstwertgefühls.	4.1 Muße-Stille 4.2 Schöpferische Muße 4.3 Gestaltung von Klassen- und Schulfeiern – Gestaltungsbeiträge des einzelnen, einer Gruppe für die Klasse, der Schule für die Eltern	Stillarbeit. Anhören von Musik, Theaterstück, Erzählungen. Konzentrationspause. Entspannungsübungen. Situative Pflege des Liedgutes. Singspiele. Rhythmische Spiele. Improvisation. Instrumentale Liedgutpflege (Orffsches Schulwerk). Szenenspiel. Werkgestaltung. Stegreifspiel. Singspiel. Szenenspiel. Instrumentale Vorführung. Sketch. Pantomime. Gedichtvortrag. Sportliche Vorführung.

Lehrgang Nr. 35 vom 11.10.-14.10.1977: Berufspraktische Ausbildung der Studierenden für das Lehramt an Grund- und Hauptschule

Training von beobachtbaren und demonstrierbaren Verhaltensweisen (Skills)

1. Stellen von weiteren Fragen

Training: Schüler bekommen von Ihnen eine Liste mit Fragen und sprechen nach einer Besinnung die Antworten auf Tonband. Anschließend Analyse der Antworten (in Korrespondenz mit der Fragestellung).

2. Loben unter Akzeptierung von Gefühlen

Hinweis: Akzeptieren von Gefühlen ist nicht dasselbe wie Lob. Lob ignoriert die Gefühle oft völlig, da es sich meist auf Verhalten oder Gedanken bezieht. So können bestimmte Formen des Lobs Verteidigungsmechanismen, ja Wut, hervorrufen.

Training: Reagieren Sie mit zwei verschiedenen Verhaltensweisen auf die folgenden Schüleräußerungen. Zuerst versuchen Sie den Sprecher von der Unbegründetheit seiner Sorgen zu überzeugen, dann akzeptieren Sie seine Gefühle.
1. Mein Aufsatz taugt nichts.
2. Ich werf' mein Bild in den Papierkorb. Es ist blöd geworden.
3. Diese Aufgaben werde ich nie begreifen.
4. Bei der Probe weiß ich es dann bestimmt nicht mehr.
5. Ich habe nicht so einen schönen Eintrag wie sie.

3. Die Schüler Hypothesen formulieren lassen und daraus eine gemeinsame Weiterarbeit entwickeln

Training: Rollenspiel
Verschiedene Formen werden durchgespielt (S rufen zu, L notiert an der Tafel, S notieren in Stillarbeit, L und S entwickeln im Unterrichtsgespräch, L bringt Folie ein usw.). Im Training wechselt dabei die Lehrerfigur ständig. Die Teilnehmer beurteilen, welcher Lehrer die Situation nach ihrer Ansicht am besten gemeistert hat, indem sie eine Rangreihe nach folgendem Muster aufstellen:

	Lehrer			
	A	B	C	D
Beste Lösung:	I		~~IIII~~ I	II
Zweitbeste Lösung:			I	IIII
Drittbeste Lösung:	~~IIII~~	III'		I
Viertbeste Lösung:	I	IIII		

Das jeweilige Ergebnis fordert dazu auf, nach Begründungen zu suchen und regt eine lebhafte Diskussion an.

4. Interessante Fragen zu einem Gegenstand spontan stellen können

Training: a) Lassen Sie sich von Ihren Partnern einige Begriffe nennen. Wählen Sie einen aus und beginnen Sie, Fragen darüber zu stellen. (Behalten Sie dabei das Schülerniveau im Auge.)

b) Hängen Sie ein Bild auf mit vielen Einzelheiten. Stellen Sie zu diesem Bild Fragen, von denen Sie annehmen, daß Ihre Schüler sie gerne beantworten würden. (Rückmeldung durch die übrigen Teilnehmer.)

5. In falschen oder ungenügenden Schülerantworten den enthaltenen richtigen Gedanken akzeptieren und Hilfe zur selbständigen Berichtigung geben

Training: Reagieren Sie auf folgende Schülerantworten
  a) Wale sind Fische
  b) In Irland gibt es viele Vulkane
  c) Der Bundeskanzler heißt Scheel
  d) Ein Tag hat 22 Stunden

6. Bei unangemessenem Schülerverhalten die Zurechtweisungen positiv statt negativ formulieren

Training:	negativ	positiv
	Mach' doch nicht so viel Krach mit deinem Stuhl!	Bitte trag' deinen Stuhl so (Lehrer demonstriert)
	Mach' doch so krumme Striche!	.....
	Kannst du nicht sauberer schreiben?	.....

7. Schüler richtig drannehmen

Training: Rollenspiel: Die Teilnehmer bilden drei Schülergruppen:
  — Schüler, die sich oft melden und viel sagen
  — Schüler, die sich nicht melden
  — Schüler, die einfach dazwischenrufen
Der Lehrer hat die Aufgabe, Schülern der ersten Gruppe neutral-sachlich zu antworten, schweigsame Schüler durch geeignete Äußerungen zur Beteiligung zu ermutigen, Zwischenrufer zu ignorieren.

8. Erwünschte Verhaltensweisen bewußt wahrnehmen und nicht übersehen

Training: Machen Sie sich bewußt, welche Verhaltensweisen Sie sich von Schülern wünschen, wenn Sie
  — die Klasse betreten
  — die Hausaufgaben kontrollieren
  — ein Problem herausstellen
  — einen Gruppensprecher zur Berichterstattung anhalten
  — die Schüler in Gruppen arbeiten lassen

Möchten Sie bei sich selbst Schüler sein? Stimmt das, was Sie sich als Schülerverhalten wünschen, mit Ihren wichtigsten Erziehungszielen überein?
(aus einem micro-teaching-Programm, zusammengestellt von Sauter, H. und Härle, H.).

2. Schwerpunkte für die schulart- und fachbezogene Lehrerfortbildung

2.1 Erziehliche Aufgaben und Problembereiche

Ist auch das oben genannte Schwerpunktprogramm in allen Lehrgängen angemessen zu berücksichtigen, so reicht dies für die pädagogischen Bedürfnisse der einzelnen Schularten bzw. der Zielgruppen dieser Schularten nicht aus. Deshalb werden noch eine Reihe von Lehrgängen angeboten, die sich ausschließlich mit erziehlichen Aufgaben und Problembereichen einzelner Schularten oder deren Zielgruppen befassen. Als Beispiele dafür seien aus dem laufenden Halbjahr 1978/I folgende Lehrgänge genannt:
- Einführung in das Fach Erziehungskunde (zwei Lehrgänge für Hauptschule, ein Lehrgang für Realschule)
- Pädagogik an Fachoberschulen
- Lehrgang für Seminarlehrer in Pädagogik und allgemeine Dialektik (Gymnasien)
- Fachliche Fortbildung für Schulpsychologen
- Lehrgänge für Beratungslehrer (4 Lehrgänge)

Aus dem Angebot des Halbjahres 1978/II sind besonders erziehlich ausgerichtete Lehrgänge zu nennen, die sich nicht an bestimmte Zielgruppen einer Schulart wenden, sondern allen Lehrern bzw. allen Lehrern einer Schulart offenstehen:
- Erziehungsschwierigkeiten an Schulen (Hauptschulen)
- Humanisierung der Schule (alle Schularten)
- Verhaltensstörungen und Erziehungsschwierigkeiten an Volks- und Sonderschulen
- Individualisierung und innere Differenzierung im Unterricht der Grundschule
- Schülerorientierung im Unterricht der Hauptschule
- Lernen in der Gruppe (alle Schularten).

2.2 Konzeption eines erziehlich ausgerichteten Lehrgangs

Erziehlich ausgerichtete Lehrgänge dienen weniger der Information als der Beratung. Lernsituation und Lernablauf werden vor allem von den Teilnehmern geprägt:
- Erwartungen, Bedürfnisse, Interessen, Kenntnisse, Haltungen und Erfahrungen der Teilnehmer feststellen und in die Zielentscheidungen einbringen
- die Teilnehmer am Handlungsplan und an der Handlungsrevision beteiligen
- neue Verhaltensstrategien ausprobieren und übertragen.

Informations- und Arbeitsmaterialien des Lehrgangs „Das Lehrer-Schüler-Verhalten in Erziehung und Unterricht" bestätigen die Orientierung zum Teilnehmer und durch den Teilnehmer.

2.2.1 Analyse und Lösung von Konfliktsituationen

Konflikt: Fehlende Hausaufgaben

Situation
„Mein lieber Robert", sagt Frau U., die neue Klassenlehrerin des fünften Schuljahres, „du kommst

heute schon zum viertenmal ohne Hausaufgaben; und das in einer einzigen Woche. Wie stellst du dir das eigentlich vor?"

„Ich wollte sie ja machen, aber gestern kam meine Tante zu Besuch, und da ging es nicht."

„Du hast jeden Tag eine andere Ausrede. Zuerst mußtest du auf dein Schwesterchen achtgeben, dann der Mutter bei der Wäsche helfen, dann einkaufen und saubermachen, und nun war deine Tante zu Besuch. Was wirst du uns morgen erzählen?"

„Ich habe die Aufgaben ja angefangen, hier im Heft; aber es ging wirklich nicht."

„Du kannst dich doch in ein anderes Zimmer setzen, wenn deine Tante kommt, dann stört dich der Besuch nicht."

„Wir haben nur ein Wohnzimmer; in der Küche und im Schlafzimmer kann ich nicht arbeiten, da sind die drei Kleinen, die machen so ein Geschrei und stoßen mich immer an."

„Kannst du denn nicht arbeiten, wenn die Tante fortgeht?"

„Die ging erst nach fünf Uhr. Da kam mein Vater; dann wird immer sofort das Fernsehen angemacht, das ist so laut, dabei kann ich nicht arbeiten."

„Und wenn du morgens ein bißchen früher aufstehst, könntest du dann nicht noch etwas schreiben?"

„Morgens gehen meine Eltern um 6 Uhr zur Arbeit. Dann muß ich mit meinen zwei älteren Brüdern Kaffee kochen und aufräumen. Wenn wir zur Schule gehen, kommt die Nachbarin und schaut nach den Kleinen. Aber Hausaufgaben kann ich dann nicht machen."

„Was soll ich denn mit dir anfangen, Robert? Du kannst doch nicht dauernd ohne Hausaufgaben kommen."

Die Vielschichtigkeit der Konfliktsituation

a) Beeinflussen extreme äußere Bedingungen (hier evtl. die häuslichen Verhältnisse) den schulischen Bereich?
b) Von welchen sachlichen Voraussetzungen geht der Schüler aus? (Kann er seine Hausaufgaben selbständig erledigen?)
c) Weiß der Schüler, wie sein Verhalten (die Hausaufgaben nicht ganz zu erledigen) auf andere (Mitschüler) wirkt?
d) Ist die Lehrerin sich der Auswirkungen ihres Verhaltens bewußt (wie viele und welche Hausaufgaben sie gibt)?

Lösungsmöglichkeiten für das Konfliktbeispiel

a) Gespräch der Lehrerin mit den Eltern des Schülers zur Klärung der Situation;
b) Bei extremer Situation im Elternhaus Bereitstellung von Möglichkeiten zur Erledigung der Hausaufgaben:
   aa) durch Unterbringung in einem Hort (Heim) mit Hausaufgabenbeaufsichtigung;
   bb) durch Vermittlung einer Aufgabenbetreuung bei Klassenkameraden;
   cc) durch Anbieten von Arbeitsraum und -zeit in der Schule;
c) Bei zumutbarer Situation im Elternhaus und mangelnden sachlichen Voraussetzungen:
   aa) durch Ergänzung der Kenntnisse und Fertigkeiten im Unterricht;
   bb) durch Übung von Ausdauer und Konzentration bei schulischen Arbeiten;
   cc) durch längerfristige Aufgabenstellung;
   dd) durch Überprüfung der Quantität der HA und evtl. Kürzung;
d) Bei mangelnder Motivation:
   aa) durch Überprüfung und evtl. Änderung der Funktion der HA;
   bb) durch Anpassung der HA an Alter, Situation und Interesse der Schüler;
   cc) durch gezielte Vorbereitung der Hausaufgaben im Unterricht.

Ein siebenstufiges Schema zur Lösung von Konflikten

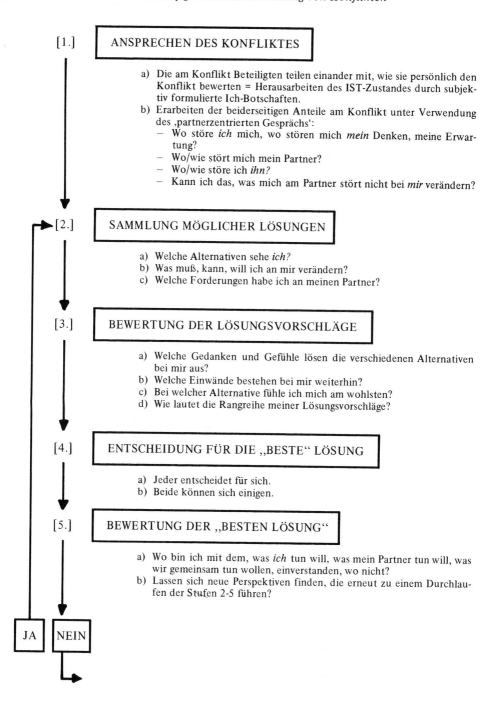

2.2.2 Rollenspiel als Übung zur Verhaltensmodifikation

Fallbeispiel

Jürgen, 8. Jahrgangsstufe, hat wieder einmal sein Arbeitslehrebuch vergessen. Lehrer K. bittet den Schüler Hans, Jürgen das Buch zu leihen und mit seinem Banknachbarn zusammen in ein Buch zu schauen. Da begehrt Hans auf: „Warum immer ich!? Sollen doch die anderen aushelfen. Ich gebe mein Buch nicht her!" Lehrer K. erwidert: „Was heißt da ich, immer ich! Ich bitte dich zum ersten Mal darum". Doch Hans bleibt dabei: „Ich gebe mein Buch nicht her. Und dem Jürgen schon gar nicht!"

Skala zur Verbesserung der Selbstwahrnehmung

Bitte notieren Sie, wie Sie sich selbst vor, während und nach dem Rollenspiel erlebt haben.

Als Zeichen werden vorgeschlagen:

vor = X   während = 0   nach = /

Die folgenden Feststellungen beziehen sich auf Ihren körperlichen Zustand. Sie sollen angeben, in welchem Ausmaß die einzelnen Feststellungen auf Sie zutreffen.

	stark spürbar	deutlich spürbar	schwach spürbar	nicht spürbar
Hitzegefühl				
Allgemeines Schwächegefühl				
Gefühl der Übelkeit				
„Bleiernes" Gefühl in den Gliedern				
Schwindelgefühl				
Müdigkeit				
Zittern der Knie				
Verkrampfen des Körpers				
Verspannung des Nackens				
Herzklopfen				
Pulsbeschleunigung				
Herzstiche				
Beschleunigung des Atems				
Kopfschmerzen				
Flimmern vor den Augen				
Magendruck				
Feuchte Hände				
Kalte Hände				
Sonstiges:				

(nach einer Arbeitsunterlage von Adolphs, D.)

Anregungen zur Beobachtung und Auswertung von Rollenspielen

Wie nützlich Rollenspiele sind, wird entscheidend davon bestimmt, wie genau sie beobachtet und anschließend ausgewertet werden. Die folgenden Anregungen sollten als Beobachtungsaufgaben von den Teilnehmern übernommen werden, die selbst nichtt aktiv am Rollenspiel beteiligt sind.

1. Bemühen, helfen

Worin zeigt sich das? In welchem Ausmaß war es bei wem, in welcher Szene vorhanden? Wurde ‚aktiv' und hilfreich zugehört? Welche Fehler wurden gemacht? Notieren Sie einzelne Szenen!

2. Offenheit

Wurden Gefühle, Gedanken, Wünsche offen dargelegt? Wurde taktiert oder „diplomatisch,, agiert? Gab es „Ich-Aussagen?" Welche? Wurde weitgehend auf der rationalen Ebene diskutiert – wurde die emotionale Ebene überstrapaziert? Notieren Sie einzelne Szenen!

3. Ziele

Welche Ziele verfolgten die Gesprächspartner? Welche Taktiken benutzten sie dabei? Gab es geheime Formen der Manipulation? Gab es „faule Kompromisse?" Notieren Sie einzelne Beispiele!

4. Grundhaltung

Welche Grundhaltung ließ sich aus dem Gespräch ableiten? War die Beziehung „symmetrisch", partnerschaftlich? Wurde Macht ausgeübt? Wenn ja, worin? Wie groß war die Nähe, Distanz der Gesprächspartner zueinander? Wodurch wurde der Konflikt verschärft, heruntergeschraubt? Notieren Sie sich Beispiele!

5. Konfliktregelung

Wurden alle Schritte zur Lösung des Konflikts durchlaufen? In welcher Reihenfolge geschah dies? War die Reihenfolge sinnvoll? Skizzieren Sie kurz den Ablauf!

6. Inhaltsebene

Wurde das Problem richtig identifiziert? Gab es Widersprüche? Wurden die äußeren Bedingungen berücksichtigt? Blieb man in der Frosch- oder Turmperspektive? Welche Qualität hatten die Lösungsideen? Wie realistisch war die Einschätzung durch die Beteiligten bezogen auf die Realisierung des Ergebnisses? Notieren Sie Ihre eigene Meinung!

7. Metakommunikation

Wurde im Rollenspiel auch versucht, über die ablaufenden Interaktionen zu sprechen? Wer hat die Art der Kommunikation womit zu überprüfen versucht? Wie hat sich durch die Art der Gesprächsführung in Ihren Augen die momentane Beziehung zwischen den Rollenspielpartnern dargestellt?

8. Strukturierung

Wer strukturierte das Gespräch? Wodurch konnte er das tun? Was war daran positiv, was negativ? Notieren Sie Beispiele!

2.2.3 Beobachtung, Analyse und Modifikation des Lehrer-Schüler-Verhaltens während einer Unterrichtsstunde

Geplanter Stundenverlauf (Skizze)

Lesestück: Haus ohne Mitleid (Paul Gurk)

I. Einstieg mit Zielorientierung

Der Lehrer schreibt die Überschrift des Stücks an die Tafel. Spontanäußerungen der Schüler.

LZO: Die nun folgende Geschichte handelt von einem hartherzigen, mitleidlosen Menschen.

II. Begegnung mit dem Lesegut

1. *Abbruchlesen* durch den Lehrer
2. *Kreisgespräch* über den Inhalt
   Tafelbild entsteht während des Kreisgesprächs

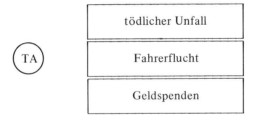

Provokation: L – die Geschichte handelt doch von einem mitleidlosen Menschen
Schüleräußerungen

3. *Vermutungsphase*
   Lehrer liest den letzten Satz nochmals vor (22/23)
   Lehrer-Schüler-Gespräch
   Lehrer/Schüler faßt die Vermutungen zusammen

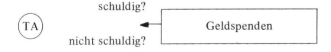

4. *Erlesen des Hauptteils*
   lautes Vorlesen einiger Schüler, die anderen lesen leise mit.

III. Nacharbeit: Inhaltliche und vertiefende Auseinandersetzung mit dem Lesegut

1. *Überprüfung der Erfassung des äußeren Handlungsablaufs der Geschichte*
   L.: Inwieweit stimmen nun unsere Vermutungen?
   Schüleräußerungen

   Auftrag (Partnerarbeit): L — Welche Beweise hat die Polizei? Die Schüler müssen ihre Ereignisse am Text belegen.

   Lehrerdarstellung: Dieses menschliche Mitleid, das der Kaufmann anführt, ist zwar für ihn Grund genug, jedoch für das Gericht reicht es nicht aus. Es ist kein Beweis!
   Es folgt eine Vervollständigung des Inhalts.

2. *Auseinandersetzung mit dem Problem* (vertiefend und wertend)
   L.: Die Wandlung des Kaufmanns vollzieht sich im Gefängnis. Sprecht nun in der Gruppe über das Verhalten des Kaufmanns vor und nach seinem Gefängnisaufenthalt.
   Gruppenarbeit.
   Berichte der Gruppensprecher.
   Lehrer schreibt die Ergebnisse an der Tafel mit.

   Lehrer-Schüler-Gespräch: Es wird noch einmal kurz der Grund dieser inneren Wandlung beim Kaufmann herausgestellt.
   L.: Beweise nun die Richtigkeit der Überschrift.
   Schüler lesen Zeile 59-63.

3. *Persönliche Stellungnahme*
   L.: Wie hättest du dich als Kaufmann verhalten?
   Schüleräußerungen
   L.: Was will Paul Gurk mit dieser Geschichte sagen?
   Schüleräußerungen

   (Ziel: Es soll im Schüler das Verständnis für Außenseiter, Sonderlinge u.ä. geweckt werden.
   Auch einen guten Menschen kann ein schwerer Schlag treffen)

Haus ohne Mitleid

In Nordfrankreich wurde auf einer Landstraße, die einige Meilen von Paris beginnt und zur Küste führt, an einem hellen und heiteren Tage ein Straßenarbeiter überfahren. Der Verunglückte starb während der Überführung nach dem Krankenhaus, ohne die Besinnung wiedererlangt zu haben. Einige Bauern konnten nur aussagen, daß sich der schuldige Lenker des Kraftwagens, der mit großer Geschwindigkeit gefahren sei, im schnellsten Tempo entfernt habe, ohne sich nach dem Arbeiter umzusehen.
In den Zeitungen wurde mitgeteilt, daß der unglückliche Straßenarbeiter eine ebenso unglückliche Witwe mit drei kleinen Kindern hinterlassen habe und daß trotz aller Bemühungen bei den geringen Anhaltspunkten weder der Kraftwagen noch der Lenker zu ermitteln gewesen sei.
Vier Wochen später jedoch wurde die Witwe des Straßenarbeiters durch eine mit der Post gesandte Geldspende überrascht, deren Absender den wahren Namen nicht genannt, und nur gebeten hatte, an eine Deckadresse den Empfang zu bestätigen.
Die Witwe bedankte sich sofort bei dem ungenannten Wohltäter, indem sie ihre traurige Lage und das harte Geschick der unversorgten drei Kinder in ihren einfachen, ungelenken Worten ergreifend schilderte.
Hierauf traf jeden Monat eine Geldsumme unter denselben Umständen ein, solange, bis die Polizei sich der Sache annahm.
Man vermutete nämlich, der immer noch unbekannte Täter, mindestens ein Mörder aus Fahrlässigkeit, habe sein schlechtes Gewissen und seine Reue durch diese Spende entlasten wollen, ohne sich einer Strafe durch Nennung seines Namens auszusetzen.
Durch genaues Zusammenwirken der verschiedenen Dienststellen der Post und der Polizei gelang es ohne allzu große Schwierigkeiten, den Absender in einem wohlhabenden Pariser Kaufmann zu ermitteln. Der Kaufmann beteuerte vergebens, es habe ihn allein reines Mitleid zu seinen Handlungen getrieben. Die Lage der Hinterbliebenen, in einem Zeitungsaufsatz genau geschildert und durch die schlichten Worte der Witwe bestätigt, habe ihn unwiderstehlich gerührt, und er sei sich seiner eigenen gesicherten Lage wie einer Schuld und einer Verpflichtung bewußt geworden. Die Behörden ermittelten bemerkenswerte Belastungen. Der Kaufmann besaß einen Kraftwagen, den er selbst zu steuern pflegte. Es wurde auch festgestellt, daß der Beklagte am Tage des Unglücks Paris in nördlicher Richtung verlassen habe und wenige Meilen vom Tatort von einem Bekannten erkannt und gegrüßt worden sei.
Der Kaufmann mußte dies zugeben. Er gab jedoch an, einen Zeugen zu haben, der seine völlige Unschuld sofort beweisen könne. Er habe den ihm bekannten Vertreter einer großen Wollfirma, der nach England zu reisen beabsichtigte, in seinem Kraftwagen mit an die Küste bis in die Nähe von Cherbourg genommen. Er selbst habe einige Tage Erholung genossen und sei dann nach Paris zurückgekehrt.
Die Polizei stellte jedoch fest, daß dieser Zeuge in England nach kurzer Zeit gestorben sei.
Unter diesen Umständen wurde der Kaufmann, ungeachtet seiner heftigen Unschuldsbeteuerungen, verhaftet und vor Gericht gestellt. Es half ihm nichts, daß er wiederholt auf das einfache menschliche Mitleid hinwies. Die Beweise erschienen völlig ungenügend. Der Kaufmann wurde zu zwei Jahren Gefängnis verurteilt und verbüßte seine Strafe.
Als der Kaufmann das Gefängnis verließ, löste er sein Geschäft auf, verkaufte alles und zog sich in einen kleinen Ort zurück, in dem er ein abgelegenes Haus bewohnte. Er schützte sich durch Zäune, Selbstschüsse und bissige Hunde. Kein Almosen wurde je von ihm gereicht, und er selbst wurde kaum am Tage gesehen. An seiner Vorgartentür war ein Schild mit der Aufschrift „Haus ohne Mitleid" angebracht.
Der Kaufmann lebte noch fünf Jahre. Acht Tage nach seinem Tode gab ein Maschinenschlosser auf dem Totenbett an, daß er auf einer Schwarzfahrt den Arbeiter überfahren habe.

Paul Gurk

Beobachtungspunkte zum Unterrichtsbeispiel

Gruppe I: *Verbalverhalten*

Beobachten Sie das Verbalverhalten des Lehrers bzw. der Schüler:
a) Vollzieht sich nur abhängiges Verbalverhalten oder werden auch freie Äußerungen gefördert? Wenn ja, wie? Wenn nein, warum nicht?
b) Notieren Sie sich einige Gesprächssituationen, analysieren Sie diese und zeigen Sie Alternativen auf (im Blick auf ein partnerzentriertes Gespräch)!
c) Skalieren Sie während einer Gesprächsphase (zwei, drei Minuten) die Häufigkeit der Lehreräußerungen bzw. der Schüleräußerungen. Verhältnis? Gründe dieses Verhältnisses?
d) Was war für Sie persönlich bzw. Ihr Verhalten gegenüber Ihren Schülern das Wichtigste in dieser Unterrichtsstunde?

Gruppe II: *Lob und Tadel*

a) In welchen Situationen lobt/tadelt der Lehrer? Ist das Verhalten situationsangemessen?
b) Wie lobt/tadelt der Lehrer?
Notieren Sie einige verbale bzw. nonverbale Signale des Lobes/Tadels. Analysieren Sie diese Äußerungen im Blick auf Verhaltensbeeinflussung bzw. Änderung.
c) Verteilen die Schüler auch untereinander Lob/Tadel?
d) Was war für Sie persönlich bzw. Ihr Verhalten gegenüber Ihren Schülern das Wichtigste in dieser Unterrichtsstunde?

Gruppe III: *Gefühle äußern/annehmen*

a) In welchen Situationen äußert der Lehrer Gefühle. nimmt er Gefühle an? Welchen Standpunkt nimmt er dabei ein (ich, man, es wird . . .)?
b) Gibt der Lehrer den Schülern Gelegenheit, Gefühle zu äußern bzw. anzunehmen? Wenn ja, welche Wirkung im Blick auf das Schülerverhalten wird erzielt? Wenn nein, in welchen Situationen hätte der Lehrer dazu Gelegenheit geben können?
c) Schreiben Sie einige verbale Äußerungen auf, die Gefühle ausdrücken! Sind diese ichbezogen/dubezogen?
d) Was war für Sie persönlich bzw. Ihr Verhalten gegenüber Ihren Schülern das Wichtigste in dieser Unterrichtsstunde?

Gruppe IV: *Persönlichkeitsspezifische Komponenten des Lehrerverhaltens*

a) Welche persönlichkeitsspezifischen Komponenten beeinflussen das Verhalten des Lehrers?
b) Wie wirken diese auf den Schüler? Skizzieren Sie eine Situation, in der das besonders beobachtbar ist.
c) Welche persönlichen Komponenten müßte der Lehrer langfristig selbst reflektieren bzw. ändern?
Begründung!
d) Was war für Sie persönlich bzw. Ihr Verhalten gegenüber Ihren Schülern das Wichtigste in dieser Unterrichtsstunde?

3. Hilfen der Lehrerfortbildung für das erzieherische Handeln des Lehrers

In allen Lehrgängen – sind sie fachdidaktisch oder pädagogisch ausgerichtet, wenden sie sich an bestimmte Zielgruppen oder an die Gesamtheit der Lehrer, befassen sie sich schwerpunktmäßig mit Information, Koordination oder Beratung – versuchen Lehrgangsleiter und Referenten schulpraktische und schülergerichtete Hilfen für das erzieherische Handeln des Lehrers zu erarbeiten und situationsorientiert umzusetzen. Einige Beispiele solcher Hilfen haben wir schon kurz skizziert (siehe 1.3 und 2.2).

Im folgenden wollen wir weitere erzieherische Hilfen andeuten, die aus der intensiven Zusammenarbeit von Teilnehmern und Referenten entstanden sind.

3.1 Erzieherische Hilfen für die Kommunikation zwischen Lehrer-Schüler

Einstellungen, die ein hilfreiches Gespräch fördern:

a) Die Bereitschaft, auf den anderen einzugehen
   Dazu muß man sein eigenes Mitteilungsbedürfnis zurückstellen können und eine mehr annehmende, zuhörende Haltung einnehmen.

b) Die Bereitschaft, die Empfindungen des anderen zu verstehen
   Es ist wichtig, die Erlebnisse und Gefühle, die sich hinter den äußeren Sachverhalten verstecken, herauszuspüren, ohne zu interpretieren. Wer diese Gefühle ansprechen kann, schafft ein vertrauensvolles Gesprächsklima.

c) Die Bereitschaft, die Empfindungen des anderen zu akzeptieren
   Jeder hat ein Recht auf seine Gefühle, sie zu verurteilen oder zu bestrafen, verhindert eine offene Auseinandersetzung mit ihnen. Gefühle eines anderen zu akzeptieren, bedeutet nicht, sie auch für sich zu übernehmen.

d) Die Fähigkeit, eigene Gedanken und Gefühls ins Gespräch einfließen zu lassen
   Damit macht man sich als Gesprächspartner transparent. Das bedeutet jedoch nicht, den anderen zu überreden, genauso zu fühlen.

Förderliches Verhalten

a) Akzeptierendes, aktiv aufmerksames Zuhören
   Kopfnicken, Ansehen, bestätigende Laute wie hm, aha, ja, zeigen dem Partner, daß man sich mit ihm beschäftigt.

b) Paraphrasieren
   Wenn man die Äußerungen des Partners zusammenfaßt, kann man überprüfen, ob man ihn richtig verstanden hat. Gleichzeitig vermittelt man dem Partner noch mehr das Gefühl, daß man ihn versteht.

c) Das Verbalisieren emotionaler Erlebnisinhalte
   Hier werden weniger die Sachaussagen wiederholt als vielmehr die Gefühle, die mit ihnen verbunden sind.

d) Wahrnehmungsüberprüfung
   Man teilt dem Partner mit, was man an ihm wahrnimmt, oder äußert seine Vermutungen, die man anhand der nonverbalen Signale hat.

e) Informationssuche

Hierunter fallen Fragen, die sich auf genau das beziehen, was der Gesprächspartner geäußert hat, ohne daß neue Themenbereiche angeschnitten werden.

Hinderliches Verhalten

a) Dem Partner die Gefühle ausreden wollen,
b) Blickkontakt beenden und das Thema wechseln,
c) Verhalten des Partners interpretieren,
d) Ratschläge verteilen, zu überreden versuchen,
e) Gefühle der Unterlegenheit vermitteln, auf seine Kosten leben.

Trainingsblatt zur Unterscheidung von förderlichem und hinderlichem Gesprächsverhalten

1. Gerade, wenn ich mich besonders freue, daß ich mit Georg zusammenarbeiten kann, soll ich etwas anderes tun.
    - ☐ a) Auch noch patzig werden, was?
    - ☐ b) Jetzt bist du richtig sauer, wütend, traurig ...
    - ☐ c) Red nicht so'n dummes Zeug, mach schon!
    - ☐ d) Du willst ja nur wieder von ihm abschreiben.
    - ☐ e) Weißt du vielleicht eine andere Lösung?
    - ☐ f) Es tut mir auch leid, daß ich dich jetzt stören muß.

2. Gestern lief es richtig toll. Ich bin nach Hause gekommen und habe mich gleich an die Arbeit gemacht. Und im Nu war ich fertig.
    - ☐ a) Na siehst du, es geht doch, wenn du willst.
    - ☐ b) Das war wohl ein richtig tolles Gefühl für dich, oder?
    - ☐ c) Du sagst das so, als wärst du selbst erstaunt gewesen.
    - ☐ d) Ich freue mich mit dir.
    - ☐ e) Als wenn das etwas besonderes wäre, das machen die anderen doch täglich so!
    - ☐ f) Das liegt bloß an deiner neuen Einstellung zur Arbeit.

3. Solche Aufgaben zu rechnen, ist doch wohl der letzte Mist. Ich brauche das doch nie im Leben.
    - ☐ a) Du wirst später verstehen, daß dir das Rechnen viel nützt.
    - ☐ b) Das kann ich sicher besser beurteilen als du.
    - ☐ c) Du magst diese Rechenaufgaben wohl nicht besonders, ja!?
    - ☐ d) Du willst dich nur wieder drücken, du fauler Strick!
    - ☐ e) Auch noch frech werden, he?
    - ☐ f) Irgendwie hast du überhaupt keine Lust, jetzt zu rechnen.

4. Wenn der Peter morgen wieder da ist, dann kann der aber was erleben!
    - ☐ a) Du hast eine Stinkwut im Bauch.
    - ☐ b) Reiß dich zusammen und laß dich nicht beim Prügeln erwischen.
    - ☐ c) Wie kannst du dich nur über solch eine Kleinigkeit ärgern!
    - ☐ d) Ich seh, daß du ganz schön geladen bist, stimmt das?
    - ☐ e) Ich an deiner Stelle würde ihn gar nicht beachten.
    - ☐ f) Als Klügerer gibst du halt nach.

5. Erst haben Sie alles mitgemacht und jetzt lassen Sie uns doch hängen. Auch nicht besser als die anderen Pauker!

    ☐ a) Ich merk, daß du ganz schön wütend über mich bist.
    ☐ b) Das will ich gleich mal beweisen, wie recht du hast.
    ☐ c) Aber schau doch, was ich alles für euch getan habe.
    ☐ d) Und undankbar bist du auch noch, nach all der Mühe!
    ☐ e) Ich fühle mich ziemlich mies, wenn du mir so etwas sagst.
    ☐ f) Wie kannst du nur so schlecht von mir denken!

(nach einer Arbeitsunterlage von Adolphs, D.)

3.2 Erzieherische Hilfen durch Analyse und Modifikation von Verhaltensweisen

1. Auf die Frage deiner Lehrerin (deines Lehrers) rufst du deine Antwort in die Klasse, bevor sie (er) dich gefragt hat. – Was würde deine Lehrerin (Lehrer) wohl eher zu dir sagen?

    A „Sei nicht so vorlaut, dich habe ich nichts gefragt!"
    B „Bitte warte noch etwas mit deiner Antwort!"

2. Eure Lehrerin (euer Lehrer) will euch etwas erklären, aber einige von euch unterhalten sich miteinander. – Was würde eure Lehrerin (euer Lehrer) daraufhin eher zu euch sagen?

    A „Könnten wir das nicht gemeinsam besprechen?"
    B „Ruhe da!"

3. Du sollst im Unterricht etwas erklären, aber es fällt dir schwer, dich richtig auszudrücken. – Was würde deine Lehrerin (dein Lehrer) eher zu dir sagen?

    A „Nun stotter da mal nicht so rum! Los, noch mal!"
    B „Sag es bitte noch einmal!"

4. Stell dir vor, du sollst eine ganz schwere Aufgabe an der Tafel lösen. Am Anfang hast du den richtigen Lösungsweg, aber dann weißt du nicht weiter und drehst dich hilfesuchend um – Welche der beiden Antworten könnte eher von deiner Lehrerin (deinem Lehrer) sein?

    A „Und jetzt weißt du wohl nicht weiter, was?"
    B „Nächstes Mal gelingt es dir bestimmt."

5. Stell dir vor, du sprichst so leise, daß deine Lehrerin (dein Lehrer) dich nicht versteht. – Was würde deine Lehrerin (dein Lehrer) wohl eher zu dir sagen?

    A „Sag's ruhig laut, macht doch nichts, wenn's falsch ist!"
    B „Noch einmal, aber laut und deutlich."

6. Im Unterricht besprecht ihr gerade eine sehr spannende Geschichte. Dabei geht es sehr lebhaft zu, und einige von euch reden durcheinander. – Was würde eure Lehrerin (euer Lehrer) eher zu euch sagen?

    A „Ein blödes Volk seid ihr! Ihr quatscht ja alle durcheinander!"
    B „Es kann nur immer einer etwas dazu sagen, sonst verstehen es die anderen nicht!"

7. Du rufst während der Stunde eine witzige Bemerkung in die Klasse. — Was würde deine Lehrerin (dein Lehrer) wohl eher tun?

   A Die Lehrerin (der Lehrer) würde lachen.
   B Die Lehrerin (der Lehre) würde nicht lachen, sondern dich zur Ordnung rufen.

8. Du gibst auf eine Lehrerfrage eine falsche Antwort, weil du einen Augenblick nicht aufgepaßt hast. — Was würde deine Lehrerin (dein Lehrer) eher zu dir sagen?

   A „Du schläfst ja! Schlaf weiter!"
   B „Du hast die Fragen wohl nicht ganz richtig verstanden, soll ich sie noch einmal wiederholen?"

9. Eure Lehrerin (euer Lehrer) hat euch einige etwas längere Aufgaben gegeben, die ihr lösen sollt. Stell dir vor, du bist früher fertig als die anderen und fragst deine Lehrerin (deinen Lehrer), was du nun machen sollst. — Welche der beiden folgenden Antworten könnte eher von deiner Lehrerin (deinem Lehrer) sein?

   A „Jetzt machst du mal das, was ich möchte, und nichts anderes!"
   B „Du kannst dich solange mit dem beschäftigen, was dir Spaß macht!"

10. *Wie du mir, so ich dir*

    Es regnet. Die Schüler müssen deshalb in der großen Pause im Klassenzimmer bleiben. Der Lehrer verläßt für kurze Zeit den Raum, um mit der Rektorin über eine Stundenplanänderung zu sprechen. Er ist der Auffassung, daß man Schüler auch mal für ein paar Minuten allein lassen soll, schon damit sie sich nicht immer bewacht vorkommen. Außerdem glaubt er, seiner Klasse vertrauen zu können. Schließlich handelt es sich schon um 13- bis 14jährige Schüler.

    Diesmal aber hat er sich geirrt. Er kommt zurück und sieht, wie zwei Schülerinnen aufeinander einschlagen. Beide haben rote und zerkratzte Gesichter. Es gelingt dem Lehrer nur mit Mühe, die beiden zu trennen. Andere Schüler deuten auf den Hof. Unten, in einer großen Wasserlache, liegen die beiden Schulmappen der Mädchen.

Wie würdest du entscheiden?

1. Die beiden fragen, wie es zum Streit gekommen ist.
2. Die beiden auf den Schulhof schicken, damit sie ihre Mappen holen.
3. Einen anderen Schüler auf den Hof schicken, von ihm die Mappen holen lassen, und die beiden Mädchen dann nach der Ursache des Streits fragen.
4. Alle Schüler auffordern, die Plätze aufzusuchen und zu erzählen, was sie beobachtet haben.
5. Von einem anderen Schüler die Mappen holen lassen und den Unterricht beginnen mit dem Hinweis, daß man sich am Ende der Stunde mit dem Streit befassen werde.
6. Die Schülerinnen bitten, sich gegenseitig zu entschuldigen.

Nach Georg E. Becker u.a., Konfliktbewältigung im Unterricht, Bad Heilbrunn 1976, S. 113.

(nach einem Arbeitspapier von Eberhardt, H.)

3.3 Das Umgehen mit Konflikten in der Schulklasse

Möglichkeiten des Lehrerverhaltens bei Schulkonflikten

1. *Die Handhabung von Konfliktsituationen im Unterricht*
   - 1.1 *Die Konfliktsituation ursachenorientiert bearbeiten*
     Beispiel: Ein Schüler kann nicht still sitzen
     - 1.1.1 die Manipulation des Schülers vermeiden
     - 1.1.2 die Auseinandersetzung mit der Person des Schülers
   - 1.2 *Das Problem thematisieren*
     Beispiel: Die Klasse schwätzt ständig
     - 1.2.1 die Schwierigkeit ansehen – nicht blind bekämpfen
     - 1.2.2 die Schwierigkeit zum gemeinsamen Problem für Lehrer und Schüler machen
     - 1.2.3 den Konflikt in Sprache umsetzen
   - 1.3 *Den Konflikt aufdecken*
     Beispiel: Eine Klasse streikt
     - 1.3.1 den Konflikt problematisieren
     - 1.3.2 den Konflikt nicht mit Machtmitteln zudecken
     - 1.3.3 Konfliktlösung als Lerngegenstand und Erfahrung
   - 1.4 *Konflikte in Einzel- und Kleingruppengesprächen bearbeiten*
     - 1.4.1 „Ich-Botschaften" mitteilen
     - 1.4.2 Konfliktbesprechung als Kontaktnahme
     - 1.4.3 Ich-Stärkung für den einzelnen Schüler
     - 1.4.4 die durch den Konflikt entstehende Isolation baldmöglichst aufheben
   - 1.5 *Den Konflikt im Zusammenhang mit der gruppendynamischen Klassensituation bearbeiten*
     Beispiel: Eine Schülerin verleitet die Klasse zu widersetzlichem Verhalten
     - 1.5.1 die gruppendynamische Seite des Konflikts sehen
     - 1.5.2 mit der Leitperson der Gruppe in Kontakt kommen
     - 1.5.3 die Klasse als Ganzes akzeptieren
   - 1.6 *Sofortmaßnahmen und Langzeitmaßnahmen unterscheiden*
     Beispiel: Ein Junge will im Affekt nicht mit auf eine Wanderung gehen
     - 1.6.1 „emotionale Soforthilfe" für Lehrer und Schüler
     - 1.6.2 die affektive Reaktion des Lehrers als verbindendes Element
     - 1.6.3 die zeitliche Distanzierung vom Konflikt
     - 1.6.4 „therapeutischer Plan" auf lange Sicht
   - 1.7 *Dem Schüler in Konfliktsituationen Grenzen setzen und „Halt" geben*
     - 1.7.1 keiner zwingt den anderen
     - 1.7.2 sich zur Wehr setzen
   - 1.8 *Einüben konfliktvermeidender Verhaltensweisen*
     Beispiel: Lärm und Rempelei beim Zusammensetzen im Kreis
     - 1.8.1 die Störsituation erleben lassen, aber nicht zu lange aufrechterhalten

1.8.2 Einblick in die Notwendigkeit von Ordnung vermitteln
   1.8.3 zweckmäßiges Verhalten als Trainingsziel für Schüler und Klasse
1.9 *Störendes Verhalten nicht bekräftigen*
   Beispiel: Dreinschreien
   1.9.1 die positive und negative Verstärkung
   1.9.2 die positive Verstärkung des erwünschten Verhaltens
1.10 *Elemente der themenzentrierten interaktionellen Methode in der Schularbeit verwenden*
   1.10.1 die Berücksichtigung des ICH – die persönliche Befindlichkeit
   1.10.2 die Berücksichtigung des WIR – die Gruppenbefindlichkeit
   1.10.3 die Berücksichtigung des ES – sachliches Lernen als Ziel

2. Die Bemühung um weiterführende Maßnahmen

2.1 Die schulpsychologische Untersuchung
2.2 Das Elterngespräch
   2.2.1 Verstehen der Familiensituation
   2.2.2 Überlegen hilfreicher Maßnahmen
2.3 Gruppentherapeutische Maßnahmen
2.4 Psychotherapeutische Behandlung psychisch gestörter Schüler

3. Wege zur Veränderung des Lehrerverhaltens in schulischen Konfliktsituationen

3.0 Die Persönlichkeit des Lehrers
   3.0.1 Die Charakterstruktur des Lehrers
   3.0.2 Konflikte der Lehrerpersönlichkeit werden zu Schülerkonflikten
3.1 Das Hinterfragen des Lehrerverhaltens bei Schulkonflikten
   Beispiel: Ein Lehrer wird tätlich angegriffen
3.2 Das Hinterfragen des Schülerverhaltens bei Schulkonflikten
   Beispiel: Das „Abbetteln" von Strafe
3.3 Das Studium hilfreicher Literatur
3.4 Das Gespräch mit einem Kollegen
3.5 Das offene Gespräch in der Lehrergruppe
   3.5.1 Die Gefahr der Isolierung des Lehrers
      (Beispiel: Hospitation)
   3.5.2 Die Gefahr gegenseitigen Abschiebens der Verantwortung
      (Beispiel: Fachlehrer – Klaßlehrer)
3.6 Trainingsseminare über die Handhabung von Schulkonflikten
3.7 Seminare nach der themenzentrierten interaktionellen Methode
3.8 Seminare des Kollegiums einer Schule
3.9 Der Mut zum pädagogischen Handeln

(nach einem Arbeitspapier von Singer, K.)

3.4 Günstige Formen von Feed-back (Rückkontrolle)

1. Gib Feed-back, wenn der andere es auch hören kann

   Achten Sie darauf, ob Ihr Partner sich in einer Situation befindet, in der er auch ruhig zuhören und die Information verarbeiten kann, oder ob er so stark innerlich mit anderen Dingen beschäftigt ist, daß er Ihre Information nicht ungestört aufnehmen kann. Wenn Ihr Partner nicht aufnahmebereit ist, Sie selbst aber von Ihren Gefühlen platzen, dann machen Sie diesen kurz (direkt) Luft und erklären Sie, daß ein ausführlicheres Feed-back zu einer ruhigeren Stunde folgt.

2. Feed-back soll so ausführlich und konkret wie möglich sein

Feed-back ist keine Information, die man dem anderen „vor die Füße knallt", um sich dann aus dem Staub zu machen, oder die man schnell einmal am Telefon andeutet, um dann den Hörer aufzulegen. Feed-back ist der Anfang eines Dialogs zwischen zwei Menschen, in dem so ausführlich wie möglich die eigene Wahrnehmung, die eigenen Vermutungen und Gefühle mitgeteilt werden können.

3. Teilen Sie Ihre Wahrnehmungen als Wahrnehmungen, Ihre Vermutungen als Vermutungen und Ihre Gefühle als Ihre Gefühle mit

In diesem und den vorangegangenen Kapiteln haben wir oft darauf hingewiesen, wie gefährlich es werden kann, wenn wir uns der realen Qualität unseres Erlebens nicht bewußt sind und beispielsweise unsere eigenen Gefühle als Eigenschaften anderer wahrnehmen und sie indirekt ausdrücken.

4. Feed-back soll den anderen nicht analysieren

Machen Sie klar, daß Sie es sind, den beispielsweise etwas stört. Wenn Sie Aussagen über das Verhalten des anderen und seine Motive machen, wird nicht mehr deutlich, daß Sie ein Problem mit ihm haben. Eine gemeinsame Überlegung, warum etwas geschehen ist, wird nützlicher sein. Außerdem kann Ihr Partner besser herausbekommen, welche Motive hinter seinem Verhalten stehen, als Sie es können. Versuchen Sie nicht, die Rolle des „Mini-Psychoanalytikers' bei anderen einzunehmen!

5. Feed-back soll auch gerade positive Gefühle und Wahrnehmungen umfassen

Feed-back soll nicht nur dann erfolgen, wenn etwas schiefgegangen ist. Es hat noch nie jemand daran gelitten, daß er zu häufig gelobt wurde — eher daran, daß er zuwenig erfahren hat, daß er positive Gefühle in anderen auslöst.

6. Feed-back soll Umkehrbar sein

Was X zu Y sagt, muß auch Y zu X sagen können. Ein Schüler könnte kaum zu seinem Lehrer sagen: „Halt doch mal deinen Mund", während sich der Lehrer so äußern kann. Die Forderung der Reversibilität ist meist dort verletzt, wo es Rangunterschiede gibt und ein Partner sich wichtiger fühlt als der andere. Die Kommunikation in manchen Familien bestünde bald nur noch aus Befehlen und Aufforderungen, wenn Kinder mit ihren Eltern ebenso sprechen würden, wie diese mit ihnen, wenn ein Kind beispielsweise zu seinem Vater sagte: „Sitz doch mal gerade!"

7. Feed-back soll die Informationskapazität des anderen berücksichtigen

Denken Sie daran, daß ein Mensch nur ein bestimmtes Quantum an Information in einer gewissen Zeitspanne aufnehmen kann. Ein „Zuviel" an Information ist unnötige Kraftvergeudung.

8. Feed-back sollte sich auf begrenztes konkretes Verhalten beziehen

Stempeln Sie Ihren Sozialpartner nicht mit Eigenschaften ab, und geben Sie nicht Feed-back über seine ganze Person. Sie haben nur begrenztes Verhalten wahrnehmen können, und das sollte in Ihrer Äußerung deutlich werden.

Kritik wird so vom Fedd-back-Empfänger besser zu verarbeiten sein, wenn er merkt, daß nicht seine ganze Person unangenehm wirkt, sondern nur eine bestimmte Verhaltensweise.

Das Verhalten, das Sie gesehen haben, sollte aber so genau und konkret wie möglich nicht-wertend beschrieben werden. Auf diese Weise kann der andere begreifen, auf welche seiner Verhaltensweisen sich Ihr Feed-back bezieht.

9. Feed-back sollte möglichst unmittelbar erfolgen

Ein Mensch kann besser lernen, wenn die Rückmeldung auf sein Verhalten unmittelbar und sofort erfolgt. Außerdem ist dann die Gefahr geringer, daß der Feed-back-Geber zu einem späteren Zeitpunkt einen ganzen „Sack" öffnet, in dem sich sein aufgestauter Ärger gesammelt hat.

10. Die Aufnahme von Feed-back ist dann am günstigsten, wenn der Partner es sich wünscht

Wenn der Partner selbst um Feed-back bittet, sind von vornherein beide Gesprächspartner gleichermaßen am Gespräch interessiert, und die Gefahr von unangemessenem Feed-back und dessen Abwehr verringert sich. Wenn der Partner nicht von selbst um Feed-back bittet, dann können Sie ihn zunächst fragen, ob er Ihr Feed-back hören möchte. Meistens wird er neugierig sein und darum bitten, daß Sie ihm mitteilen, was Ihnen wichtig ist.

11. Sie sollten Feed-back nur annehmen, wenn Sie dazu auch in der Lage sind

Der Erfolg von Feed-back hängt auch von der Haltung ab, die der Feed-back-Empfänger dieser Mitteilung entgegenbringt. Wenn Sie ein Feed-back zu einem Zeitpunkt nicht hören wollen, weil Sie glauben, nicht angemessen darauf eingehen zu können, so sollten Sie dies deutlich sagen. Geben Sie aber Ihrem Partner die Gelegenheit, sein Gefühl kurz loszuwerden, und schlagen Sie einen späteren Zeitpunkt für ein intensives Feed-back-Gespräch vor.

12. Wenn Sie Feed-back annehmen – hören Sie zunächst nur ruhig zu

Wenn Sie sofort eine Gegenantwort haben, bekommt der Feed-back-Gegner nicht das Gefühl, daß Sie ihm zugehört und ihn verstanden haben. Die Verarbeitung von Feed-back ist ein schwieriger Prozeß, den Sie nicht sofort leisten können. Schieben Sie das Nachdenken erst einmal auf und hören Sie dem Feed-back-Gegner intensiv zu. Fragen Sie nach, um Unverstandenes zu klären. Versuchen Sie nicht, sofort etwas „klarzustellen" oder sich zu rechtfertigen.

13. Feed-back-Geben bedeutet, Information zu geben, und nicht, den anderen verändern

Feed-back ist ein Prozeß, durch den Veränderungen in einem starken Maße ausgelöst werden können. Aber die Veränderung muß von beiden Partnern gemeinsam überlegt werden, wobei die Richtung der Veränderung nicht vorbestimmt ist. Vielleicht ändern sich die Gefühle des Feed-back-Gebers und er lernt, Verhalten zu akzeptieren, das ihn vorher störte. Oder es ändert sich das Verhalten des Feed-back-

Empfängers. Die Verantwortung aber für die Veränderung kann jeder der Partner nur für sich selbst übernehmen. Wenn Sie Feed-back nur mit der Hoffnung geben, daß der andere sein Verhalten ändert, werden Sie produktive Veränderungen eher behindern.

(vgl. auch Grell, J., S. 181 ff.)

3.5 Wahrnehmungsverhalten und Urteilsbildung

Vom Wahrnehmen – Beobachten – Fühlen zum Interpretieren – Bewerten

Man kann drei Zonen der Wahrnehmung unterscheiden:

[1] *Die Wahrnehmung der äußeren Welt*

Damit ist der augenblickliche Kontakt zwischen uns und den uns umgebenden Reizen gemeint. Dazu gehört all das, was wir in jedem Augenblick sehen, hören, riechen, schmecken, berühren.

[2] *Die Wahrnehmung unserer Innenwelt*

Damit ist der momentane Kontakt zwischen meinem bewußten Erleben und den in mir wahrnehmbaren Vorgängen/Gefühlen gemeint. Dazu gehört alles das, was in unserem Körper vor sich geht und womit wir in Fühlung stehen, was wir bewußt erleben wie: Herzschlag, Bauchkneifen, Schwitzen, Nackenschmerzen, kalte Füße . . .

[3] *Die Wahrnehmung von Bildern und Gedanken*

Damit sind Dinge und Ereignisse gemeint, die nicht in der momentanen Reizumwelt existieren, sondern sich nur in unserer Phantasie abspielen. Hierzu gehören das Vermuten, Denken, Erinnern, Planen der Zukunft, Hoffen, Befürchten usw., all das, was von der äußeren Welt durch uns mit subjektiven Bedeutungen belegt wird.

Bitte ordnen Sie die folgenden Sätze einer der drei Zonen unserer Wahrnehmung zu:

Du lächelst. [ ] Du bist sicher sauer auf mich. [ ] Du magst mich. [ ] Mein Herz schlägt. [ ] Ich habe Angst. [ ] Was denkt der bloß von mir? [ ] Die Wand ist blau. [ ] Ob das morgen klappen wird? [ ] Ich habe Hunger. [ ] Welch langweilige Arbeit! [ ] Ich werde unruhig. [ ] Mir gefällt das blaue Kleid. [ ] Hoffentlich kommt er bald! [ ] Ich sehe ihn. [ ] Das ist doch völlig unzureichend. [ ] Ein steriler Raum. [ ] Zwei Lampen an der Decke. [ ] Die Fenster könnten sauberer sein. [ ] Blaue Augen. [ ] Was soll das alles hier? [ ] Mein Magen knurrt. [ ] Noch immer kein Ende?! [ ]

Übung:

[1] Richten Sie Ihre Aufmerksamkeit wie einen Scheinwerfer ganz bewußt auf die Sie umgehende Realität. Suchen Sie sich einen Partner und teilen Sie ihm mit, was Sie momentan jeweils von den drei Zonen bewußt wahrnehmen. Schildern Sie sich abwechselnd, was Sie momentan wahrnehmen.

[2] Besprechen Sie nach ca. 5 Minuten, was Ihnen bei dieser Übung aufgefallen ist. In welcher der 3 Zonen haben Sie sich vorwiegend aufgehalten?

[3] Schließen Sie bitte für 2 Minuten Ihre Augen und sprechen Sie nicht. Achten Sie darauf, was sich bei Ihnen verändert.

[4] Bitte besprechen Sie in kleinen Gruppen Ihre Erfahrungen!

(nach einer Arbeitsunterlage von Adolphs, D.)

3.6 Erziehungspotentialitäten der Lerninhalte, aufgezeigt an einem Beispiel des Faches Erziehungskunde

Unterrichtsbeispiel: Wie können Eltern bei der Hausaufgabe *richtig* helfen?
(8. Jahrgangsstufe)

I. Planung im Vorfeld

1. Lernziele

- Die Schüler sollen erfahren, welche Hilfen Eltern bei der Hausaufgabe geben können.
- Die Schüler sollen erkennen, daß die Mithilfe der Eltern das Lernen des Kindes unterstützt und die Einstellung zur Schule fördert.
- Die Schüler sollen ihre Einstellung zur ,,Hausaufgabenhilfe" reflektieren und begründen
- Die Schüler sollen einsehen, daß Äußerungen des Erziehers das Kind fördern bzw. entmutigen.

2. Lernmaterialien

- Tonbandgespräch, Tonbandaufnahme mit Einzelaussagen von Erziehern,
- Ausschnitte aus Zeitungen und Büchern.

3. Lern- und Arbeitsformen

- arbeitsgleiche Gruppenarbeit (Informationsentnahme),
- Wertungsgespräch,
- Beurteilung von Fallbeispielen und Einzelaussagen,
- evtl. Rollenspiel.

II. Verlaufsplanung (als Planungsskizze)

1. Problembegegnung

1.1 Anknüpfen an das Vorwissen: Schule verändert das Leben des Kindes
1.2 Einsatz eines Tonbandgesprächs: ,,Immer das Kreuz mit den Hausaufgaben!"
(Gespräch zwischen zwei Müttern)
1.3 Zielstellung:
Wie können Eltern dem Kind *bei der Hausaufgabe richtig helfen?* (Tafelanschrift)

2. Problemstrukturierung

2.1 Vermutungen zu Lösungen des Problems (Tafelanschrift)
2.2 Vorschläge zur Bearbeitung des Problems:
- Material: Aussagen von Lehrern, Eltern, Kindern, Zeitungsausschnitte, Bücherauszug
- Arbeitsweg: arbeitsgleiche Gruppenarbeit. Lösungen und deren Begründung.

3. Problemlösung

3.1 Informationsentnahme und -verarbeitung in arbeitsgleichen Gruppen:

- Mithilfe, aber nicht Abnahme der Arbeit
- Anregungen zur Einteilung der Zeit
- äußere Arbeitsbedingungen z.B. Platz, notwendige Arbeitsmittel, Ruhe
- Störungen und Ablenkungen vermeiden
- Erholungspause vor der Hausaufgabe
- Interesse der Eltern
- Lob und Anerkennung usw.

4. *Auswertung und Vertiefung*
4.1 Berichte einzelner Gruppenmitglieder und Ergänzung durch andere (mit Begründung)
Bericht auf Folie:
Richtige Hilfe der Eltern bei der Hausaufgabe in Stichpunkten:
   1. Nicht Abnahme und Lösung der Aufgaben durch die Eltern, sondern Hilfe bei Stockungen und Kontrolle
   2. Ruhiger, heller und geräumiger Platz
   3. Interesse zeigen
   4. Lob und Verstärkung geben
   5. ...
4.2 Wertungsgespräch: Wer hilft dir bei der Hausaufgabe? Können dir die Eltern noch helfen? Kannst du jüngeren Geschwistern helfen?
4.3 Vertiefung durch Fallbeispiele
   Fall 1: Die Mutter eines Schülers, der in der Schule oft versagt, klagt dem Lehrer: „Aber zu Hause kann er immer alles!"
   Fall 2: Sylvia braucht meist länger als zwei Stunden für die Hausaufgabe und behauptet ihrer Mutter gegenüber, die sie zur Rede stellt, in der Schule seien ähnliche Aufgaben noch nie gemacht worden.
4.4 Ausweitung auf das Erzieherverhalten
   Aussagen einzelner Erzieher zum Problem Hausaufgabe auf Tonband:
   „Bei diesen Leistungen wird aus dir nichts werden. Du findest höchstens noch einen Platz bei der Müllabfuhr."
   „Wenn du in der Schule besser aufpassen würdest, dann könntest du deine Hausaufgaben alleine machen."
   „Heute hast du ziemlich viel Hausaufgaben auf. Aber das schaffen wir gemeinsam schon."
   „Trödle doch nicht so rum! Geh weg und laß mich ran. Du bist doch zu blöde dazu!"
   „Du bist noch recht müd von der Schule. Komm, wir fahren erst zum Einkaufen. Die Hausaufgabe kannst du dann später machen."
   „Von nun an wirst du jeden Tag das Einmaleins üben, auch am Wochenende. Fernsehen und Tennis ist ab sofort gestrichen. Du machst so lange zusätzliche Hausaufgaben, bis das klappt mit dem Einmaleins!"
   „Stellungnahme der Schüler zu diesen Aussagen im Bezug auf
   - ihre Reaktion auf solche Äußerungen
   - die Wirksamkeit der Aussagen
   - die Verwendung, wenn sie selbst Erzieher wären (einmal sind)
4.5 Rollenspiel: „Ralf weiß nicht mehr weiter" (nur bei Zeit)
4.6 Lernzielkontrolle
   - Mündliche Zusammenfassung aufgrund der Stichpunkte

Arbeitsmaterialien für Gruppe I

Aus dem Buch „Die Erziehung des Schulkindes" (v. Hemsing, W.):
Die erste Hilfe, die wir bei den Schulaufgaben geben, heißt:

- *Allen Lärm unseres Lebens abschalten und für Stille sorgen.*

    Geistiges Arbeiten und erfolgreiches Lernen ist nur möglich, wenn man von äußeren Sinnesreizen und allem Lärm abgeschaltet hat.

    Viele Schüler, besonders Oberschüler, behaupten, sie könnten bei Radiomusik besser lernen. Das ist ein Irrtum. Ich könnte viele Gymnasiasten und Studenten nennen, die mir heute noch dafür dankbar sind, daß ich sie mit allem Nachdruck bat, das Radio abzudrehen, um so erst zu echten Lernerfolgen gelangen zu können. Die Eltern sollten strikte Ruhe verlangen, wenn ihr Kind seine Hausaufgaben macht.

Unsere zweite Hilfe heißt:

- *Ordnung schaffen*
    - Ein Schulkind soll für seine Hausaufgaben möglichst einen festen Arbeitsplatz haben. Der Tisch darf nicht zu hoch sein. Oft braucht man nur eine Wolldecke auf den Stuhl zu legen, damit das Kind richtig sitzen kann.
    - Ein verstellbares Schreibpult ist selbstverständlich viel besser als ein Stuhl (die Anschaffung lohnt sich!).
    - Der Platz muß möglichst hell sein. Das Licht soll von links kommen. Also: links das Fenster! Links auch die Tischlampe. Eine Tischlampe ist besser als eine Deckenlampe.
    - Der Bleistift ist angespitzt, genügend weich und vor allem lang genug. Es ist falsche Sparsamkeit, wenn das Kind den Bleistift bis zum letzten Stümpchen aufbrauchen soll. Die Schreibbewegungen, bei der Handschrift wie beim Zeichnen, werden dadurch beeinträchtigt.
    - Federhalter und Feder sind in Ordnung. Die Hefte sind aus gutem Material. Farbstifte, Lineal und Radiergummi sind in bestem Zustand und liegen immer ‚an Ort und Stelle'.
    - Denn: gutes Werkzeug bedeutet nicht nur ‚halbe Arbeit', sondern auch Freude an der Arbeit.

- *Wann soll unser Kind seine Schulaufgaben machen?*

    „Ein voller Bauch studiert nicht gern": das wußten schon die alten Römer. Es ist nicht gut, wenn das Kind sich sofort nach dem Mittagessen über eine geistige Arbeit hermachen muß – eine kleine Erholungspause muß es schon haben. Ebenso falsch ist es, wenn das Kind den ganzen Nachmittag spiele und dann abends spät schnell noch seine Aufgaben erledigen will. Es ist dann zu abgespannt und müde. Ein Kind spielt sorgloser und unbekümmerter, wenn es vorher seinen Pflichten nachgekommen ist. Also: erst die Arbeit, dann das Spiel.

Der Text im Buch hat noch folgende Teilüberschriften:

- Aller Anfang ist schwer!
- Die Aufgaben muß das Kind selbst lösen!
- Wir müssen eine kleine Pause einlegen.

- Die Hausaufgaben haben einen erzieherischen Wert: Erziehung zur Selbständigkeit.
- Oberstes Gebot für Eltern: Zeit und Geduld haben!

Arbeitsaufgaben
1. Schreibt in Stichpunkten auf, wie Eltern bei der Hausaufgabe sinnvoll helfen können! Begründet eure Meinung!
2. Sprecht miteinander, wie sich sinnvolle Hilfe auf das Kind auswirken wird!
3. Findet zu den weiteren Teilüberschriften einige eigene Begründungen!

Arbeitsmaterialien für Gruppe II

Aus dem Buch „Erziehungskunde – lernen, helfen, fördern":

Hausaufgaben – eine Familienplage?

1975 ergab eine Umfrage bei Eltern, daß von 100 Eltern 35 Sorgen mit den Hausaufgaben ihrer Kinder haben. Nur die Prüfungen der Kinder in der Schule belasten die Eltern noch stärker.

Hausaufgaben brauchen aber nicht zum Familienproblem werden. Deshalb einige Tips und Hilfen:

- Damit sich das Kind bei der Hausaufgabe konzentrieren kann, braucht es einen eigenen Arbeitsplatz. Wo kein eigenes Zimmer vorhanden ist, sollte ein ruhiger, heller Platz bereitstehen.
- Alle Störungen und Ablenkungen (Spielzeug, Musik, Lärm) müssen vermieden werden.
- Das Kind braucht nach dem anstrengenden Vormittag in der Schule eine Erholungspause. Auch kleine Zwischenpausen während der Hausaufgaben geben neue Kraft und lockern auf. Es ist sinnvoll, die Hausaufgaben täglich zur gleichen Zeit zu erledigen.
- Die Eltern sollten für Hausaufgaben Interesse zeigen. Dabei sind Lob und Ermutigung besser als Tadel und Gleichgültigkeit; denn Hausaufgaben bedeuten für Kinder Mühe und Arbeit wie für Erwachsene der Beruf.
- Eltern sollten den Kindern nicht die Denkarbeit abnehmen. Bei auftauchenden Schwierigkeiten ist es besser, nur einen Hinweis oder eine Erklärung zu geben, anstatt selbst die Lösung zu liefern.
- Eltern müssen Leistungsunterschiede berücksichtigen. Auch Kinder sind nicht jeden Tag gleich „gut in Form".

Arbeitsaufgaben
1. Schreibt in Stichpunkten auf, wie Eltern sinnvoll bei den Hausaufgaben helfen können! Begründet eure Meinung!
2. Sprecht miteinander, wie sich sinnvolle Hilfe auf das Kind auswirkt! Welche Folgen würde ein falsches Helfen haben?

Arbeitsmaterialien für Gruppe III

Aus dem Buch „Erziehen — was ist das?":

Die Hausaufgabe wird in vielen Familien oft schon in den ersten Schulwochen zum Problem. Viele Eltern glauben, sie müßten dem Kind schwierige Arbeiten abnehmen und selbst lösen. Andere wollen grundsätzlich nichts damit zu tun haben.

In beiden Fällen verliert der Schüler leicht die Anstrengungsbereitschaft. Man kann ihm vielleicht besser helfen, indem man ihn anregt, seine Zeit einzuteilen. Der Tagesablauf soll eine gewisse Ordnung und Regelmäßigkeit haben. Weiter ist es wichtig, daß die Arbeitsbedingungen für das häusliche Lernen günstig sind. Der Schüler braucht seinen festen Platz, die notwendigen Arbeitsmittel und Ruhe beim Erstellen der Hausaufgabe.

Arbeitsaufgaben

1. Schreibt in Stichpunkten auf, wie Eltern bei den Hausaufgaben *sinnvoll* helfen können. Begründet eure Meinung! Findet selbst noch weitere sinnvolle Möglichkeiten der Hilfe.
2. Sprecht miteinander, wie sich sinnvolle Hilfe bei der Hausaufgabe auf das Kind auswirkt.
   Welche Folgen kann ein falsches Helfen haben? Wie könnte die Bildgeschichte von „Vater und Sohn" weitergehen?

Arbeitsmaterialien für Gruppe IV

Aus dem Buch „Elternarbeit in der Grundschule":

Beispiel Hausaufgaben

Ein Problem für Eltern, Kinder und Lehrer sind die schulischen Hausaufgaben,
— weil die Hausaufgaben nicht immer sinnvoll gestellt werden,
— weil die Hausaufgabenüberwachung der Eltern bei den Kindern oft Angst und Druck erzeugt, z.B. wird eine Heftseite unter Schimpfen herausgerissen oder die Aufgaben müssen noch einmal geschrieben werden,
— weil die Kinder in der Wohnung keine richtigen Bedingungen für die Bewältigung der Hausaufgaben haben, z.B. das Kind muß in der Küche schreiben, kleinere Geschwister stören usw.,
— weil sich sehr viele Eltern über die langsame und unlustige Art ärgern, wie ihre Kinder die Hausaufgabe erfüllen.

Deshalb sollen Eltern und Lehrer miteinander sprechen, wie eine sinnvolle Hilfe bei den Hausaufgaben aussehen muß. Bei einem Elternabend der Hauptschule in G. haben Eltern und Lehrer gemeinsam sinnvolle Möglichkeiten des Helfens erarbeitet:

— Das Kind braucht einen eigenen Arbeitsplatz. Das kann schon eine ruhige, helle Fensternische sein, die das Kind individuell gestalten kann.
— Helfen heißt nicht lösen. Denkanstöße sind wichtiger als fertige Lösungen.
— Die Hausaufgabe soll in einer bestimmten Zeit erfüllt werden. Lehrer und Eltern sollen gemeinsam darauf achten, daß ein Schulkind in der 1. Klasse nicht länger als 45 Minuten, in der 2.-4. Klasse nicht länger als eine Stunde, in der Hauptschule nicht länger als 1 1/4 Stunden mit der Hausaufgabe beschäftigt ist.
— Die Eltern sollen Interesse für die Hausaufgaben, darüber hinaus für die gesamte schulische Arbeit ihres Kindes zeigen.
— Das Kind braucht Lob und Anerkennung für seine eigenständige häusliche Arbeit — von den Eltern und den Lehrern!
— Es verstärkt das Kind in seiner häuslichen Arbeit, wenn es von Zeit zu Zeit Mitschüler einladen darf, die mit ihm zusammen die Hausaufgaben machen. Die Zusammenarbeit darf aber nicht die Eigenarbeit des Kindes nachteilig beeinflussen.
— Eltern und Lehrer helfen dem Kind am meisten und am besten, wenn sie in zeitlichen Abständen über den häuslichen und schulischen Lernfortschritt des Kindes sprechen.

Arbeitsaufgaben

1. Schreibt in Stichpunkten auf, warum die Hausaufgaben oft ein Problem für Eltern, Kinder und Lehrer sind!
2. Schreibt in Stichpunkten auf, wie Eltern bei der Hausaufgabe sinnvoll helfen können. Begründet eure Meinung!
3. Sprecht miteinander, wie Eltern und Lehrer zusammenarbeiten können, um schulische Probleme wie z.B. Hausaufgaben zu lösen.

Schlußgedanke

Es wäre falsch, die punktuell und nur auszugsweise angesprochenen Hilfen isoliert zu sehen oder gar zu werten. „Papierene" Ergebnisse können niemals wiedergeben, welche Hilfen der einzelne Lehrer in den Fortbildungslehrgängen durch das soziale Klima der Gruppe, die vielfältigen Kommunikationssituationen, den Erfahrungsaustausch, die Analyse von Fremd- und Eigenverhalten u.ä. erhält. Unsere Aufgabe sahen wir darin, aufzuzeigen, wie mit Hilfe der Lehrerfortbildung Lehrern geholfen werden kann, angesichts von Disziplinschwierigkeiten, Konfliktsituationen und im gewissen Grade Gewalttätigkeiten an Schulen dem Erziehungsauftrag der Schule gerecht zu werden. Daß die Lehrer selbst solche Hilfen suchen und bereit sind, das erziehliche Angebot der Lehrerfortbildung zu nutzen, beweisen die Anmeldezahlen der Akademie für Lehrerfortbildung.

Beispiele

Lg 98 vom 12.12.-16.12.1977:
  Das Lehrer-Schüler-Verhalten in Erziehung und Unterricht
  Teilnehmerzahl: 30
  Anmeldungen: 154

Lg 116 vom 09.01.-13.01.1978:
  Verhaltensstörungen und Erziehungsschwierigkeiten an Volks- und Sonderschulen
  Teilnehmerzahl: 30
  Anmeldungen: 193

Lg 136 vom 30.01.-03.02.1978:
  Soziales Lernen in der Grundschule
  Teilnehmerzahl: 30
  Anmeldungen: 136

Deshalb hat sich die zentrale Lehrerfortbildung die Aufgabe gestellt, erziehlichen Aufgaben und Bedürfnissen der Schule den Primat zu geben vor einer ausschließlich fach- und lehrplanbezogenen Thematik der Lehrerfortbildung (s. dazu Vorwort von Dr. K. Böck zum Heft 15 der Lehrerfortbildung in Bayern 1978/1979).

Literatur

Akademie für Lehrerfortbildung, Programm 15/1978
Brunnhuber, P./Zöpfl, H.: Erziehungsziele konkret. Donauwörth 1975
Calvert, B.: Die Schülerrolle – Erwartungen und Beziehungen. Ravensburg 1975
Dreikurs, R. u.a.: Schüler gerecht werden. München 1976
Domke, H.: Lehrer und abweichendes Schülerverhalten. Donauwörth 1973
Fittkau, B. u.a.: Kommunizieren lernen (und umlernen). Braunschweig 1977
Grell, J.: Techniken des Lehrerverhaltens. Weinheim 1974
Sauter, H.: Möglichkeiten zur Entwicklung und Verstärkung der emotionalen Dimension. In: Päd. Welt 10/1974. Donauwörth 1974
Schneid, K.: Pädagogische Führungslehre. Donauwörth 1977
Tröger, W.: Erziehungsziele. München 1974
Zöpfl, H./Schofnegger, J.: Erziehen durch Unterrichten, München 1977

Rupert Schmid

Sorgenkinder des Lehrers
Darstellung – Diagnostik – Beratung

	Vorwort	95
1.	Begriffe	95
2.	Übersicht über diagnostische Verfahren	96
3.	Falldarstellung	99
4.	Die Anamnese	100
4.1	Allgemeine Information über die Anamnese	101
4.2	Die Anamnese zur Falldarstellung	102
4.3	Die Auswertung der Anamnese	104
5.	Die Exploration	106
5.1	Allgemeine Information über die Exploration	106
5.2	Die Exploration zur Falldarstellung	107
5.3	Die Auswertung der Exploration	108
6.	Die Intelligenzdiagnostik	110
6.1	Allgemeine Information über die Intelligenzdiagnostik	110
6.2	Die Intelligenzdiagnose zur Falldarstellung	110
6.3	Die Auswertung der Intelligenzdiagnostik	110
7.	Test „Familie in Tieren"	111
7.1	Allgemeine Information über den Test	111
7.2	Der Test „Familie in Tieren" zur Falldarstellung	111
7.3	Die Auswertung des Tests	111
8.	Der Scenotest von G. v.Staabs	113
8.1	Allgemeine Information zum Test	113
8.2	Der Test zur Falldarstellung	114
8.3	Die Auswertung des Tests	115
9.	Multikausalität des Schülerverhaltens	117
9.1	Synoptische Übersicht über die bisherigen diagnostischen Verfahren	117
9.2	Erklärung des Verhaltens der VP nach dem Imitationslernen	123
9.3	Erklärung des Verhaltens der VP als Folge des Verstärkungslernens	123
9.4	Erklären des Verhaltens der VP als Folge des Interaktionsverhältnisses: Lehrer, Eltern – VP	123
10.	Diagnose	123
11.	Therapie	124

11.1 Die Elternberatung 124
11.2 Die Lehrerberatung 126

12. Zusammenfassende Übersicht über die bisherigen therapeutischen Bemühungen – Erfolge / Mißerfolge 127

Schlußwort 128

Literatur 129

Vorwort

Welcher Lehrer kennt nicht die Schüler, die seinen Unterricht durch häufiges Schwätzen, Rausrufen usw. stören und so den Lernerfolg einer Stunde in Frage stellen, oder die Schüler, die trotz aller gut gemeinter pädagogischer Versuche und Bemühungen eher Rückschritte in ihren schulischen Leistungen machen?

Welcher Lehrer kennt nicht die Außenseiter, die von allen abgelehnt werden und ein „Mauerblümchendasein" in der Schule führen, die Aggressiven, die den Lehrer herausfordern, andere Schüler unterdrücken und so das Klassenklima erheblich stören?

Die Statistiken der Erziehungsberatungsstellen zeigen im Vergleich zu früheren Jahren eine Zunahme von erziehungsschwierigen Schülern. Gilt nicht auch für diese Schüler der Erziehungsauftrag der Schule? Autoritativer Erziehungsstil oder Resignation sind oft die Folge vergeblichen Bemühens vonseiten des Lehrers.

Aus der Sicht des Schülers, der die Erwartungen der Schule, des Lehrers nicht erfüllt, nicht erfüllen kann, ist die Problematik noch prekärer. Einerseits will er den Ort seiner unliebsamen Mißerfolge meiden, andererseits zwingt ihn das Schulgesetz zur Teilnahme am Unterricht, was irreparable seelische Folgen für sein späteres Leben haben kann. Ebenso schwerwiegend für sein Leben ist noch, daß die Schule Lebenschancen vergibt, die er aufgrund seiner persönlichen Situation nicht wahrnehmen kann.

Aus dieser Gesamtproblematik heraus ergeben sich die Ziele dieses Artikels. Er soll

— Lehrern, die vor solche Probleme gestellt sind, zeigen, daß es kaum „aussichtslose Fälle" gibt, die Anlaß zu Resignation geben;
— Möglichkeiten aufzeigen, Fehlverhalten der Schüler festzustellen, psychologische Zusammenhänge zu finden und davon erziehliche Maßnahmen für die an der Erziehung beteiligten Personen abzuleiten.

Im weiteren Verlauf wird anhand eines konkreten Falles versucht, Hintergründe, psychologische Erklärungsversuche, Diagnostizierungshilfen darzulegen und Folgerungen für Erziehung und Unterricht daraus zu ziehen.

Wegen der Begrenztheit des zur Verfügung stehenden Raumes können nur Schwerpunkte gesetzt und Überblicke aufgezeigt werden.

Ein Anspruch auf Vollständigkeit wird in keiner Weise erhoben.

1. Begriffe

Die gewählte Thematik: „Sorgenkinder des Lehrers", scheint zunächst wegen ihres stark emotionalen Gehaltes die Problematik nur oberflächlich und unpräzise zu erfassen.

Was sind Sorgenkinder des Lehrers?

Oberflächlich betrachtet sind es Kinder, die dem Lehrer Sorgen bereiten, seien es Sorgen über das soziale Verhalten des Schülers, Sorgen über seine schulischen Leistungen, Sorgen über seinen körperlichen und seelischen Zustand.

Bevor sich jedoch jemand Sorgen macht, muß ein Verhalten konstatiert werden, das von den Erwartungsvorstellungen des Betrachters abweicht. Somit kommt eine subjektive Komponente in diese Begriffsbestimmung: ein Verhalten wird an einem subjektiv empfundenen Wertsystem gemessen, das bestimmte Erwartungsvorstellungen weckt und dementsprechend als positiv bzw. negativ gewertet wird. Zu dieser subjektiven Sichtweise kommt noch eine etwas objektivere: Es gibt Normen im Verhalten, im Benehmen eines Schülers, die einem unserer momentanen Gesellschaft entsprechenden Normenkodex entnommen sind, wie z.B. Gesetze, Ordnungsvorschriften, sittliche Normen usw. Weicht jemand in seinem Verhalten von diesen Normen ab, kann dies von einem außenstehenden Betrachter als abweichendes Schülerverhalten charakterisieren werden.

Das stimmt mit der Begriffsbestimmung von Domke in etwa überein, wenn er schreibt: „Was ist disziplinloses bzw. abweichendes Schülerverhalten? Disziplinloses Verhalten in der Schule ist gegeben, wenn ein Schüler bestimmte Sollerwartungen nicht erfüllt, genauer: wenn er die Schulordnung übertritt, konkrete Anweisungen des Lehrers nicht befolgt, dessen Autorität angreift oder Verhaltensnormen verletzt, die das Zusammenleben und Zusammenarbeiten unter Schülern einer Klasse regeln" (H. Domke, Donauwörth 1973, S. 16).

Der Begriff „Sorgenkinder" beinhaltet aber auch, daß sich der Lehrer auch emotional angesprochen fühlt, dieses Verhalten zu ändern, d.h. er macht sich Sorgen um diesen Schüler.

Zusammenfassend kann gesagt werden:

Der Begriff „Sorgenkinder des Lehrers" umfaßt folgende Merkmale:
— Schüler, die in ihrem Verhalten von einem unsere Gesellschaft prägenden Normensystem abweichen,
— Personen, die dieses abweichende Verhalten nach einem subjektiv erlebten Wertmaßstab feststellen,
— ein rationales und emotionales Angesprochensein von Personen (Lehrer), die sich bemühen, dieses abweichende Verhalten (des Schülers) zugunsten eines unseren Normen entsprechenden Verhaltens zu ändern.

In den weiteren Ausführungen wird unter VP (Versuchsperson) der Schüler mit abweichendem Verhalten verstanden, unter VL (Versuchsleiter) die diagnostizierende Person.

2. Übersicht über diagnostische Verfahren

Analyse

Wie bereits dargelegt worden ist, beinhaltet der Begriff „Sorgenkinder des Lehrers" die Intention einer Änderung dieses abweichenden Verhaltens. Wir gehen jedoch von der Hypothese aus, daß jegliches Verhalten, auch das abweichende, entstanden ist:
— durch Imitation eines gezeigten Verhaltens (= Imitationslernen)
— durch Bekräftigung dieses Verhaltens durch einen dritten

- durch Extinktion (Verlernen von bereits Erworbenem)
- als Ausweich- oder Abwehrreaktion auf durch Konflikte entstandene Frustrationen
- durch Übertragungseffekte
- durch „traumatische Erlebnisse" in sog. „sensiblen Phasen" usw.

Im weitesten Sinne ist also abweichendes Verhalten das Produkt eines lebenslangen Lernprozesses. Deshalb ist es zunächst notwendig, Entstehungsursachen aufzudecken, um daraus dann Möglichkeiten für gezielte Erziehungsmaßnahmen zu folgern.

Nachdem nun ein bestimmtes Verhalten als „abweichend" festgestellt worden ist, muß es analysiert werden, um Bedingungsfaktoren, Hintergründe usw. im Sinne einer kausalen und logischen Analyse nach Köck/Ott aufzudecken.

„... *Kausale Analyse:* Die Zergliederung oder Aufteilung erfolgt in der Absicht, Beziehungen, Begründungen zu finden, und Vergleiche anzustellen.
Logische Analyse: Das Erforschen und Loslösen der Teile geschieht mit Rücksicht auf abzuleitende Folgerungen..." (Köck/Ott, Donauwörth 1976, S. 20).

Diagnose

Während bei der Analyse der Weg für die Feststellung der kausalen Zusammenhänge für die Entstehung eines abweichenden Schülerverhaltens im Mittelpunkt steht, verstehen wir unter Diagnose das Endprodukt dieses Weges, also die zusammenfassende verbale Darstellung der kausalen und finalen Zusammenhänge dieses als abweichend bezeichneten Schülerverhaltens.

Ziel aller diagnostischen Verfahren ist es, Einblick in das Seelische des anderen zu erhalten. Bevor wir nach den Methoden fragen, muß zunächst die Frage beantwortet werden: Wie äußert sich das Seelische? Wie wird es beobachtbar?

In Anlehnung an Lückert (Lückert, München/Basel 1964, S. 278) lassen sich dafür folgende Bereiche nennen:

Im situativen Verhalten

Damit ist das Verhalten des Schülers in bestimmten Situationen gemeint, wie z.B.:

- Verhalten zu den Mitschülern
- Verhalten dem Lehrer und anderen Autoritätspersonen gegenüber
- Verhalten in der Freizeit
- Verhalten unter Leistungsstreß
- Verhalten bei Erfolgserlebnissen
- Verhalten bei Frustrationen
- Verhalten in der ungezwungen erlebten Gemeinschaft (Ausflüge ...)
- Verhalten bei sozialen Arbeitsformen in der Schule
- Verhalten bei Alleinarbeit
- Verhalten bei der Mitarbeit im Unterricht

usw.

Im Ausdruck

- Mimik
- Gestik
- Stimme
- Handschrift
- Zeichnungen
- Schriftlicher Ausdruck
- Mündlicher Ausdruck

In Aussagen über die VP
- Fremdaussagen, das sind Aussagen anderer über die VP (Lehreraussagen, Schülerbogen, Elternaussagen usw.)
- Selbstaussagen der VP

In Projektionen
d.h. innerseelische Vorgänge, negative Gefühle, peinliche Eigenheiten, unbewußte Probleme, Ängste usw. werden nach außen projiziert und sind damit beobachtbar.

Nachdem wir einige Äußerungsmöglichkeiten des Seelischen aufgezeigt haben, fragen wir uns: Mit welchen Methoden sind diese beobachtbar? In Anlehnung an Lückert (s.o.) läßt sich sagen:

Äußerungsarten:	*Methodische Erfassung:*
Situatives Verhalten	*Verhaltensbeobachtung*
	– spontane Beobachtung
	– exakte Beobachtung unter Berücksichtigung der Zeit und unter genau beschriebenen Beobachtungskriterien
	– kurzfristige, langfristige Beobachtung usw.
Ausdruck	*Ausdrucksbeobachtung*
	– Mimische Diagnostik
	– Phonetische Diagnostik
	– Graphologische Diagnostik
Aussagen	*Exploration* (= gezieltes Gespräch mit dem Schüler)
Selbstaussagen	*Anamnese* (= gezieltes Gespräch mit den Eltern oder
Fremdaussssgen	anderen Personen über den Lebensweg des Schülers)
	Fragebogentests
	– z.B. Kinderangsttest
	– Interessentests
	– Soziometrische Tests usw.
Leistungen	*Leistungstests*
	– Formelle und informelle Schulleistungstests z.B. AST 4 (Allgemeiner Schulleistungstest 4 ...) DRT 4-5 (Diagnostischer Rechtschreibtest) usw.
	– Entwicklungstest nach Schenk-Danzinger
	– Konzentrations-Leistungstest (KLT)
	– Pauli-Test
	Begabungstest-System (BTS nach Horn)
	Intelligenztests:
	– HAWIK (Hamburg-Wechsler-Intelligenz-Test für Kinder
	– Stanford-Intelligenz-Test (IST) usw.
	Schulreifetests und andere
Projektionen	*Projektive Tests*, z.B.:
	– Sceno-Test von Gerhild von Staabs
	– Thematische Apperzeptionstests von H. Murray (TAT)
	– Testverfahren von Wartegg, z.B. Warteggsche Erzähltest
	– Szondi-Test (Die Experimentelle Triebdiagnostik)
	– Familie in Tieren (L. Brem-Gräser)
	– Interpretation von Zeichnungen, Aufsätzen, Träumen usw.

Die oben aufgeführten Methoden erheben keinen Anspruch auf Systematik und Vollständigkeit. Sie sollen lediglich einen kleinen Einblick in die verschiedenen Möglichkeiten diagnostischer Verfahren geben.

Therapie (Beratung)

Unter Therapie verstehen wir den Prozeß, dieses abweichende Schülerverhalten zugunsten eines erwünschten Verhaltens zu ändern. Neben der Vielzahl von therapeutischen Möglichkeiten beschränken wir uns in dieser Arbeit auf die Beratung einiger wichtiger Bezugspersonen des Schülers:

— Eltern und Erzieher (Elternberatung)
— Lehrer (Lehrerberatung)

und auf therapeutische Gespräche mit dem Schüler, die Kontaktaufnahme mit Erziehungsberatungsstellen, Kinderpsychotherapeuten, Fachärzten und mit den staatlichen Behörden.

3. Falldarstellung

In folgender Falldarstellung sollen nun einige diagnostische Verfahren eingesetzt werden, um das Fehlverhalten dieses Schülers zu erhellen.

Der Schüler (VP) wurde von den Eltern auf Anraten des Lehrers der Beratung zugewiesen. Name und Daten mußten wegen der Wahrung der Intimsphäre geändert werden.

Falldarstellung aus der Sicht des Lehrers

Bevor die Eltern zur Beratung kamen, informierte sich der Versuchsleiter (VL) beim Lehrer über das Verhalten dieses Schülers. Der Klassenlehrer stellte den Fall wie folgt dar:

Hans besucht das 3. Schuljahr und ist 9.3 Jahre alt. Er ist im Unterricht auffallend unkonzentriert. Wenn er etwas von der Tafel abschreiben soll, hat er erst 2 bis 3 Worte geschrieben, während die anderen Schüler der Klasse längst fertig sind.

Auffallend ist sein aggressives Verhalten den Mitschülern gegenüber. Niemand will mehr neben Hans sitzen, weil er die Nachbarn dauernd zwickt, stößt und mit Ihnen Streitigkeiten beginnt.

Dem Lehrer gegenüber verhält er sich jedoch sehr höflich und zuvorkommend. Im Sport rennt er fast „kopflos" gegen das Pferd, den Bock usw., stößt es um, wobei er sich auch weh tut, was ihm aber wenig auszumachen scheint. Wenn ihn der Lehrer anspricht, reagiert er gar nicht und macht einfach weiter. Seine schulischen Leistungen sind sehr schlecht, obwohl der Lehrer den Eindruck hat, daß er könnte, wenn er wollte. Im Zwischenzeugnis mußte der Lehrer die Bemerkung „Versetzung gefährdet" schreiben. Der Lehrer ist oft verzweifelt, weil Hans den gesamten Unterricht so stört, daß oft ein Lernerfolg der Klasse in Frage gestellt ist.

In der Klasse ist Hans ein Außenseiter, der von den Schülern nicht akzeptiert wird. Eines Tages kommt er zu spät zur Schule und ruft beim Eintreten ins Klassenzimmer (der Unterricht hat schon begonnen): „Jetzt bin ich auch da!" Er schwenkt dabei seine Hand, geht, die Aufmerksamkeit der Klasse auf sich lenkend, auf seinen Platz, packt umständlich alles aus und sitzt dann endlich nach 15 Minuten ruhig da.

Der Lehrer sagt von ihm: „Ein unmöglicher Fall, der mir die ganze Klasse durcheinander bringt. Ich bin ratlos. Was soll ich tun?"

Aussagen des Zeugnisses über die schulischen Leistungen

Schuljahr: 19 76 / 77   3 . Jahrgangsstufe

ZWISCHENZEUGNIS

bemühte sich, den schulischen Anforderungen gerecht zu werden; Aufmerksamkeit, Fleiß und Ausdauer waren jedoch großen Schwankungen unterworfen. Das Betragen war nicht immer zufriedenstellend. Vorrücken sehr gefährdet!

Fach	Note
Religionslehre	3
Deutsch	6
Schrift	4
Mathematik	5
Heimat- und Sachkunde	4
Musik	2
Kunsterziehung	3
Hauswirtschaft / Handarbeit	—
Werken	3
Sport	4

---

4. Die Anamnese

Zunächst wird versucht, mittels der Anamnese das oben beschriebene Schülerverhalten zu analysieren.

4.1 Allgemeine Information über die Anamnese

Die Anamnese ist ein diagnostisches Verfahren, bei dem durch Befragung oder im Gespräch der bisherige Lebensweg des Schülers aufgerollt wird. Dabei werden bestimmte „sensible" Phasen besonders berücksichtigt. Sie kann als Fragebogen, den die Eltern auszufüllen haben, oder mündlich in einem zwanglosen Gespräch durchgeführt werden. Wir ziehen dieses persönliche Gespräch aus folgenden Gründen vor:

- Die Eltern können ihre Problematik von der „Seele" reden, das Reden allein ist ihnen oft schon eine Hilfe und Erleichterung.
- Aus Mimik, Gestik, Tonfall und deren Vergleich mit den Aussagen der Eltern können zusätzliche Erkenntnisse gewonnen werden.
- Die Eltern haben nicht so sehr das Gefühl des Ausgefragtwerdens, da wie unten noch näher ausgeführt werden wird, der VL in erster Linie zuhört und die Eltern reden läßt und nur durch kurze Impulse (nicht als direkte Informationsfragen) Schwerpunkte setzt.

Ziel der Anamnese

Mögliche Ziele der Anamnese sind

- Information über das Durchleben bestimmter sensibler Phasen (z.B. die ersten Objektbeziehungen, die Bewältigung der 1. Affektkrise, Trotzalter usw.)
- Kenntnis der Beziehung der Mutter zur VP (z.B. Angenommensein, erwünschtes Kind, nicht erwünschtes Kind, liebevolle Zuwendung, körperlicher Kontakt – Stillen, emotionale Wärme usw.)
- Kenntnis über das Erziehungsverhalten der Eltern (z.B. gleichlaufend oder konträr)
- Kenntnis über die Familiensituation.

Durchführung der Anamnese

Räumliche Voraussetzung

ist ein nettes, ansprechendes Zimmer, das nicht den Eindruck eines „Amtszimmers' macht.

Emotionale Voraussetzungen

Die Eltern dürfen nicht den Eindruck des Ausgefragtwerdens erhalten. Deshalb ist es wichtig, nebenbei zu bemerken, daß alle Aussagen dieses Gespräches wegen der Wahrung der Intimsphäre unter das Dienstgeheimnis des VL fallen und nur mit schriftlicher Einwilligung der Eltern weitergegeben werden dürfen.

Weiter muß der VL eine zwanglose Situation schaffen, indem er den Eltern zunächst seine Wertschätzung und Achtung zum Ausdruck bringt. Dies kann durch ein kurzes Kompliment z.B. über ihre Pünktlichkeit zum Termin, die Anerkennung, daß beide Elternteile gekommen sind, was nicht immer der Fall ist, usw. geschehen. Die Eltern müssen den Eindruck bekommen, daß sich der VL genügend Zeit für sie nimmt und daß er nicht unter Zeitdruck steht. Diese Tatsache haben Eltern bei späteren Gesprächen oft als positiv hervorgehoben.

Der VL wird dann, je nach Situation, das Gespräch auf das Kind lenken: „So, jetzt erzählen Sie mal über Ihren ... Sie gestatten, daß ich mir einige Notizen mache. Sie müssen verstehen, ich kenne Ihren Sohn (Tochter) noch nicht. Sie dagegen kennen ihn sehr gut. Deshalb schlage ich vor, daß Sie zunächst erzählen und ich zuhöre."

Der VL notiert in Stichpunkten mit. Werden von den Eltern einzelne Aspekte nur oberflächlich angesprochen oder überhaupt nicht berührt, helfen gezielte Impulse weiter.

Werden Fakten angesprochen, über die die Eltern nicht reden wollen, sollte der VL nicht auf eine Antwort drängen. Ein solches bewußtes Nichterwähnen ist meist ein Zeichen, daß hier ein „wunder Punkt" liegt. Außerdem haben die Eltern das Gefühl, sich nicht seelisch bloßzustellen. Auf keinen Fall sollte der VL wertende Bemerkungen über das Erzieherverhalten eines Elternteiles machen, auch wenn die Eltern danach fragen. Zum Schluß faßt der VL die wichtigsten Ergebnisse noch einmal zusammen, bedankt sich noch einmal für ihr Kommen und vereinbart mit den Eltern den nächsten Termin, an dem dann das Kind zu seinem Recht kommen soll.

Dauer der Anamnese

Je nach Redefreudigkeit der Eltern nach Erfahrung 1-2,5 Stunden.

Grenzen der Anamnese

— Die gewonnenen Fakten sind subjektiv gefärbt.
— Die Eltern zeigen oft die Tendenz, nur das Positive ihres Erzieherverhaltens zu sagen, obwohl wir noch nie die Erfahrung gemacht haben, daß Eltern bewußt die Unwahrheit sagen.
— Wegen der vielen Nebensächlichkeiten kommt das Wesentliche zu kurz.

4.2 Die Anamnese zur Falldarstellung

Zur Durchführung der Anamnese erschienen beide Elternteile von Hans, wobei es schien, daß der Vater der sprachdominante ist. Hans war nach Angaben der Eltern ein erwünschtes Kind, wenn auch nicht geplant. Als Hans sich zum erstenmal „anmeldete", freuten sich die Eltern nach Angaben der Mutter. Die Wohnung war ausreichend groß, so daß noch ein Kind genügend Platz hatte. Die Schwangerschaft verlief ohne besonders hervorzuhebende Vorkommnisse. Hans kam normal nach 9 Monaten zur Welt, die Geburt verlief ganz normal.

Mutter: „Der Vater war im Urlaub, so konnte ich in Ruhe mein Kind bekommen!"

Nachdem Mutter und Kind nach zehn Tagen aus dem Krankenhaus entlassen wurden, bekam das Kind eine schwere Nabelentzündung und kurz darauf noch eine eitrige Meningitis (Hirnhautentzündung) und mußte für ungefähr drei Monate ins Krankenhaus.

Mutter: „Wir durften das Kind nicht ein einziges Mal besuchen. Als dann das Kind nach Hause kam, lachte es nicht mehr, es machte gar nichts, es lag in seinem Bettchen und schaute heraus. Nachts schrie es ab und zu auf, aber dann schlief es weiter, nachdem ich es getröstet habe."

Zwei Jahre danach bekam es noch wegen dieser Krankheit Medikamente und stand in ärztlicher Behandlung.

Hans wurde nicht gestillt, auch nicht in den zehn Tagen des Krankenhausaufenthaltes:

Mutter: „Wenn es nicht sein muß, stille ich doch das Kind nicht. Heute gibt es so hervorragende Babynahrung, daß das Stillen gar nicht mehr notwendig ist. Man muß ja schließlich auf seine Figur achten."

Die ersten Zähne bekam Hans ganz normal, auch das Laufen und Sprechen lernte er zum normalen Zeitpunkt ohne besondere Probleme und Unregelmäßigkeiten.

Stolz ist die Mutter auf ihre Sauberkeitserziehung.

Mutter: „Mit 1 1/2 Jahren nahm ich ihm die Windeln weg, dann war er plötzlich über Nacht sauber und machte nicht mehr in die Hose. Ich setzte ihn aufs Töpfchen und lobte ihn jedesmal, wenn die Sitzung Erfolg hatte."

Im Trotzalter zeigten sich nun die ersten Auffälligkeiten. Hier war Hans bereits mit zwei Jahren sehr aggressiv.

Mutter: „Ich war als Frau mit den Kindern allein zu Hause. Der Mann war weg (beruflich). Ich fühlte mich als Frau wie in einem Ameisenhaufen bei den vielen Kindern zu Hause. Die viele Uhruhe, die Raufereien und Streitigkeiten mit den anderen Geschwistern machten mich ganz krank. Ich konnte mir nur noch helfen, indem ich ihn richtig verdrosch, dann war es ruhig. Oft legte er sich aber auch auf den Boden und bäumte und krümmte sich."

Die Eltern waren froh, als Hans das Kindergartenalter erreicht hatte und in den Kindergarten geschickt werden konnte. Auch hier war er sehr aggressiv. Er raufte mit anderen Kindern, vollführte waaghalsige Kunststücke, schlug sich den Kopf auf, so daß die Kindergärtnerin fast nur noch für ihn da sein mußte.

Mutter: „Wir und die Kindergärtnerin wären fast irre geworden."

Mit 7 Jahren wurde dann Hans in die Schule geschickt, wenn auch der Vater jetzt im Nachhinein feststellt, daß Hans noch nicht schulreif war (er meinte in seinem sozialen Verhalten). Hans zeigte überhaupt kein Interesse an der Schule. Jeden Tag mußte die Mutter mit ihrem Sohn die Hausaufgaben machen. Oft wurde sie dabei ungeduldig und schimpfte: „Schau deine Geschwister, die machen alles allein, nur dir muß ich immer helfen." (Hans hat noch zwei ältere Brüder)

Eltern: „Das Schlimmste aber war, daß wir nie allein waren".

In der Freizeit hatte Hans keine Spielkameraden gleichen Alters. Oft ging er zu einem Bauern, um bei der Heuernte bzw. im Stall zu helfen. Wenn er mit jemand spielte, bevorzugte er meist jüngere Kinder von 4-5 Jahren, am liebsten spielte er jedoch mit Mädchen.

Hans ist das jüngste von drei Geschwistern. Thomas ist 18 Jahre alt und besucht ein Gymnasium in einer nahe gelegenen Stadt. Martin ist 15 Jahre und besucht den 8. Schülerjahrgang einer Hauptschule.

Die Familie ist sozial abgesichert. Die Eltern bauten in der Nähe einer Stadt ein Haus, das sie jetzt bewohnen. Alle Familienmitglieder haben ausreichend Platz. Der Vater ist Angestellter einer großen Firma mit gutem Verdienst. Hans muß zu Hause nicht mithelfen, nur einige Gefälligkeiten werden von ihm verlangt: Ab und zu muß er zum Einkaufen gehen usw ... Hans schläft mit Martin in einem Zimmer, seine Hausaufgaben macht er in der Küche bei der Mutter.

Die Erziehung von Hans hat vornehmlich die Mutter in der Hand, weil der Vater während des Tages bei der Arbeit ist. Die Erziehungsmethoden entsprechen denen der Mittelschicht: Hauptsächlich Strafe durch Liebesentzug. Ab und zu bekommt er auch vom Vater Schläge. Nach Angabe des Vaters (die Mutter nickte beistimmend): „Der ist genauso gefühlsbetont wie ich ..."

Abgesehen von oben genannten Krankheiten in den ersten Lebensmonaten und von einigen normalen Kinderkrankheiten, war das Kind körperlich gesund.

Als das Gespräch fast zu Ende war, meinte plötzlich der Vater: „Jetzt müssen wir Ihnen schon noch etwas sagen. In unserer Ehe klappte es nicht. Wir standen bereits vor der

Scheidung. Nicht ganz unschuldig daran war Hans. Jetzt ist aber alles überwunden und eine Scheidung kommt überhaupt nicht mehr in Frage. Wir bemühen uns nun, einander mehr zu verstehen. Und wenn jeder etwas nachgibt, wird es schon noch gehen."

Auf das jetzige Verhalten von Hans angesprochen, meinen die Eltern: „Wir sind schon sehr enttäuscht. Erst vor ein paar Tagen sagte uns der Lehrer, daß Hans wahrscheinlich wiederholen muß. Ich kann das ja verstehen, denn seine Leistungen sind tatsächlich unter aller Kanone. Schauen Sie nur mal diese Hefte an!" (Vater zeigt die Hefte, die wirklich den Leistungen eines 3. Schülerjahrganges nicht entsprechen.)

Zu Hause ist immer noch dasselbe Theater. Er will und will keine Hausaufgabe machen. Wir sind oft so verzweifelt, daß uns nichts mehr übrig bleibt, als ihm ab und zu eine draufzuhauen. Hans sagt dann: „Dann schreibe ich eben eine 6, das ist doch mir egal." Oder er sagt: „Am liebsten möchte ich gar nicht mehr leben." Wenn ihm etwas nicht rausgeht (wenn er seinen Kopf nicht durchsetzen kann), droht er: „Dann laufe ich weg." Oft sagt er auch: Ich traue mich nicht, ich habe Angst, daß etwas falsch wird... " Auffallend ist, daß er auf Harmonie in der Familie sehr großen Wert legt. Am liebsten hat er Feste, wie Advent und Weihnachten. Da besteht er darauf, daß wir mitfeiern. Plötzlich wird er ganz anlehnungsbedürftig. Dabei ist er doch schon so groß!"

Auf die Frage wie sich die Eltern dieses Verhalten ihres Sohnes erklären, meint

der Vater: „Er ist ein sehr sensibles Kind. Vor allem ist die kleinliche und pedantische Art meiner Frau schuld. Ich bin da viel großzügiger. Ich glaube, wir überfordern ihn."

die Mutter: „Ich vermute eine Hirnschädigung aufgrund der Meningitis. Außerdem haben wir Hans zu früh in den Kindergarten geschickt. Als er in die Schule kam, war er auch noch nicht schulreif."

Ganz zum Schluß sagten die Eltern, daß sie bereits einmal eine psychologische Erziehungsberatungsstelle besucht hätten, die aber keinen Erfolg gebracht habe, und sie deshalb nicht mehr hingingen. Außerdem steht Hans in kinderärztlicher Behandlung und bekommt laufend Tabletten zur Förderung seiner Konzentrationsfähigkeit.

Hervorzuheben ist noch, daß der Klassenlehrer den Verdacht geäußert hatte, daß Hans schlecht höre und den Eltern empfahl, einen Facharzt aufzusuchen. Bis zum Zeitpunkt der Anamnese lag diesbezüglich noch kein fachärztlicher Befund vor.

Zum Schluß der Anamnese bestärkte der VL die Eltern darin, diesen Facharzt möglichst bald aufzusuchen und zusätzlich einen Neurologen zu konsultieren, um eventuelle organische Störungen festzustellen.

4.3 Die Auswertung der Anamnese

Diese sehr ergiebige Anamnese läßt eine Vielzahl von Hypothesen zu, die das Verhalten von Hans möglicherweise erklären und mitbedingt haben.

Im folgenden werden nun einzelne Fakten noch einmal analysiert und mögliche psychologische Zusammenhänge als Hypothesen dargestellt:

1. Hypothese

Hans wurde trotz gegenteiliger Aussagen der Mutter von ihr abgelehnt.

Für diese These spricht, daß der Vater während der Geburt des Kindes im Urlaub war. Das könnte darauf hinweisen, daß das Familienleben schon damals nicht mehr in Ordnung war. Außerdem muß die Mutter im Kindbett liegen, während der Vater sich im Urlaub vergnügt. Die Mutter schiebt nun die Schuld für diesen verlorenen Urlaub dem neugeborenen Kind unbewußt zu. Dieses Kind ist ja auch daran schuld, daß sie all die Unannehmlichkeiten der Geburt auf sich nehmen muß. Für diese These spricht auch noch die Aussage der Mutter über das Stillen. Sie verweigert unbewußt dem Kind die Nahrung, sie lehnt das Kind unbewußt ab. Diese ihre unbewußte Ablehnung, die sie jedoch im Unbewußten etwas belastet, rechtfertigt sie mit sachlichen Mitteln, nämlich, daß es heutzutage nicht mehr notwendig sei zu stillen wegen der guten künstlichen Nahrung (Rationalisierung). Diese Ablehnung zeigt sich noch im Trotzalter. Hier kann sie das Verhalten ihres Kindes nicht mehr ertragen („man fühlt sich wie in einem Ameisenhaufen"). Hans ist ein Eindringling, der die Harmonie zerstört. Außerdem wird Hans die Schuld für die kriselnde Ehe zugeschoben („Wir waren nie mehr allein!").

Die *Folgen* für Hans: „Wenig Nestwärme, wenig Gefühl des Angenommenseins. Das Ursicherheitsgefühl an der Mutterbrust durch Hautkontakt bleibt ihm versagt. Eine weitere Folge davon ist eine unbewußte Angst in Hans.

2. Hypothese

Hans wurde hospitalisiert, d.h. seine ersten Objektbeziehungen wurden durch die Krankheit gestört (3 Monate im Krankenhaus).

Für diese These spricht der dreimonatige Krankenhausaufenthalt, der gerade in die Phase fällt, in der das Kind besonders sensibel für die liebevolle Mutter-Kindbeziehung ist. Außerdem hatte Hans keine echte Bezugsperson mehr, denn im Krankenhaus wechselten sich die Schwestern bei der Betreuung der Kinder ab und hatten meist wenig Zeit für eine liebevolle Zuwendung. Ihre Hauptaufgabe ist ja die körperliche Pflege, was aber für Kinder dieser Altersgruppe nicht ausreicht, wie R. Spitz glaubwürdig nachgewiesen hat.

Die *Folgen* für Hans: Hans wurde in den ersten, entscheidenden Lebenswochen allein gelassen. Wo er mütterliche Zuwendung brauchte, wurde sie ihm versagt. Die Folge sind Unsicherheit, Angst, eine Angst, die sich bei weiteren frustrierenden Erlebnissen dieser Art fixieren kann. Seine ersten zwischenmenschlichen Kontakte wurden gestört, was bei weiteren negativen Erlebnissen dieser Art zu Schwierigkeiten im sozialen Kontakt überhaupt führen kann.

3. Hypothese

Diese Grundangst, diese gestörte soziale Beziehung und dieses emotionale Verlusterlebnis haben sich tatsächlich fixiert und beeinflussen schwerpunktmäßig sein jetziges Verhalten.

Für diese These spricht die Art der Strafen, die Hans entgegengebracht werden: Strafe durch Liebesentzug („Ich mag dich nicht mehr") und die körperliche Züchtigung, die als Erniedrigung, als Bloßstellen, als völliger Entzug der Liebe von Hans erlebt wird. Die körperlichen Schmerzen sind hier zweitrangig. Oft haben Kinder größere Schmerzen und weinen nicht, dagegen weinen sie bei der noch so geringen körperlichen Züchtigung oft jämmerlich.

Dies zeigte sich besonders in der ersten Trotzphase und im Verhalten der Eltern beim

Hausaufgabenmachen. Auch das Kindergartengehen wird von Hans als Verlust der mütterlichen Liebe, des Entzugs der Nestwärme erlebt. Seine Ausweichreaktionen sind hier Aggressionen und auffälliges Verhalten, um auf sich aufmerksam zu machen und so die erwünschte Zuwendung zu erhalten. Seine Äußerungen „Ich laufe weg", oder „Am liebsten möchte ich gar nicht leben", deuten darauf hin, daß Hans mit dieser Angst nicht fertig wird.

4. Hypothese

Hans ist entmutigt.

Grund für diese Hypothese sind die hohen Erwartungen der Eltern („Wir waren sehr enttäuscht"), die Hans aber nicht erfüllen kann. Dieses ungeduldige und fordernde Verhalten deutet Hans wieder als Liebesentzug, womit oben genannte Hypothesen noch verstärkt werden. Für diese Hypothese spricht auch noch die Aussage von Hans: „Ich traue mich nicht, ich habe Angst, daß ich etwas falsch mache." Außerdem werden seine Geschwister als Vorbild hingestellt, was ihn wieder entmutigt.

5. Hypothese

Hans hat ein gestörtes Leistungsverhalten.

Dafür spricht das Verhalten der Eltern bei der Sauberkeitserziehung. Die erste Leistung von Hans wurde erzwungen. Auch hier zeigten die Eltern schon eine hohe Erwartungshaltung, und Hans spürte unbewußt: „Wenn ich dieser Erwartungshaltung entspreche, werde ich gelobt, erfahre ich die gewünschte liebevolle Zuwendung."

Diese Leistungserwartung war demnach eine Überforderung und kehrte sich jetzt in das Gegenteil um: „Dann schreibe ich eben eine 6!" Das heißt, daß er nun gar nichts mehr leisten will.

6. Hypothese

Hans hat ein gestörtes Verhältnis zum Besitz.

Der Kot ist der erste Besitz eines Kindes. Es hat nun zum erstenmal im Leben die Möglichkeit, etwas Selbstgemachtes herzugeben oder zurückzuhalten. Hans wurde immer zum Hergeben aufgefordert, wobei dieses Verhalten durch Lob und Zuwendung noch verstärkt wurde. Es liegt der Verdacht nahe (der sich erst noch bestätigen muß), daß Hans keine Beziehung zum Geld hat (d.h. daß er sehr viel herschenkt).

5. **Die Exploration**

5.1 **Allgemeine Information über die Exploration: Beschreibung**

Während bei der Anamnese vorwiegend Erkundigungen über die VP von Eltern und Außenstehenden eingeholt werden, stehen bei der Exploration die Selbstaussagen der VP im Mittelpunkt. Auch die Exploration kann schriftlich (Fragebogen) oder mündlich durchgeführt werden. Wir haben aus Gründen, die bereits bei der Anamnese aufgezeigt wurden, das persönliche Gespräch gewählt.

Ziel der Exploration ist es, Kenntnisse und Fakten über seine Persönlichkeit aus der Sicht der VP zu bekommen.

Durchführung der Exploration

Auch hier treffen im großen und ganzen die Kriterien zu, die bereits bei der Anamnese genannt wurden. Damit die VP nicht das Gefühl hat, ausgefragt zu werden, wird die Exploration in Form eines zwanglosen Gesprächs durchgeführt, das auch außerhalb des Zimmers, im Pausenhof, bei einem ruhigen Spaziergang stattfinden kann. Bei kleineren Kindern empfiehlt es sich, dieses Gespräch in eine Spielsituation einzubauen.

Dauer der Exploration

Erfahrungswert: 1-2 Stunden.

Grenzen der Exploration

- die gewonnenen Fakten sind subjektiv gefärbt;
- Kinder sperren sich noch mehr als Eltern, aus der Intimsphäre zu plaudern;
- manchmal wird auch bewußt die Unwahrheit gesagt.

5.2 Die Exploration mit Hans

Die Beziehung zu den Eltern scheint aus der Sicht von Hans normal zu sein. Wenn Hans sich anders verhält als seine Eltern es erwarten, wird er bestraft, wobei der Vater die körperliche Strafe vorzieht, die Mutter dagegen nur schimpft, was Hans nach seinen Aussagen in Ordnung findet.

Hans: „Wenn der Vater mich verhaut, macht das gar nichts, am schlimmsten ist der Hausarrest und das Fernsehverbot."

Seine schulischen Leistungen werden von ihm als sehr schlecht erlebt, wobei er die Benotung als „ungerecht" empfindet, weil der Lehrer angeblich zu schnell diktiere und er es dann nicht verstehen könne. Auch sein Verhältnis zum Lehrer ist ambivalent: Einerseits mag er den Lehrer recht gern, weil er ab und zu Witze erzählt, andererseits ist er sehr streng und gibt viele Hausaufgaben auf. Die Hausaufgaben muß Hans nach der Schule, so in der Zeit von 2.00 bis 3.00 Uhr, machen.

Hans schläft mit seinem älteren Bruder in einem Zimmer. Jeder hat seine eigenen Spielsachen. Abends mag er nicht ins Bett gehen, bis der Vater ein Machtwort spricht und dann keine andere Wahl mehr bleibt.

Das erste Erlebnis, das ihm einfällt, ist, daß er mit dem Vater ein Spielhaus gebaut hat, in dem elektrisches Licht installiert wurde. Sein schönstes Erlebnis war, als er noch ein Baby war und im Kinderwagen spazierengefahren wurde. Ein schweres Erlebnis hat Hans angeblich noch nie gehabt. Seine liebste Blume ist die Rose und sein liebstes Tier die Katze, weil sie so schön schmeichelt.

Wenn er als Tier leben dürfte, möchte er als Elefant leben. Hier könnte er im Zirkus auftreten und alle Leute würden ihm zuklatschen. Außerdem könnte er sich in schmutziges Wasser legen, und ein Wärter würde ihn füttern. Vor allem bräuchte er nicht zur Schule zu gehen. Wenn Hans nachts bzw. abends wohin gehen muß, fürchtet er sich und hat Angst. Er meint dann, daß hinter einer Ecke jemand stehen könnte, der ihn mitnimmt.

Nachts träumt er von Tieren, die hinter ihm herlaufen, das Maul aufsperren und ihn fressen wollen.

Abends im Bett schläft Hans noch nicht gleich ein, sondern nimmt seinen „Didi" (Schnuller), wackelt mit seinem Kopf hin und her und denkt nach, was er am Tage erlebt hat. Morgens wacht er von selber auf, man braucht ihn nicht zu wecken.

Als Berufswunsch gibt Hans Bauer an, weil er da die Kühe melken könne. Sein geheimer Wunsch ist, im Meer zu tauchen bis auf den Grund ohne von einem Fisch angegriffen und gefressen zu werden. Wenn er tausend Mark gewonnen hätte, würde er sich eine Kuh, eine Melkmaschine und ein Flugzeug kaufen.

Sein Wunschalter ist das Alter eines Babys.

Hans: „Da würde mich die Mami füttern und im Kinderwagen spazierenfahren. Außerdem bräuchte ich nicht zur Schule gehen... Ja, und ganz, ganz alt wäre auch schön. Da könnte ich tun, was ich wollte und die Schule wäre auch schon vorbei..."

Bei der Exploration erfuhren wir auch den fachärztlichen Befund:

1. Das EEG (neurologischer Befund) gibt keine Anhaltspunkte für sein abweichendes Verhalten.
2. Dagegen ist der Befund des Hals-Nasen-Ohrenarztes um so erstaunlicher: Im rechten Ohr ist Hans völlig taub, im linken hört er einen bestimmten Frequenzbereich nicht.

5.3 Die Auswertung der Exploration

1. Hypothese

Hans hat ein sehr großes Bedürfnis nach liebevoller Zuwendung der Eltern und das Bedürfnis nach Geborgenheit bei ihnen.

Für diese Hypothese spricht, daß sein erstes Erlebnis, das ihm einfällt, ein Erlebnis aus der Säuglingszeit ist. Er weiß, daß sich Eltern um Säuglinge besonders kümmern und möchte deshalb jetzt auch ein Baby sein. Sein Wunschalter liegt also auf der gleichen Ebene. Außerdem hat er noch einen Schnuller.

Die Katze, sein Lieblingstier, deutet auf sein Bedürfnis nach liebevoller Zuwendung hin. Seinen Wunsch, ein Elefant zu sein, begründet er damit, daß er dann gefüttert werden würde.

Sein Berufswunsch, Bauer zu werden und im Stall zu arbeiten, deutet auch auf den Wunsch nach Geborgenheit hin, wie er sie momentan im Kuhstall erlebt, wo die Kühe vom Bauern versorgt und gepflegt werden. Außerdem ist der Kuhstall für ihn eine Welt, die in Ordnung ist, wo es keine Probleme und keinen Leistungsstreß für ihn gibt.

Das Erziehungsverhalten der Eltern (körperliche Strafen und Strafen durch Liebesentzug) verstärken noch diese Wunschvorstellung nach einem Leben ohne Anforderungen in Geborgenheit.

2. Hypothese

Hans hat Angst.

Für diese These spricht die Aussage von Hans, daß er abends Angst hat, daß ihn jemand mitnimmt und sein Wunsch, im Meer tauchen zu können, ohne von einem Fisch gefressen zu werden. Dies könnte auch als eine Wunschbewältigung dieser Angst angesehen werden. Auf weitere tiefenpsychologische Deutungen wird in diesem Rahmen verzichtet. Deutlich wird auch seine Schulangst, die u.a. auch die Folge seiner schlechten als ungerecht empfundenen Leistungen zu sehen ist. Ebenso zeigt der Wunsch, ein Elefant zu sein, das Bedürfnis nach Stärke und Überlegenheit zur Bewältigung seiner Angst und seiner erlebten Unzulänglichkeit. Er möchte auch sehr alt sein, um nicht mehr in die Schule gehen zu müssen, vor der er Angst hat.

3. Hypothese

Sein Wunsch, als Elefant im Dreck zu liegen und zu spielen, ist eine Fixierung als Folge der elterlichen Sauberkeitserziehung.

Dieser Wunsch nach Schmutz und Dreck ist für Hans immer noch ein unbewältigter Konflikt, für dessen Bewältigung er heute noch sehr viel seelische Kraft braucht, die er dringend benötigen würde, um auf anderen Gebieten seine schulischen Leistungen zu verbessern.

4. Hypothese

Seine schlechten schulischen Leistungen und sein jetziges Verhalten (sozial) sind eine Folge seiner beeinträchtigten Hörleistung.

Hans hat während seiner ganzen Schulzeit nur einen Teil des hauptsächlich verbal geführten Unterrichts verstanden, was verständlicherweise zu einer Minderung seiner schulischen Leistungen führen mußte.

Die Eltern erzählten auch, daß sie jetzt wüßten, warum Hans als Kind immer nicht gehorchte, daß er nicht kam, wenn man ihn rief: „Er hat es nicht gehört oder nicht verstanden." Er wurde dann immer geschimpft und mit Liebesentzug bestraft. Das Fatale aber für ihn war, daß er nicht wußte, warum er bestraft wurde, denn er hatte ja nichts gehört. Er hat also diese Behandlung als ungerecht empfunden und als Liebesentzug der Eltern gedeutet. „Man mag mich nicht. Bin ich denn schlechter als die anderen, weil man mich immer schimpft?" mögen die unbewußten Probleme von Hans gewesen sein. Eine Folge davon sind Minderwertigkeitsgefühle und Angst, die in seinem jetzigen Verhalten als Aggression und Auffallenwollen kompensiert werden.

5. Hypothese

Die Eltern und die Lehrer früherer Schuljahre sind zu wenig auf ihren Sohn eingegangen, besser gesagt, die liebevolle Zuwendung fehlte.

Sie hätten sonst den Hörschaden ihres Kindes früher entdecken müssen.

6. Die Intelligenzdiagnostik

6.1 Allgemeine Information über die Intelligenzdiagnostik

Die Intelligenzmessung wurde mit dem Hamburg-Wechsler-Intelligenztests für Kinder (HAWIK) durchgeführt. Auf eine genauere Beschreibung des Tests kann hier nicht eingegangen werden.

6.2 Die Ingelligenzdiagnose zur Falldarstellung

Beobachtungen bei der Durchführung des Tests:
- Hans urteilt vorschnell,
- Hans ist leicht ablenkbar,
- Hans ist leicht ermüdbar.

Testergebnisse

Hans besitzt eine durchschnittliche bzw. normale Intelligenzkapazität. Ein Prozentrang von 50 besagt, daß 50 % der Kinder gleichen Alters einen höheren IQ haben. Die Fähigkeit, seine Intelligenzleistung verbal auszudrücken, liegt an der untersten Grenze des Normalen. Man könnte sie nach Lückert (S. 288) als „schwach-normale Intelligenz ohne eigentliche Anomalie" bezeichnen. Dagegen liegt die Fähigkeit, seine Intelligenz handelnd auszudrücken an der obersten Grenze. Man könnte dies wieder nach Lückert als „gut-normale Intelligenz" bezeichnen.

Hans hat einen IQ von 98 (im verbalen Teil 90, im Handlungsteil 107). Die absoluten IQ-Werte müssen jedoch mit großen Einschränkungen angegeben werden, da sie von so vielen Faktoren abhängen und ein zahlenmäßig festgestellter IQ eher die Gefahr für Fehlinterpretationen enthält.

6.3 Die Auswertung der Intelligenzdiagnostik

Deutliche Schwächen zeigen sich vor allem in seinem mangelhaften „allgemeinen Verständnis" und in seinem sehr lückenhaften Wortschatz. Sehr schwach ausgeprägt ist auch sein rechnerisches Denken. Sehr anerkennenswerte Werte erzielte er im Figurenlegen, im Mosaiktest und im Bilderordnen. Eine weitere Analyse des HAWIK zeigte auch seine Schwierigkeiten, auf andere einzugehen, seine Probleme im sozialen Verhalten überhaupt.

Hypothesen aus der Intelligenzmessung

1. Die schulischen Leistungen (in Noten ausgedrückt) entsprechen nicht der Ingelligenzkapazität. Der Schüler könnte bessere Noten haben. Notenprognose: Im Durchschnitt 3-4. Hans ist als „under-achiever" zu bezeichnen.
2. Bei Noten in den Fächern, in denen sprachliche Äußerungen dominant sind, kann sich ein Notendurchschnitt um 4 ergeben.
3. Das Intelligenzdefizit im sprachlichen Bereich ist mit großer Wahrscheinlichkeit auf seine Hörschädigung zurückzuführen.

7. Test „Familie in Tieren" von L. Brem Gräser

7.1 Allgemeine Information über den Test

Beschreibung

Bei diesem Zeichentest muß der Schüler seine Familie in Tieren zeichnen. Schreibmaterial sind nur Bleistift und Papier. Bei der Auswertung werden berücksichtigt:
- Welche Tiere werden gezeichnet?
- In welcher Beziehung stehen diese zueinander?
- Wie werden diese Tiere gezeichnet? (schraffiert, liebevoll, großzügig, groß, klein usw.)
- Wie ist die Linienführung (breit, tonig, Druckstärke usw.)

7.2 Der Test „Familie in Tieren" zur Falldarstellung

Durchführung des Tests

Die VP erhält Papier und Bleistift. VL: „Stell dir vor, ich wäre ein Zauberer und hätte deine ganze Familie in Tiere verwandelt! Du darfst jetzt deine Familie als Tiere verzaubert hinzeichnen."

Die Zeichnung von Hans

(siehe Seite 112.)

7.3 Die Auswertung des Tests

Nach Brem-Gräser (Brem-Gräser, München/Basel 1970) können folgende Hypothesen aufgestellt werden:

1. Der feste, unabgesetzte Strich deutet auf ein aktives, impulsives Kind hin, das dazu neigt, sich gehen zu lassen.
2. Die vorwiegende Konturierung der einzelnen Tiere könnte auf eine geringe Gefühlsbeteiligung schließen lassen.
3. Die Familie wird in verschiedenen Tieren dargestellt, die kaum Beziehung zueinander haben, ausgenommen Elefant-Katze, was eventuell die Situation der eigenen Familie wiedergibt, so wie sie Hans erlebt.
4. Das erste Tier, das gezeichnet wurde, ist die Katze (er selbst), die im Mittelpunkt des Bildes steht (siehe Exploration). Deutung: Für Hans ist seine Stellung innerhalb der Familie etwas problematisch. Entweder steht er bereits im Mittelpunkt der Familie oder er möchte gerne diese Position einnehmen.
5. Er selbst wird als Katze dargestellt, ein Tier, das anhänglich, putzig ist und schmeichelt, das zum Liebhaben da ist, aber auch ein Tier, dem man Falschheit und Hinterlistigkeit nachsagt.
6. Als zweites Tier wird der Elefant (Vater) dargestellt, der schützend seinen Rüssel über der Katze hält. Der Vater ist anscheinend in der Familie dominierend, er gewährt Sicherheit und Schutz, hat aber auch Macht, Größe und Autorität. Seine

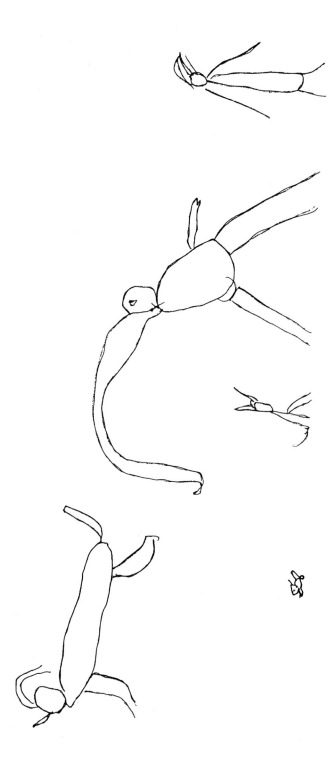

Stellung verrät Aktivität. Der Elefant ist übrigens das einzige Tier, das mit einem Auge dargestellt wird. Daraus kann geschlossen werden, daß Hans zu seinem Vater eine besondere emotionale Beziehung hat.

7. Als drittes Tier wird der große Bruder (18 Jahre) als winziger Igel am untersten Bildrand dargestellt. Anscheinend spielt dieser Bruder im Leben von Hans nur eine geringe Rolle. Er ist ja auch meistens nicht zu Hause.

8. Das vierte Bild stellt die Mutter als aufrechtgehenden Affen dar, der abseits des Geschehens steht und unbeteiligt zuschaut. Die Größenverhältnisse zeigen auch, daß die Mutter nicht die entscheidende Rolle im Leben von Hans spielt.

9. Als letztes Tier wird der kleinere Bruder (13 Jahre) als Leopard gezeichnet. Er verkörpert den Räuberischen, den Gierigen, aber auch den Gewandten, den Mutigen. Sehr gefährlich ist dieser Leopard nicht anzusehen, denn er wendet sich von der entscheidenden Szene ab.

10. Die Darstellung der einzelnen Tiere und die Gesamtkomposition läßt auf einen Entwicklungsrückstand, auf Schwierigkeiten im sozialen Bereich und auf eine emotionale „Verarmung" schließen.

8. Der Scenottest von Gerhild von Staabs

8.1 Allgemeine Information zum Test

Beschreibung

Der Scenotest ist ein Projektionstest, bei dem die VP durch den Aufbau von Szenen, Situationen, Innerseelisches nach außen projiziert und somit sichtbar macht. Mit Hilfe von nach psychologischen Aspekten vorgefertigten Puppen (verschiedene Frauen, Männer, Kinder), Tieren, Pflanzen und psychologisch bedeutsamen Gegenständen baut die VP eine Welt auf, die Aufschluß über ihre seelischen Konflikte, bewußte und unbewußte Probleme und Wünsche gibt.

„Im Spiel mit Puppen (Vater, Mutter, Geschwister, Onkel, Tanten usw.), Tierfiguren, Bausteinen und anderen Objekten stellt das Kind seine aktuelle Erlebniswelt dar. Bedrängende Konflikte, die Ursache von Störungen, werden in die Wirklichkeit einer Spielsituation projiziert. In diesem mischen sich insofern diagnostische und therapeutische Intentionen, als mit der Verlagerung der innerseelischen Problematik der Effekt einer affektiven Abreaktion zu beobachten ist (vgl. Knehr, Konfliktgestaltung im Scenotest, München/Basel 1961). Dieser besonders in der Erziehungsberatung angewandte Test hatte ursprünglich eine streng psychoanalytische Grundlage. E. Höhn (in Entwicklungsspezifische Verhaltensweisen im Scenotest, Zeitschrift für Psychotherapie und medizinische Psychologie, 1951) hat nachgewiesen, daß er auch für Zwecke charakterologischer und entwicklungspsychologischer Diagnostik geeignet ist..." (Lückert, Handbuch I. Band, München/Basel 1964, S. 293).

Gerhild von Staabs, die Autorin dieses Tests schreibt: „Der Scenotest, eine medizinisch-psychologische Untersuchungs- und Behandlungsmethode, dient als Beitrag zur Erfassung der seelischen Einstellung der Versuchsperson (VP) gegenüber den Menschen und

Dingen in der Welt, besonders in ihrem Bezug auf ihr affektives Leben unter spezieller Berücksichtigung tiefenpsychologischer Faktoren.

Daneben vermittelt er ein Bild von der Gesamtstruktur der VP, ihrer Wesensart, ihren Begabungen, bewußten Neigungen und Charaktereigenschaften.

Gleichzeitig kommen dabei auch die inneren Schwierigkeiten, die Problematik, in der sich ein Mensch dem Leben gegenüber befindet, zum Ausdruck – ein Vollzug, der für die VP zum Teil bewußt erfolgt, zum Teil unbewußt, d.h. ihrem reflektierenden Denken nicht direkt oder nur schwer zugänglich . . .

Der Scenotest ist von der Untersuchung neurotischer oder jedenfalls erziehungsschwieriger Kinder ausgegangen. Er will Hinweise geben, wo im Einzelfall die Probleme und Schwierigkeiten seelischer Art liegen, und inwiefern sie zu den Umweltfaktoren in Beziehung stehen . . . " (G. v.Staabs, Stuttgart 1964, S. 9).

Durchführung

Nachdem der VP der Test in seinen Einzelheiten kurz vorgestellt wurde (die Figuren gezeigt usw.), wird sie aufgefordert, in den Deckel des Testkastens eine Szene wie in einem Theater zu bauen. Der VL sitzt daneben, notiert Wichtiges, enthält sich aber jeder Beeinflussung.

Zum Schluß darf das Kind kurz die Szene, die es aufgebaut hat, erklären. Der VL zeichnet oder fotografiert die Szene, um sie nachher in Ruhe auswerten zu können.

Dauer: Für das Aufbauen des Tests etwa 1/2–1 Stunde.

8.2 Der Test zur Falldarstellung

Beschreibung des Tests

Hier sollen nur einige Schwerpunkte herausgestellt werden, denn eine vollständige und detaillierte Auswert ist in diesem Rahmen nicht möglich. Die Aussagen der VP werden in die Beschreibung ab und zu mit einbezogen.

Zuerst setzt Hans die Kuh in die Mitte des Kastens, daneben ein Schwein und eine Gans. Der Opa sitzt in einem Liegestuhl und „hütet die Tiere" (Hans).

Doch nun erscheint ziemlich bedrohlich das Krokodil mit aufgerissenem Maul, und bedroht die ganze Szene.

Damit das Krokodil nicht allzu gefährlich werden kann, werden die anderen Tiere und der Opa mit einer Mauer umbaut, einer Schutzmauer aus Bausteinen. Auf dieser Mauer sitzt ein Mann, der das friedliche Leben innerhalb der Mauer bewacht. Neben dem Mann sitzt der „Herr Doktor auf dem Klo und ißt Tabletten", wie Hans interpretiert. Plötzlich wird ein Baby mitten zu den Tieren gelegt, das nach Aussagen der VP sich sehr fürchtet und Hunger hat. Hans gibt ihm eine Banane und ein Fläschchen Milch, daß es „nicht mehr so Angst haben braucht!"

Auf die Frage, wo denn die Mutter sei, sagt Hans: „Das Baby ist im Heim". Nun kommt doch endlich die Mutter und nimmt das Baby auf den Arm und gibt ihm das Fläschchen weiter. Die Mutter wird dann wieder weggelegt. Nachdem die Tiere mit Gras und einem Kübel Wasser versorgt worden sind und die Kuh gemolken wurde, kommt ein kleines Mädchen und setzt sich zu dem Opa. Außerhalb der Mauer befinden sich auf einer Wiese ein Huhn und ein Zwerg. Der Fuchs schleicht gefährlich herum und „will die Henne fressen".

Nun schnappt der Fuchs zu und frißt das Huhn. Jetzt kommen noch andere Kinder zu dem Großvater. Ein Junge bekommt eine Schultafel in die Hand, „weil er in die Schule muß."

Bei der Beschreibung der Szene zeigt sich auch, daß Hans erhebliche Defizite im mündlichen Ausdruck besitzt. Kaum gelingt es ihm, zusammenhängend zu berichten. Er pausiert mitten im Satz längere Zeit, um nach den passenden Ausdrücken zu suchen.

Beim Erstellen der Szene greift er jedoch spontan zu und zeigt keinerlei Anzeichen von Hemmung. Oft holt er in seinem „Übereifer" Figuren herbei, die er dann doch nicht verwendet (z.B. Schneemann). Während des Spiels dachte er oft nach, ob das, was er machte, auch der Realität entspräche, z.B.: „Nein, dieser Schneemann paßt doch nicht auf diese grüne Wiese." Andererseits werden wieder Figuren aus dem mythischen Bereich verwendet, die unkritisch neben wirklichkeitsnahen Figuren stehen (z.B. Zwerg).

Gelingt ihm das Sitzen einer Puppe nicht, gibt er nicht sofort auf, sondern versucht beharrlich, bis er Erfolg hat. Danach freut er sich offensichtlich über sein Werk.

8.3 Auswertung des Tests

Die Kuh ist nach der Interpretation des Scenotests nach G. von Staabs das Symbol der Mütterlichkeit, aber auch der Macht. „Die alle anderen überragende Kuh verkörpert wie eine allmächtige Mutterimago spendende Fülle, aber auch fordernde und bedrückende Macht" (v.Staabs, Stuttgart, S. 15).

Daß dieses Tier als erste Figur, ja als erster Gegenstand gewählt wurde, deutet auf eine

Problematik in dieser Hinsicht hin. Da jedoch diese Kuh nicht bösartig, sondern gutmütig und milchspendend dargestellt wird, zeigt, daß diese „Mutterproblematik" nicht so sehr negativ zu betrachten ist.

Die „landwirtschaftlich gefärbte Thematik" ist wohl aus dem momentanen Erlebniskreis zu erklären, der ihm Geborgenheit und Sicherheit vermittelt. Daß das Bedürfnis nach Sicherheit mit im Spiel ist, zeigt das plötzliche Auftreten eines Gefahr vermittelnden Krokodils, das die friedliche Szene bedroht. Jetzt gewinnt auch die Männergestalt in dem Liegestuhl an Bedeutung, die obwohl ruhend und passiv, doch diese gesamte Situation überwacht. Die Neigung, diese Sicherheitsproblematik positiv zu lösen, zeigt auch das Errichten einer Mauer um diese friedlichen Tiere. Der Mann auf der Mauer dient weiterhin zum Schutz vor Gefahren, zur Bewältigung der plötzlich auftretenden Angst.

Eigenartigerweise wird nun ohne jeglichen vordergründigen Zusammenhang ein Mann im weißen Kittel, nach Aussagen der VP ein Arzt, auf dem Klo sitzend, dargestellt. Dies weist ziemlich sicher auf eine unbewältigte anale Phase hin, die die Folge einer mißglückten Sauberkeitserziehung sein könnte. Fast komisch mutet es einen bei vordergründigem Betrachten an, daß dieser Doktor auf dem Klo noch Tabletten schluckt. Auch dies deutet ziemlich eindeutig auf unbewältigte Konflikte hin, die aufgrund von Krankheiten, Krankenhausaufenthalten, frustrierenden Erfahrungen mit Ärzten usw. entstanden sein könnten.

Genauso zusammenhanglos wird jetzt ein Baby mitten zu den oben erwähnten Tieren gelegt. Wahrscheinlich ist dieses Baby die Identifikationsfigur, die VP selbst. Hier fühlt es (sie) sich geborgen, bei der Leben- und Nahrung spendenden Mutter, hinter einer schützenden Mauer und unter Bewachung eines Mannes, wahrscheinlich einer Vaterfigur.

Warum ist nun diese Identifikationsfigur gerade ein Baby, wo doch andere Figuren (Mädchen und Jungen seines Alters) zur Auswahl gestanden hätten? Ist dies nicht ein geheimer Wunsch, ein Baby zu sein und als Baby alle „Vorteile" (hier liebevolle Zuwendung, Geborgenheit) zu genießen?

Zudem hat das Baby Hunger und es fürchtet sich. Trifft das nicht die seelische Situation der VP? (vgl. Exploration)

Hervorzuheben ist auch noch die Neigung der VP, diesen Konflikt positiv zu lösen: Die Bedürfnisse des Babys werden gestillt.

Fast schon scheint das Spiel abgeschlossen zu sein, als die VP nun außerhalb der Mauer eine neue Situation aufbaut. Auf einer Wiese (die nach G. v.Staabs wieder als Symbol für Liebe und Geborgenheit interpretiert weden kann, S. 16), sitzt ein Huhn mit einem Zwerg, die vom schleichenden Fuchs bedroht werden. Doch nun gibt es keine positive Lösung. Es gibt keine schützende Mauer mehr, es gibt keinen Vater mehr, zu dem man flüchten könnte, jetzt wird die Henne (eventuell Identifikationsfigur) vom Fuchs gefressen. Dies zeigt eine neue Seite der Problematik der VP. Wenn oben schon die Neigung zu einer positiven Lösung der Angst- und Sicherheitsproblematik erwähnt wurde, muß hier doch gesagt werden, daß dies nicht immer im positiven Sinn gelingt. Oft steht die VP hilflos ihren Ängsten gegenüber und kann diese mit eigenen Mitteln nicht mehr bewältigen. Aber kann man immer in Angst leben? Welche Ausweichreaktionen bieten sich an? (vergleiche Anamnese „möchte gar nicht mehr leben").

Zur Figur des Zwerges ist zu sagen, daß die VP lange überlegt hat, ob sie diesen Zwerg benützen soll, „weil es diesen doch gar nicht gibt".

Zum Schluß entschied sie sich doch für ihn. Dies kann als ein Bemühen um eine realistische Sicht der Welt interpretiert werden, die jedoch nicht immer gelingt. Oft gewinnt das Mythische die Oberhand. Diese mythische Weltsicht sollte im 3. Schuljahr allerdings schon abgeschlossen sein. Vielleicht deutet sie auf einen Entwicklungsrückstand oder auf eine Ausweichreaktion hin, die real unlösbar erscheinenden Probleme auf mythischer Ebene zu lösen.

Zu dem wahrscheinlich als Vaterfigur gesehenen Opa gesellt sich nun ein Mädchen. Warum kein Junge?, wird man sich fragen. Ist der soziale Kontakt zu Kindern gleichen Geschlechts gestört? Hat die VP Anpassungsschwierigkeiten?

Auch dieses Mädchen sucht Schutz bei dieser Vaterfigur, das Bedürfnis nach Sicherheit wird auch hier sichtbar.

Nun kommt endlich ein Junge, der aber wieder mit negativen Gefühlen belastet ist, denn er hat eine Schultafel in der Hand und „muß" zur Schule.

Daß dieser Junge als letzte Figur gesetzt wird, deutet darauf hin, daß die Schulproblematik ziemlich akut ist.

Wie schon oben erwähnt wurde, sind noch sein spontanes, kurz entschlossenes, ja manchmal etwas vorschnelles Zupacken zu nennen, sein Konflikt, Realität und Scheinwelt voneinander zu unterscheiden und seine Beharrlichkeit bei der Erledigung von selbst gesetzten Vorhaben. Das Auftreten mehrere Identifikationspersonen ist beim Umgang mit dem Scenotest keine Besonderheit.

9. Multikausalität des Schülerverhaltens

Um zu einer endgültigen Diagnose zu kommen, die die Ursachen für das Fehlverhalten der VP mit großer Wahrscheinlichkeit aufzeigen, ist es notwendig, die Ergebnisse aller diagnostischen Methoden miteinander zu vergleichen, Gesetzmäßigkeiten, übereinstimmende Ergebnisse der Interpretation, aber auch Gegensätzliches aufzudecken. Erst wenn sich ein „roter Faden", der sich durch alle Methoden durchzieht, erkennen läßt, kann mit großer Wahrscheinlichkeit angenommen werden, daß dies die Ursachen für das Fehlverhalten sind.

Die eben genannten möglichen Ursachen und die sich daraus ergebenden Folgen dürfen nicht jede für sich isoliert gesehen werden. Sie stehen alle untereinander in einem Kausal-final-Zusammenhang, d.h. das eine wird durch das andere bedingt bzw. verstärkt.

9.1 Synoptische Übersicht über die bisherigen diagnostischen Verfahren

Mögliche Ursachen	Anamnese	Exploration	Test: Familie in Tieren	Sceno-Test	HAWIK
1. Gestörtes Bedürfnis nach liebevoller Zuwendung, Liebe Geborgenheit, Nestwärme	– mögliche Ablehnung durch die Mutter – Entzug der Mutter durch Krankenhausaufenthalt – Gefahr des Hospitalismus, keine Elternbesuche im Krankenhaus – Kind wurde nicht gestillt – Kindergarten wird als Entzug der Mutterliebe erlebt – Anforderungen in der Schule werden als Liebesentzug erlebt – Strafe wird als Liebesentzug erlebt – Bedürfnis nach Geborgenheit bei Familienfesten (Bauernhof)	– körperliche Strafe durch den Vater – emotionale Strafe durch die Mutter – Bedürfnis als Baby gepflegt zu werden – Schnuller im Bett	– Wahl der Identifikationsfigur: Katze – Darstellung des Vaters – abseitige Darstellung der Mutter	– Kuh als Muttersymbol – Pflege und Betreuung des Babys – Ortswahl des Babys (mitten bei den Tieren) – Wiesensymbolik	– – –

Mögliche Ursachen	Anamnese	Exploration	Test: Familie in Tieren	Sceno-Test	HAWIK
2. *Gestörtes Bedürfnis nach Sicherheit*	– Ablehnung durch die Mutter – Krankenhausaufenthalt – Sicherheit im Bauernhof	– sein erstes Erlebnis (Haus mit Vater gebaut) – Wunsch, als Elefant zu leben – im Meer tauchen, ohne gebissen zu werden – Bedürfnis nach Kinderwagen	– Darstellung Katze – Elefant – abseitige Darstellung der Mutter	– Darstellung der Mutter – Vaterfigur als Schutz – Baby mitten in der Tiergruppe – Schutz bei der Mutterfigur – Mißglückte Sicherheitsbewältigung auf der Wiese – Mädchen sucht Schutz beim Vater (dt. Junge mit Tafel)	– – – –
3. *Unbewältigte „anale Phase"*	– Sauberkeitserziehung	– Wunsch, als Elefant im Dreck zu liegen	– – – –	– Doktor auf dem Klo	– – – –
4. *Körperlicher Schaden (Gehör)*	– Elternverhalten wird als Liebesentzug gewertet (Schimpfen ohne für die VP ein-	– – – – – konnte im Unterricht vieles nicht verstehen	– – – –	– – – –	– – – –

119

Mögliche Ursachen	Anamnese	Exploration	Test: Familie in Tieren	Sceno-Test	HAWIK
	sichtigen Grund) – konnte im Unterricht vieles nicht verstehen)				
Folgen	Anamnese	Exploration	Test: Familie in Tieren	Sceno-Test	HAWIK
1. Leistungskonflikt	– hohe Erwartungshaltung der Eltern – Vorbild der anderen Geschwister – „... dann schreibe ich eben eine 6" – schlechte Schulleistungen	– Wunsch, nicht in die Schule gehen zu brauchen – Wunsch: Rose, von allen bewundert zu werden – Wunsch, ein Baby zu sein um nicht zur Schule gehen zu müssen – Wunsch, ein Elefant zu sein, um den Leuten Kunststücke vorführen zu können	– – – – –	– Darstellung des Jungen mit der Schultafel	– die Intelligenzkapazität entspricht nicht den Schulleistungen (underachiever)

Folgen	Anamnese	Exploration	Test: Familie in Tieren	Sceno-Test	HAWIK
2. *Angst* Schulangst	– Angst, die Eltern könnten sich scheiden lassen – will sterben – Unsicherheit wegen des Hörfehlers – Unsicherheit Angst	– Angst vor der Dunkelheit – Angstträume – ungerecht erlebte Noten	– Beziehung Katze – Elefant (Elefant als Schutz)	siehe bitte Sicherheitsbedürfnis	– – – –
3. *Regression* auf frühere Verhaltensweisen bzw. *Fixierung* frühkindlicher Verhaltensweisen	– VP geht mit Schnuller ins Bett – VP spielt mit jüngeren Kindern	– VP möchte ein Baby sein – Schnuller im Bett	– – – –	– Baby als Identifikationsfigur – mythische Lösung von Konflikten	– – – –
4. *Aggression*	– Verhalten in der Trotzphase – Verhalten im Kindergarten – Verhalten in der Schule und zu Hause	– – – –	– – – –	– aggressives Verhalten des Fuchses und des Krokodils	– – – –

Folgen	Anamnese	Exploration	Test: Familie in Tieren	Sceno-Test	HAWIK
5. Schwierigkeiten im sozialen Kontakt	– Verhalten im Kindergarten – bei der Einschulung – keine Spielkameraden	– Gehörschaden	– isolierte Darstellung der einzelnen Figuren	– Wahl der Identifikationsfiguren – Wahl und Position des Mädchens	– Auswertung einzelner Subtests
6. Bedürfnis aufzufallen und im Mittelpunkt zu stehen	– beim Fernsehen soll sich zu Hause alles nach ihm richten – Verhalten in der Schule	– Kinderwagen, alles würde sich um ihn kümmern	– räumliche Darstellung der Katze – die Katze wird als erstes Tier gezeichnet	– räumliche Position der Identifikationsfiguren	– – – –
7. Flucht in eine Scheinwelt	– Bauernhof	– Wunsch, Bauer zu werden	– – – –	– Darstellung des Zwerges	– – – –

122

9.2 Erklärung des Verhaltens der VP nach dem Imitationslernen

Das aggressive Verhalten der VP könnte auch die Folge eines Lernprozesses sein, bei dem das elterliche Verhalten, besonders jedoch das des Vaters Vorbild war. Gerade die Vaterfigur ist im Leben eines Jungen Vorbild für das Erlernen der männlichen Rolle; das Verhalten des Vaters wird imitiert.

Aber auch das Verhalten anderer Autoritätspersonen, z.B. Erzieherinnen im Kindergarten, das Lehrerverhalten . . . könnte imitiert und somit gelernt worden sein.

9.3 Erklärung des Verhaltens der VP als Folge des Verstärkungslernens

Jedesmal, wenn sich die VP auffällig benahm, durch Aggression, schlechte Leistungen usw. erhielt sie die Zuwendung, die Aufmerksamkeit, die sie ja so vermißte. Auch wenn diese Zuwendung negativ war, ist sie doch als Verstärker für dieses Verhalten zu werten:

„Unangenehme Nebenwirkungen wie Demütigung, Bestrafung oder sogar körperliche Züchtigung werden in Kauf genommen, solange der Hauptzweck erreicht wird. Ignoriert zu werden ist für Kinder schlimmer als getadelt, bestraft oder sogar geschlagen zu werden." (Dreikurs, Stuttgart 1971, S. 42).

9.4 Erklärung des Verhaltens der VP als Folge des Interaktionsverhältnisses: Lehrer, Eltern – VP

Da Hans sich fast während seines ganzen Lebens, besonders aber während der Schulzeit auffällig benahm, wurde von ihm nichts „Positives" mehr erwartet. Das ergaben auch Gespräche mit Lehrern, die Hans kannten: „Ach, den Hans, den kenne ich. Wer muß sich denn heuer mit ihm plagen? . . . "

Hans wurde also mit dem „Etikett" versehen: Störer, der Aggressive . . . Er war also „der Störer". Es ist auch zu vermuten, daß sich Hans mit diesem Etikett abgefunden hat, daß er oben genannte Rolle übernommen hat, ja, daß er sich sogar mit ihr identifiziert hat.

10. Diagnose

Das abweichende Verhalten der VP kann wie folgt erklärt werden:
1. Durch für die VP nicht mehr tragbaren Frustrationen in einzelnen sensiblen Phasen wurde sie so in ihrem seelischen Gleichgewicht gestört, daß Gefühle der Minderwertigkeit, Unsicherheit und Angst sich in ihr breit machten. Diese Frustrationen entstanden durch
   – ein gestörtes Bedürfnis nach liebevoller Zuwendung, Geborgenheit, Nestwärme, körperlicher Kontakt . . .
   – ein gestörtes Bedürfnis nach Sicherheit
   – eine unbewältigte „anale Phase"
   – der körperliche Schaden (mangelndes Gehör).

Um diese aus dem Gleichgewicht gekommene seelische Situation wieder zu normalisieren, flüchtete die VP sich in Ausweichreaktionen:

- Regression (frühkindliche Verhaltensweisen)
- Aggression
- Fixierung (Beibehalten frühkindlicher Verhaltensweisen)
- Bedürfnis im Mittelpunkt zu stehen
- Flucht in eine Scheinwelt
- Kompensation des „sinkenden Niveaus" („dann schreibe ich eben eine 6")
- damit verbundener Leistungsverlust in der Schule und Schwierigkeiten in der sozialen Kontaktaufnahme.

2. Dieses Verhalten wird durch das Imitationslernen an verschiedenen Identifikationspersonen verstärkt.
3. Hans wurde etikettiert, bzw. stigmatisiert.

11. Therapie

Die Therapie erstreckt sich auf die Elternberatung, auf die Lehrerberatung und auf Gespräche mit Hans.

11.1 Die Elternberatung

Die Elternberatung wurde an vier Zusammenkünften mit je ca. 1 Stunde durchgeführt.

Äußere Voraussetzungen

Die Eltern dürfen bei der Elternberatung nicht das Gefühl haben, daß sie jetzt belehrt werden, daß ihre bisherigen Erziehungsmaßnahmen alle falsch waren und daß sie erziehliche Versager sind usw. Zunächst muß der Berater das Bemühen der Eltern um die Erziehung ihres Kindes anerkennen und verstärken. Das Gespräch verläuft in der Art, daß der Berater dosiert Informationen gibt und jedesmal die Eltern dazu Stellung nehmen läßt. Dabei ist zu vermeiden, daß negatives Elternverhalten herausgestellt wird.

Durch geschickte Impulse, Fragen, usw. finden die Eltern selbst die richtige Maßnahme. Haben sie diese gefunden, sollte sie der Berater auf ihre Durchführbarkeit hin etwas in Zweifel ziehen. Erst wenn die Eltern ihre gefundene Meinung verteidigen müssen, kann man davon ausgehen, daß sie sich mit ihr identifiziert haben.

Inhalt der Elternberatung

a) Notwendigkeit der schulischen Betreuung des Schülers in einer besonderen Schule;
b) Fachärztliche Weiterbehandlung des Hörfehlers;
c) Konsultation einer Erziehungsberatungsstelle, die gezielte Verhaltenstherapie durchführt;
d) das Bedürfnis nach Liebe und Geborgenheit befriedigen. (Hier wurden konkrete Möglichkeiten besprochen, wie z.B. die Gestaltung von Familienfesten, praktische Möglichkeiten der liebevollen Zuwendung, Beispiele für die Verbesserung der Mutter-

Kind-Beziehung, die Rolle des Vaters innerhalb der Familie, das Verhalten der Eltern beim Fertigen der Hausaufgaben, beim Zubettgehen, usw.).

e) bei der Befriedigung des Bedürfnisses nach Sicherheit darauf achten, daß das Kind nicht überfordert wird und damit abhängig von den Eltern gemacht wird, ein Zustand, der sich wieder fixieren könnte. Hans soll in bedrohlichen Situationen das Gefühl von Sicherheit haben, aber andererseits sollen Situationen geschaffen werden, die Hans selbst bewältigen kann, wobei elterliche Zurückhaltung notwendig ist. Diese Situationen müssen anschließend verbal aufgearbeitet werden, wobei besonders auf das Verbalisieren der Gefühle zu achten ist.

f) Abbau der hohen Erwartungshaltung der Eltern. Sie sollen sich mit den Noten zufrieden geben in dem Bewußtsein, daß Hans sein Bestes gegeben hat. Daß etwas mißlungen ist, weiß Hans selbst und braucht von den Eltern nicht besonders hervorgehoben zu werden.

g) Vermittlung von Erfolgserlebnissen in den Bereichen, die Hans zunächst bewältigen kann. Dies wird sich zuerst auf das manuelle Tun beschränken. Diese Erfolgserlebnisse sollten anschließend sofort verstärkt werden. Daneben muß aber auch der kleinste schulische Fortschritt anerkannt werden.

Die Verstärkung soll nicht durch materielle Verstärker, wie Geld, Süßigkeiten usw., sondern durch Anerkennung und liebevolle Zuwendung erfolgen.

h) Abbau der Aggression:
— durch Gespräche mit Hans, wobei besonders auf das Verbalisieren der Gefühle und auf das „Aussenden von Ichbotschaften" zu achten ist;
— durch Mißbilligung von extrem abweichendem Schülerverhalten
— Grenzen erleben lassen mit dem Ziel sich nach einem allgemein anerkannten Normensystem zu richten, was ihm wieder Sicherheit in seinem sozialen Verhalten vermittelt. Danach soll das erwünschte Verhalten sofort durch liebevolle Zuwendung positiv verstärkt werden;
— Aufbau einer positiven Erwartungshaltung Hans gegenüber („das kannst du schon" oder „so verhälst du dich bestimmt nicht mehr, das weiß ich" ...);

i) der Vater soll weiterhin die beschützende Rolle in der Familie übernehmen;

k) beim Zubettgehen soll Hans seine täglichen Erlebnisse erzählen. Diese werden dann verbal aufgearbeitet, was ihm wieder das Gefühl der Sicherheit vermittelt. Auch Nachtgebete geben Sicherheit;

l) die regressiven Verhaltensweisen und Fixierungen (Schnuller usw.) sollten zunächst akzeptiert, jedoch nicht verstärkt werden. Am besten werden sie gar nicht erwähnt. Nur wenn Hans danach verlangt, sollte ihnen kommentarlos entsprochen werden, in der Hoffnung, daß sie von selbst abgebaut werden, wenn die Ursachen dafür beseitigt werden. Sonst besteht die Gefahr einer verstärkten Fixierung!

m) engen Kontakt zur Schule pflegen.

Diese Möglichkeiten wurden jeweils detailliert mit praktischen Beispielen konkretisiert.

Eine große Enttäuschung war für die Eltern, daß sich keine Schule für Gehörbehinderte in der näheren und mittleren Umgebung gefunden hat, die Hans aufnahm, obwohl sich die Eltern sehr darum bemüht hatten. Außerdem fand sich auch keine Beratungsstelle, bzw. psychotherapeutische Stelle, die gezielte Therapiestunden durchführte. Es blieb also nichts anderes übrig, als Hans in der Volksschule zu behalten und zu versuchen, ihn hier zu betreuen. Enger Kontakt mit der Beratungsstelle war die notwendige Voraussetzung.

Nun ergaben sich weitere Probleme:
— Hans hatte ein so großes Leistungsdefizit, daß es für ihn und für die Mitschüler unzumutbar war, in die nächste Klasse vorzurücken. Hier hätten sich die Frustrationserlebnisse weiter gefestigt und Hans wäre aus dem circulus vitiosus nicht herausgekommen.
— Wie aber wirkt sich dieses „Sitzenbleiben" auf Hans aus? (als solches wird es ja landläufig aufgefaßt!)

Das Ergebnis langer Gespräche mit den Eltern, den Lehrern, dem Schulleiter und Hans war, die Möglichkeit, eine freiwillige Wiederholung in Erwägung zu ziehen.

So besucht Hans nun wieder das 3. Schuljahr.

Den Eltern wurde weiterhin ans Herz gelegt, zum jeweiligen Klassenlehrer engen Kontakt zu suchen. Ein Besuch seiner wöchentlichen Sprechstunden wurde ihnen dringend empfohlen. Hier sollten sie sich

— über sein schulisches Verhalten
— über die jeweiligen Anforderungen der Schule
— über die Möglichkeiten der häuslichen Hilfestellung
— über die Art der Benotung usw.

mit dem Lehrer einigen.

Die Eltern wurden auch darauf aufmerksam gemacht, daß sie keine plötzliche Änderung des Verhaltens ihres Jungen erwarten dürfen. Was im Laufe eines Lebens gelernt wurde, kann nicht in wenigen Wochen abgebaut werden.

Die Eltern zeigten sich sehr aufgeschlossen. Inzwischen hat sich auch das Familienklima normalisiert, so daß jetzt von einer intakten Familie gesprochen werden kann.

11.2 Die Lehrerberatung

Die Lehrerberatung erfolgte in vier Zusammenkünften mit je 1/2 bis 1 Stunde.

Äußere Voraussetzungen

Die äußeren Voraussetzungen entsprechen denen der Elternberatung. Doch müssen dem Lehrer mehr die psychologischen Hintergründe erklärt werden, wobei jedoch auf die Wahrung der Intimsphäre der Familie zu achten ist.

Inhalt der Lehrerberatung

Inhalt der Lehrerberatung war mutatis mutandis in etwa der der Elternberatung. Dazu kamen noch folgende Punkte:

a) Information über den Inhalt der Elternberatung
b) Rücksichtnahme (Hans wurde in die zweite Bank gesetzt, nachdem er versichert hatte, daß er dort gut höre).
c) Mit Hans wurde ein Zeichen vereinbart, das dem Lehrer sagt, daß Hans etwas nicht oder nur schlecht gehört hat.
d) Großen Wert wurde auf die verbale Würdigung seiner schulischen Leistungen gelegt.
e) Für die Information der Eltern wurde ein gesondertes Heft angelegt, in das der Lehrer (wenn notwendig, fast jeden Tag) Beobachtungen, häusliche Arbeitsmöglichkeiten

usw. schrieb). Die Eltern teilten in diesem Heft wieder ihre Beobachtungen dem Lehrer mit. Außerdem erklärte sich der Lehrer bereit, auch telefonisch Kontakte mit den Eltern zu pflegen, wenn diese es wünschten.

f) Abbau der Etikettierung durch Lehrer und Schüler.

Nach wenigen Wochen zeigten sich jedoch bald die *Grenzen* dieses Vorgehens. Hans wußte um seinen Gehörschaden und fühlte sich jetzt erst noch mehr im Mittelpunkt. Er erwartete nun, daß alles auf ihn Rücksicht zu nehmen habe, der Lehrer, die Mitschüler und die Eltern.

Ja, es ging sogar soweit, daß er auf dem besten Wege war, zu einem Tyrann zu werden.

Die Ergebnisse weiterer Gespräche mit Eltern und Lehrer diesbezüglich waren:

— Der Gehörschaden von Hans wird in seiner Anwesenheit nicht sehr ernst genommen: „So tragisch ist es doch auch nicht, du mußt nur richtig aufpassen. Schließlich sind die anderen auch noch da!"
— Dem Hans werden durch bestimmtes Verhalten des Lehrers und der Eltern noch deutlichere Grenzen für sein Verhalten gesetzt. Strafen und Schimpfen wurden weiterhin vermieden.

12. Zusammenfassende Übersicht über die bisherigen therapeutischen Bemühungen — Erfolge / Mißerfolge

1. Zuerst reagierte Hans unsicher auf das veränderte Erzieherverhalten. Einmal war er aggressiv, dann wieder angepaßt.
2. Für kurze Zeit überwog das positive erwünschte Verhalten. Doch einige Zeit danach verfiel er wieder in seine unerwünschten Verhaltensweisen.
3. Hier mußte vor allem der Resignation der elterlichen Bemühungen entgegengearbeitet werden (die unserer Erfahrung nach eine der Grenzen der Erziehungsberatung sind). So ist es eine Hauptaufgabe der Beratungsstelle, die Eltern trotz Rückfällen immer wieder zu ihrem neuen Verhalten zu ermutigen. Die Eltern müssen ja auch „umlernen".
4. Die schulischen Leistungen besserten sich teilweise.
5. Im Sport verhielt sich Hans weiterhin sehr auffällig und aggressiv.

Erfolge oder Mißerfolge der bisherigen Bemühungen im Schuljahr 1978/79

Hans wiederholte das 3. Schuljahr.

1. Das freiwillige Wiederholen des 3. Schuljahres verlief bis jetzt reibungslos. Hans geht gern in das 3. Schuljahr. Er hat dort inzwischen Freunde gefunden, mit denen er auch spielt.
2. Seine schulischen Leistungen haben sich entschieden gebessert, wie das untenstehende Zeugnis zeigt. Diese Erfolgserlebnisse gaben ihm soviel Mut und Motivation, daß ihm jetzt die Schule Freude bereitet. Er ist nun der „Große" und die „Höhere Befragungsinstanz" in der Klasse. Nun erfährt er endlich das, was er braucht: Zuwendung, Aufmerksamkeit im positiven Sinn und vor allem Erfolg.
Meves: „Am erfolgreichsten ist der Erfolg".
(Chr. Meves, München 1975, S. 88)

3. Auch sein auffälliges Verhalten hat sich schon sehr gebessert. Schwierigkeiten ergeben sich noch im Turnunterricht, aber auch manchmal im übrigen Unterricht, in den er reinruft usw.

Übereinstimmendes Urteil der Lehrer und Eltern ist: „Das hätten wir nie gedacht, daß Hans sich so ändern kann." Trotz aller positiven Erfolge muß jedoch noch hart weitergearbeitet werden.

Schuljahr: 19 77 / 78   3 . Schülerjahrgang

ZWICHENZEUGNIS

ist an manchen Tagen ein recht unruhiger Schüler, aber oft auch wieder recht brauchbar. Er gibt sich Mühe und arbeitet fleißig und aufmerksam mit.(Trage selbst zu guten Tagen bei,)

Religionslehre	3
Deutsche Sprache	4
Schrift	3
Heimatkunde	2
Rechnen	4
Musik	2
Leibeserziehung	3
Werken	2
Handarbeit	—
Kunsterziehung	3

Schlußwort

Die Darstellung dieses Fallbeispiels soll nicht den Eindruck eines Erfolgsenthusiasmus des Autors erwecken.

Es gibt viele Fälle, die leider oft nur geringen, manchmal auch keinen Erfolg zeitigen.

Trotzdem darf der Lehrer, der Erzieher, den Mut nicht verlieren, denn

„Wer erziehen will, darf wie der Arzt den Glauben nicht aufgeben, daß eine Wendung, wenn nicht zum Guten, so doch zum Besseren jederzeit noch möglich sein kann".

(H. Roth, Hannover 1966, S. 267)

Literatur

Oben genannten Ausführungen liegt folgende Literatur zugrunde:

Bartmann, Th.: Psychologie der Lern- und Erziehungsschwierigkeiten. Bochum 1971
Blackham, G.: Der auffällige Schüler. Weinheim/Basel 1971
Brem-Gräser, L.: Familie in Tieren. München/Basel 1970
Bühler/Hetzer: Kleinkindertests. München 1970
Bursten/Hurrelmann: Abweichendes Verhalten in der Schule. Eine Untersuchung zur Stigmatisierung. München 1974
Corell, W.: Lernstörungen. Donauwörth 1962
Domke, H.: Lehrer und abweichendes Schülerverhalten. Donauwörth 1973
Dreikurs, R.: Psychologie im Klassenzimmer. Stuttgart 1971
Falckenberg, Schiedermair, Amberg, Selzle: Schulordnung für die Volksschulen in Bayern. Donauwörth 1976
Gramm, D.: Probleme der Linkshändigkeit. Donauwörth 1977
Hanke/Huber/Mandel: Aggressiv und unaufmerksam. München/Berlin/Wien 1976
Heller/Nickel: Psychologie in der Erziehungswissenschaft. Band I Verhalten und Lernen. Stuttgart 1976
Hilgard/Bower: Theorien des Lernens I. Stuttgart 1974
Homfeldt, H.G.: Stigma und Schule. Düsseldorf 1974
Johnson, D.J./Miklebust, H.R.: Lernschwächen. Stuttgart 1971
Köck/Ott: Wörterbuch für Erziehung und Unterricht. Donauwörth 1976
Lersch, Ph.: Aufbau der Person. München 1952/53
Lückert, H.R.: Konfliktpsychologie. München 1957
Lückert, H.R.: Handbuch der Erziehungsberatung. Band I und II. München/Basel 1964
Meves, Chr.: Erziehen lernen. München 1975
Nickel, H.: Beiträge zur Psychologie des Lehrerverhaltens. München/Basel 1974
Ortner, R.: Lernbehinderungen und Lernstörungen bei Grundschulkindern. Donauwörth 1977
Pietrowicz, B.: Auffällige Kinder. Bochum 1961
Roth, H.: Pädagogische Anthropologie. Hannover 1966
Schnitzer/Feisreiter/Schiller: Schwerpunkt: Schülerverhalten – Lehrerverhalten. München 1975
Singer, K.: Lernhemmung, Psychoanalyse und Schulpädagogik. München 1970
Singer, K.: Verhindert die Schule das Lernen? Psychoanalytische Erkenntnisse als Hilfe für Erziehung und Unterricht. München 1973
Staabs, G.v.: Der Scenotest. Stuttgart 1964
Tausch/Tausch: Erziehungspsychologie. Göttingen 1971
Ullmann, D.: Aggression und Schule. München 1974

Roland Würth

Erziehung durch Unterricht

1.	Gedanken zum Begriff „Erziehender Unterricht"	131
2.	Unterrichtsbeispiele zum „Erziehenden Unterricht"	131
2.1	Erstes Beispiel: Weiterführendes Lesen, 2. Jahrgangsstufe	131
2.2	Zweites Beispiel: Soziallehre, 3. Jahrgangsstufe	134
2.3	Drittes Beispiel: Erziehungskunde, 8. Jahrgangsstufe	137

1. Gedanken zum Begriff „Erziehender Unterricht"

- Die Formel vom „Erziehenden Unterricht", einst von Herbart geprägt und begründet und seither immer wieder in Frage gestellt und umstritten, erhält im Zusammenhang mit dem Motto „Wiedergewinnung des Erzieherischen in unseren Schulen" neue Aktualität.
- Die Begriffe Erziehung und Unterricht stehen in einem unterschiedlichen Verhältnis zueinander:
  1. Unterricht ist ein wesentliches Stück der Erziehung.
  2. Es gibt Unterricht ohne Erziehung.
  3. Es gibt Erziehung ohne Unterricht.
- Es scheint, als ob die erste Konstellation der beiden Begriffe in der Zeit der Verwissenschaftlichung des Unterrichts in der Volksschule zu sehr übersehen worden ist. Deshalb konzentriert sich die Neubesinnung vor allem auf diesen Bereich. Die Frage lautet: Wie kann durch Unterricht erzogen werden?
- Der pädagogischen Arbeit in der Schule von heute sind im wesentlichen zwei Zielrichtungen zugewiesen: *Sozialerziehung* und *personale Erziehung.*
- Bei der *Sozialerziehung* geht es um „eine Hilfestellung bei der Integration des einzelnen in die Gesellschaft, bei der Übernahme ihrer Normen und Wertorientierungen, ihrer Rollen- und Verhaltensmuster" (Hacker).
  Die *personale Erziehung* will dem Heranwachsenden das Werk der individuellen Selbstverwirklichung ermöglichen.
- Sozialerziehung und personale Erziehung sind in der unterrichtspraktischen Arbeit oftmals nicht zu trennen. Die beiden Erziehungsintentionen bedingen und ergänzen sich dabei gegenseitig.
- Soll durch Unterricht erzogen werden, dann kommt es darauf an, die „pädagogischen Implikationen von Unterrichtsinhalten" freizusetzen und für die Entwicklung des sozialen Verhaltens und des personalen Seins der Schüler nutzbar zu machen (siehe Beispiel 1!).
- Eine Hochform von „erziehendem Unterricht" liegt dann vor, wenn Sozialisation und Personalisation gleichsam zum ausschließlichen Unterrichtsinhalt gemacht werden (siehe Beispiel 2!).

2. Unterrichtsbeispiele zum „Erziehenden Unterricht"

2.1 Erstes Beispiel: Weiterführendes Lesen, 2. Jahrgangsstufe

Paß auf!
Fidi soll einen Liter Milch holen.

„Paß aber auf, wenn du über die Straße gehst!" Das sagt die Mutter jedesmal.
Vor der Tür trifft Fidi Albert. Er muß auch zum Milchmann.
„Wer zuerst da ist!" ruft er und flitzt über die Straße.
Fidi kann mit der großen Kanne nicht so schnell laufen. Sie schlägt ihr immer vor die Knie. Jetzt stolpert sie. Da quietschen Autobremsen. Ein Mann steigt aus und schimpft. Fidis Mutter ist auch schon da und nimmt die schreiende Fidi auf den Arm. „Mein Kopf!" jammert Fidi, wie die Mutter sie vorsichtig auf das Bett legt und auszieht.
Wie sie später aufwacht, hat sie einen dicken Verband um den Kopf. Sie will sich aufsetzen, aber ihr ist so schlecht, und der Kopf tut so weh.
„Schön ruhig liegen!" mahnt die Mutter.
„Gib mir einen Spiegel!" flüstert Fidi, die sich mit einem Verband immer so schön findet. Aber wie die Mutter den Spiegel bringt, schläft Fidi schon wieder. Sie schläft und schläft. Großmutter und Mutter sitzen abwechselnd an ihrem Bett. Täglich kommt der Arzt. „Ein böse Gehirnerschütterung!" sagt er.
Andrea und Georg gehen nur auf Zehenspitzen über den Flur. Lola guckt durch den Türspalt, aber Fidi will keinen sehen.
„Mein Kopf!" jammert sie leise. Großmutter singt alle Wiegenlieder, die sie kennt.
Eines Nachts setzt sich Fidi plötzlich im Bett auf. Vater und Mutter stürzen herbei.
„So", sagt Fidi, „nun tut mein Kopf nicht mehr weh. Jetzt will ich eine Schnitte Schwarzbrot mit Schweinefett!" Das ißt sie nämlich so gern. Alle stehen nun um ihr Bett herum und gucken zu, wie es ihr schmeckt. Mutter wischt sich die Augen. Wie der Arzt am nächsten Morgen kommt, sagt er: „Das ist wirklich ein Wunder!"
(aus: Mein Lesebuch für das 2. Schuljahr, Bayer. Schulbuchverlag)

Vorbemerkungen:

Wenn man den Text unter dem Gesichtspunkt der pädagogischen Implikation betrachtet, fällt der Blick zunächst auf das unvorsichtige Verhalten der Kinder im Straßenverkehr und auf die beispielhafte Fürsorge der Mutter und Großmutter für das schwerverletzte Kind. Wollte man aber diese erziehlichen Aspekte (Mutterliebe, Vorsicht) herausschälen, so könnte die Gefahr eines unangemessenen Moralisierens wohl kaum vermieden werden. Wo liegt aber dann die Erziehungspotentialität dieses Textes bei der Behandlung in einer 2. Jahrgangsstufe? Sie ist in der Person des Albert zu finden, der nur zu Beginn der Geschichte auftritt, aber dann nicht mehr erwähnt wird. War er nicht mit schuld an diesem Unglück? Wie könnte er sich verhalten, als das Mädchen tagelang im Bett bleiben muß? Hier eröffnet der Text die Möglichkeit, die Schülern Werte wie Verantwortungsbewußtsein und rechte Kameradschaft erleben und gestalten zu lassen. In der Phase der Textverwertung soll dieses Ziel intendiert werden.

Lernziele

Die Schüler sollen

— den Textinhalt aufgrund eigener Erfahrungen antizipieren und ihre Vermutungen verbalisieren können;
— den Textinhalt selbständig erlesen können und Textstellen laut vortragen können;
— den Textinhalt strukturieren und in eine Bildfolge auflösen können;
— erkennen, daß der Junge Albert am Unfall mitverantwortlich ist;
— die aus der Mitschuld resultierende Verhaltenskonsequenz einsehen;
— in einem einfachen Rollenspiel kameradschaftliches Verhalten darstellen können.

Methodische Durchführung

1. Motivation / Antizipation

— Der Lehrer schreibt die Überschrift an die Tafel und fordert die Schüler zur Aussprache auf.

- Steuerung: Zu dir hat vielleicht auch schon jemand dieses Wort gesagt!

2. *Textbegegnung*
- Die Schüler suchen den Text im Lesebuch und beginnen still zu lesen.
- Arbeitsaufträge für schnelle Leser (TA):
  1) Was sagt die Mutter, als Fidi aus dem Haus geht?
  2) Wen trifft Fidi vor dem Haus?
  3) Was machen die Kinder auf dem Weg zum Milchmann?
  4) Welche Verletzung erleidet Fidi bei dem Unfall?
- Den Leseschwachen trägt der Lehrer die Geschichte vor (im Gruppenraum)
- Freie Aussprache zum Text
- Lautes Lesen durch gute Leser (Sicherung des Gesamteindruckes)

3. *Texterschließung*
- Erschließung im Klassengespräch mit Leitfragen (vgl. Arbeitsaufträge)
- Nachlesen im Text und Vorlesen einzelner Textstellen
- Strukturierung des Textinhaltes mit Hilfe einer Bilderfolge

 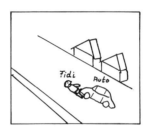 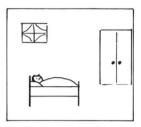

- Die Schüler erzählen zu den Bildern den Geschehensablauf nach.

4. *Textverwertung*
- Frage: Wer ist eigentlich schuld an dem Unglück?
- Meinungsbildung der Schüler
- Ergebnis (eventuell auch vom Lehrer vorgetragen):
  Albert ist mit schuld an dem Unglück. Fidi ist seinetwegen schwer verletzt worden. Es wäre richtig, wenn er sie besuchen und ihr vielleicht ein kleines Geschenk mitbringen würde.
- Ergänzung der Tafelanschrift durch ein viertes Bild

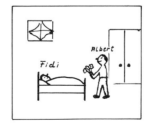

— Rollengespräch am Krankenbett

5. *Übungslesen*

2.2 Zweites Beispiel: Soziallere, 3. Jahrgangsstufe
„Wenn uns ein Fremder begegnet..."

Vorbemerkungen

Das Anliegen der Stunde ist es, den Schülern Hilfen zu geben, wie sie sich unbekannten, fremden Menschen gegenüber in verschiedenen Situationen richtig verhalten können. Dabei werden nicht nur Nützlichkeitsgesichtspunkte in Betracht gezogen, sondern auch Werte wie Höflichkeit und Hilfsbereitschaft bedacht und vermittelt.

In der nachfolgenden Unterrichtsplanung findet die Fernsehsendung des Bayerischen Schulfernsehens „Der Fremde" ausschnittweise Verwendung.

I. Lernziele:

1. Lernziele im kognitiven Bereich

    Die Schüler sollen

    — Situationen kennenlernen, in denen man Fremden begegnet;
    — sich bewußt werden, daß Fremde gute Absichten und schlechte Absichten haben können, und entsprechende Situationen richtig einschätzen können;
    — einsehen, daß Höflichkeit, Hilfsbereitschaft, Vorsicht und Zurückhaltung gegenüber Fremden richtige Einstellungen sind;
    — wissen, daß man ungewöhnliche Erlebnisse mit Fremden Vertrauenspersonen ohne Scheu mitteilen soll.

2. Lernziele im psychomotorischen Bereich

    Die Schüler sollen

    — in Partnerarbeit Situationen finden und festhalten können, in denen man Fremden begegnet;
    — aus einer Lehrererzählung das Problem entnehmen können;
    — einzelne Sequenzen einer Schulfernsehsendung verstehen und auswerten können;
    — in Rollenspielen eine Rolle übernehmen und sprachlich gestalten können;
    — Spielszenen beurteilen und Entscheidungen fixieren können.

3. Affektive Lernziele

    Die Schüler sollen

    — bereit sein, gegenüber Fremden ein angemessenes Verhalten zu zeigen;
    — Freude an sozialem und sprachlichem Handeln in Rollenspielen zeigen.

II. Inhalte der Sendung „Der Fremde"

1. Szene

Ein griechischer Gastarbeiter steht auf dem Münchner Hauptbahnhof. Er ist soeben erst in München eingetroffen und spricht kein Wort Deutsch. Ein Zettel, den er den Passanten hilfesuchend vorzeigt, verrät, daß er auf dem Ostbahnhof erwartet wird. Wie kann man ihm dabei helfen, sein Ziel sicher zu erreichen? Ein mitleidiger Herr besorgt ihm schließlich ein Taxi.

2. Szene

Eine Sammlerin für wohltätige Zwecke geht mit ihrer Liste von Tür zu Tür.

Die Hausfrau im ersten Beispiel führt sie ohne weitere Fragen in die Diele (in der wertvolle Gegenstände offen herumliegen) und läßt sie hier warten, bis sie ihr Portemonnaie geholt hat.

Im zweiten Beispiel kommt die Sammlerin erst gar nicht dazu, ihr Anliegen vorzutragen. Mit bösen Worten wird sie abgewiesen, und die Sprechklappe knallt ihr vor der Nase zu.

Die dritte Hausfrau bittet zunächst höflich um Einsicht in den Ausweis, ehe sie die Sperrkette löst und ihre Spende überreicht.

3. Szene

Fahrscheinkontrolle in der U-Bahn. Ein persischer Student hat keinen gestempelten Fahrschein. Er beruft sich darauf, die Münchner Verhältnisse noch nicht zu kennen. Die Mitreisenden legen gute Worte für ihn ein und wollen die Karte für ihn stempeln. Ein Fahrgast aber protestiert und verlangt, daß der Fremde Strafe zahlen müsse wie jeder andere auch, der ohne Fahrtausweis angetroffen wird; denn: Gleiches Recht für alle!

4. Szene

Neben einem Spielplatz hält ein schnittiger Sportwagen. Der Fahrer erkundigt sich nach dem Weg zum Tierpark. Die Kinder geben bereitwillig Auskunft und bewundern sein Auto. Da lädt er einen der Buben zu einer kurzen Spritztour ein. Das Angebot ist verlockend, und der Bub bittet ihn, sich ein paar Minuten zu gedulden, damit er seine Mutter um Erlaubnis fragen könne. Der Herr meint, das wäre doch nicht nötig, da er ihn ja in ein paar Minuten wieder hierher zurückbringe. Als der Junge aber darauf besteht, erst zu Hause Bescheid zu geben, braust der Fremde mit Vollgas davon.

Hinweise:

Die Schüler sollten sich für diese Sendung Papier und Bleistift zurechtlegen; denn im Anschluß an jede in sich abgeschlossene Spielszene richtet der Moderator an die Zuschauer die Frage, ob das Verhalten gegenüber den Fremden ‚falsch' oder ‚richtig' war.

Die Begründung dieser Bewertungen ist wichtiger Bestandteil der Nacharbeit.

III. Methodischer Verlauf

    I. Problemstellung

        1. Lehrererzählung: Ein neuer Lehrer erkundigt sich bei einem Schulkind nach dem Weg zur Schule. – Kind läuft weg –
        2. Problemfrage: Warum läuft das Kind weg?
           Zielangabe: (TA) Ein Fremder begegnet uns (?)

    II. Erarbeitung (Problemlösung)

1. Teilziel: Wo begegnen wir Fremden? (TA)
    1. Die Schüler finden in Partnerarbeit, wo sie Fremden begegnen können.
    2. Auswertung der Ergebnisse. (TA)
    3. Teilwiederholung: anhand des (TA)
2. Teilziel: Wie verhalten wir uns gegenüber Fremden? (TA)
    1. Rückgriff auf die Ausgangssituation: Wie findest du das Verhalten des Schulkindes?
    2. Einsatz des Schulfernsehens (ZW 507): Ein Ausländer am Bahnhof in München. (Unterbrechung)
    3. Rollenspiele: Wie kann sich der Münchner dem Ausländer gegenüber verhalten?
    4. Lösung im Fernsehen. (Besprechung)
    5. Einsatz des Schulfernsehens (ZW 654): Ein Fremder nähert sich spielenden Kindern. (Unterbrechung)
    6. Rollenspiele: Wie können sich die Kinder verhalten?
    7. Lösung im Fernsehen. (Besprechung)

III. Erkenntnisstufe
    1. Vergleich der Spielszenen: Fremder mit guter (böser) Absicht (TA)
    2. Bewußtwerden des richtigen Verhaltens:
       – höflich und hilfsbereit – zurückhaltend und vorsichtig

IV. Transfer (Handlungsschritt)
    1. Beurteilung einer anderen Situation. (Sammlerin an der Haustüre)
    2. Einsatz des Schulfernsehens (ZW 563)
    3. Rollenspiele: Verhalten des Schulkindes in der Ausgangssituation.

Erklärung: ZW = Zählwerk des Videorecorders.

Haupttafel:

Wenn uns ein Fremder begegnet

1 *Wo begegnen wir Fremden?*	2 *Wie verhalten wir uns gegenüber Fremden?*
– auf der Straße – auf dem Spielplatz – auf dem Spaziergang – an der Wohnungstüre	Fremde mit guter Absicht ⟶ höflich und hilfsbereit Fremde mit böser Absicht ⟶ vorsichtig und zurückhaltend Erlebnisse mit Fremden immer den Eltern erzählen.

Seitentafel:

Welche Hausfrau hat sich richtig verhalten?	☐ 1. Hausfrau ☐ 2. Hausfrau ☐ 3. Hausfrau

Wenn uns ein Fremder begegnet

1   *Wo können uns Fremde begegnen?*

    _____

    _____

    _____

    _____

2   *Wie verhalten wir uns richtig gegenüber Fremden?*

    Wenn ein Fremder *in guter Absicht* zu uns kommt, sind wir
    ☐ ängstlich und böse
    ☐ höflich und hilfsbereit
    ☐ freundlich und still

    Wenn ein Fremder *in böser Absicht* zu uns kommt, sind wir
    ☐ traurig und ängstlich
    ☐ lieb und nett
    ☐ vorsichtig und zurückhaltend

    Wir erzählen Erlebnisse mit Fremden immer unseren _____!

3   Überlege, woran du erkennst, ob ein Fremder in guter oder böser Absicht kommt! Sprich darüber auch mit deinen Eltern!

2.3 Drittes Beispiel: Erziehungskunde, 8. Jahrgangsstufe
„Wie kann ich beim Kind das Sprechen fördern?"

Lernziele

— Die Schüler sollen erkennen, daß das Kind sprechen durch Vormachen (Vorbild) und Nachahmen lernt;
— Die Schüler sollen die Stufen der kindlichen Sprachentwicklung kennen;
— Die Schüler sollen Möglichkeiten der Sprachförderung kennen und bewerten;
— Die Schüler sollen Bereitschaft zeigen, selbst Förderungsmöglichkeiten zur Entwicklung der Sprache zu finden und gegebenenfalls anzuwenden.

1. Stufe: Problembegegnung

Alternative 1: Einsatz einer Folie zum Sprachschatz des Kindes mit Lücken, welche die Schüler selbst im Schätzverfahren finden sollten.

Alternative 2: Einsatz eines Tonbandes mit folgenden Gesprächssituationen:
— Geplapper eines Babys

- Fragen eines vierjährigen Kindes
- sprachliche Darstellung eines siebenjährigen Kindes

Alternative 3: Pressenotiz: Wolfskind gefunden! 12jähriges Kind kann nicht sprechen!

Alternative 4: Tonbandaufnahme: Drängende Fragen einer Mutter: Warum spricht mein zweijähriges Kind noch kein Wort? Wie kann ich die Sprache meines Kindes fördern?

2. Stufe: Problemstrukturierung und -aufbereitung

a) *Zielorientierung:* Wie können Eltern und Erzieher das Sprechen eines Kindes fördern?

b) *Hypothesenbildung*

c) *Strukturierung* des Lösungsweges: Welche Materialien helfen bei der Lösung der Zielfrage? Vorgehen bei den Lösungsversuchen?

d) *Informationsentnahme und -verarbeitung*
- Sprechübungen anhand von Spielsachen (Gruppe 1)
- Sprechübungen anhand von Bilderbüchern (Gruppe 2)
- Sprechübungen anhand von Versen, Reimen, Märchen, die erzählt werden (Gruppe 3)

3. Stufe: Auswertung / Vertiefung

a) Auswertung der Gruppenarbeit

b) Wertung der Fördermaßnahmen (im Gespräch / durch Arbeitsbogen)

c) Möglichkeiten der Anwendung im gegenwärtigen und zukünftigen Lebensbereich

d) erziehliche Dimension der Verstärkung kindlicher Sprache

Alternative 1: Wertungsgespräch
Alternative 2: Rollengespräch auf Tonband
Alternative 3: Fallbeispiel als Text

Wie können Eltern und Erzieher das Sprechen beim Kind fördern?

Arbeitsblatt

Möglichkeiten der Sprachförderung

a) Sprachübungen mit Spielsachen:
   - Zeig mir den Ball: _____
   - Hol mir den roten Ball: _____
   - _____ Spielsachen verstecken
   - _____ Spielsachen vergleichen
   - Ist der Lastwagen anders als . . . : _____

Weitere Möglichkeiten: _____
_____

b) Sprechübungen mit Bilderbüchern:
   - Bezeichnen: _____
   - _____ : Wo ist der Bär? Wo ist das Auto?
   - _____ : Was ist das?
   - Vergleichen: _____
   - mit wirklichen Dingen vergleichen: _____
     _____
   - Sätze bilden: _____

Weitere Möglichkeiten: _____
_____

c) Erzählen und darüber sprechen:
   Welche Erzählungen?
   _____
   _____

Welche Sprecharten dazu kann das Kleinkind (bis 6 Jahre) schon ausführen:
- Fragen zu Personen, Tieren und Dingen
- eine Person, ein Tier oder einen Gegenstand beschreiben
- eine Erzählung nacherzählen
- eine Erzählung aus dem Gedächtnis aufschreiben
- ein Bild zu einer Erzählung malen und dazu sprechen
- eine Bildfolge anbieten und darüber sprechen
- eine Geschichte abbrechen und das Kind weitererzählen lassen
- eine neue Geschichte erfinden

Was hälst du von folgenden Möglichkeiten?

Literatur

Einsiedler, W.: Schulpädagogischer Grundkurs, Donauwörth 1974
Hacker, H.: Die Erziehungsdimension der Unterrichtsplanung, in: Hacker, H./Poschardt, D.: Zur Frage der Lernplanung und Unterrichtsgestaltung, Hannover 1977
Haidl, M.: Bedingungen der Sinn- und Werterschließung im Unterricht, in: Tschamler, H./Zöpfl, H.: Sinn- und Wertorientierung als Erziehungsauftrag der Schule, München 1978
Schießl, O.: Lehren als Erziehungsprozeß, Donauwörth 1973
Wenke, H.: Der erziehende Unterricht, in: Erziehung und Schule in Theorie und Praxis, Weinheim 1960
Zöpfl, H./Schofnegger, J.: Erziehen durch Unterrichten, München 1977

Günter Zimmermann

Elternstammtisch — eine zeitgemäße Chance der erzieherischen Zusammenarbeit von Eltern — Schülern — Lehrer

1.	Chance der Zusammenarbeit	142
2.	Gemeinsamer Erziehungsauftrag von Elternhaus und Schule	142
3.	Effektivität der in der Allgemeinen Schulordnung aufgezeigten Kontakt- und Beratungsmöglichkeiten	143
3.1	Störfaktoren durch bestimmtes Rollenverhalten: Lehrerrolle — Elternrolle	143
4.	Der Elternstammtisch — zeitgemäße Chance zur Wiedergewinnung des Erzieherischen	144
4.1	Definition	144
4.2	Genese eines Elternstammtisches an einer Hauptschule in Ingolstadt	145
4.3	Intentionen für ein allgemeingültiges Modell	147
4.3.1	Voraussetzungen	147
4.3.2	Zeitlicher und organisatorischer Ablauf	148
4.3.3	Feed-back für den Lehrer	151
4.3.4	Die Rolle des Klassenelternsprechers	152
4.3.5	Auswirkungen auf die in der Allgemeinen Schulordnung geforderten Maßnahmen	152
5.	Erfahrungen über die Operationalisierbarkeit des Modells	153
5.1	Klärung der Bedarfslage seitens der Eltern	153
5.2	Schwierigkeiten in der Anfangsphase	153
5.3	Der Elternbrief — ein wichtiges Kommunikationsmittel	153
5.4	Übertragbarkeit auf andere Schulen und andere Lehrpersonen	154
5.5	Stellungnahme von Eltern zum Elternstammtisch	155
	Literatur	156

1. Chance der Zusammenarbeit

Innerhalb der Diskussion um die Ziele und Inhalte der Hauptschule erscheint jetzt auch wieder die erzieherische Komponente an Bedeutung zu gewinnen. Jahrelang sah man das neue Profil einer Hauptschule nur in der Ausgestaltung bzw. dem Ausbau der einzelnen Fächer mit ihren Fachdidaktiken. Die Hauptschüler sollten sich durch einen besseren Abschluß, eine stärkere Leistungsdifferenzierung und ein vermehrtes Kursangebot gegenüber den anderen weiterführenden Schulen behaupten. Heute muß man leider feststellen, daß man unter einer gewissen Blickeinschränkung leidet. Man hatte bei allen äußeren und inneren Reformen mitunter den Schüler ganz aus den Augen verloren oder ihn nur als Teilnehmer in einem Lernprozeß gesehen.

In den letzten Jahren ist nun nach ersten Gegenreaktionen (Anti-Streßdebatte) wieder die Forderung nach einer Schule für den Schüler laut geworden. Diese Wiederorientierung am Schüler verlangt zwangsläufig die stärkere Betonung des Erzieherischen in der Schulwirklichkeit. Nur in einem emotional guten Lernklima können alle didaktischen und inhaltlichen Erneuerungen den erwarteten Erfolg bringen.

Nicht nur in der Schule sind Fehlformen festzustellen, auch die geänderte Familiensituation bringt Störfaktoren in den Erziehungsprozeß. Viele Eltern sind durch die Diskussion um die „richtige" Erziehung ohne Anbindung an die traditionellen Normen teilweise so verunsichert, daß eine Erziehung im Elternhaus nur noch phasenweise stattfindet.

Gerade durch die große Verunsicherung in der Elternschaft ist eine viel stärkere Bereitschaft, sich bei Erziehungsfragen helfen zu lassen, erkennbar. Ich glaube, daß in dieser Situation eine große Chance für die Schule liegt. Die Hauptschule sollte ihre Erziehungsaufgabe wieder nützen und mit den Eltern zusammenarbeiten.

2. Gemeinsamer Erziehungsauftrag von Elternhaus und Schule

Im Artikel 131 der Bayerischen Verfassung heißt es: „Die Schulen sollen nicht nur Wissen und Können vermitteln, sondern auch Herz und Charakter bilden". In diesem kurzen Satz ist der Erziehungsauftrag der Schule fest verankert. Die Allgemeine Schulordnung bestimmt und regelt die Zusammenarbeit der Schule mit den Erziehungsberechtigten. Es heißt hier in § 4: „Die Aufgaben der Schule erfordern die vertrauensvolle Zusammenarbeit aller Beteiligten". In § 79/1 werden die Möglichkeiten konkret angesprochen. „Der persönlichen Fühlungnahme der Erziehungsberechtigten mit den Lehrern der Schule dienen insbesondere a) Elternsprechstunden, b) Elternsprechtage, c) Klassenelternversammlungen, d) Elternversammlungen.

3. Effektivität der in der ASchO aufgezeigten Kontakt- und Beratungsmöglichkeiten

3.1 Störfaktoren durch bestimmtes Rollenverhalten: Lehrerrolle – Elternrolle

Die Lehrerrolle ist definiert als ein Bündel von Verhaltenserwartungen, die die Gesellschaft, der Staat über die Verbände, die Eltern und die Schüler an den Lehrer in der Schule richten (vgl. 1, S. 21).

Die Lehrerrolle ist durch drei Merkmale gekennzeichnet, die der Fachkompetenz, die auf Vermittlung von Wissen und Fertigkeiten zielt, die kommunikative Kompetenz, die die Persönlichkeitsentwicklung des Schülers beabsichtigt und das Merkmal der Dominanz, das auf Leistungs- und Handlungsfähigkeit beim Schüler ausgerichtet ist (vgl. 1, S. 21). Wir wollen hier nur das eine Merkmal der kommunikativen Kompetenz näher herausstellen.

Die kommunikative Kompetenz des Lehrers, die die Persönlichkeitsbildung des Schülers zum Ziel hat, wiegt sich bisweilen in Konfrontation mit den Eltern: Schule und Familie sind am gleichen Erziehungsprozeß beteiligt, aber oft mit verschiedenen Techniken und Interessen (vgl. 2, S. 709).

Die ungeklärte Aufteilung der Kompetenzen erzeugt Spannung zwischen Lehrer und Eltern und hindern beide Teile an der Erfüllung ihres Auftrages.

Eine Untersuchung der Hochschule Aargau in der Schweiz von 70 kritischen Entscheidungssituationen zwischen Lehrern, Eltern und Schülern (der aber keine Wertung oder Interpretation folgte) hat in etwa folgendes ergeben:

Es bestehen 7 Kategorien (vgl. 2, S. 170) von Problem- und Konfliktsituationen. Als Problemsituationen wurden die Situationen gekennzeichnet, in denen Eltern und Lehrer ähnliche oder gleiche Erwartungen an die Schüler stellten; als Konfliktsituationen die, bei denen Eltern und Lehrer explizit andere Erwartungen hatten (vgl. 2, S. 711):

- Leistung / Übertritt
- abweichendes Verhalten des Schülers von Ordnungs- und Disziplinnormen
- Kritik der Eltern am Lehrer
- Nichtbereitschaft der Eltern zum Kontakt und / oder zur Kooperation mit dem Lehrer
- Beziehungsproblem Eltern – Schüler
- Beziehungsprobleme Lehrer – Schüler
- Kritik des Lehrers an den Eltern.

Erste Ergebnisse und Schlußfolgerungen sollten hier unter Vorbehalt wiedergegeben weden:

Leistung / Übertritt war der häufigste Punkt von Auseinandersetzungen zwischen Lehrern und Eltern, da vermutlich die Schule häufig in ihrer Rolle als Verteilerin von Chancen und Positionen gesehen wird.

– Der Lehrer hat bei den Eltern die verschiedenen Rollen des Leistungsbeurteilers, des Persönlichkeitsdiagnostikers, des Polizisten, des Streitschlichters, des Erziehers, des Erziehungsberaters, des Wissensvermittlers. Aber er soll bei all dem seine Identität wahren.

– Die Unklarheit über Kompetenzen, Aufgaben, Funktionen, Ziele, Kooperationsmög-

lichkeiten und persönlichen Erwartungen konnte durch *Kontinuität der Eltern-Lehrer-Kontakte* gemildert werden.
- Die Eltern-Lehrer-Beziehung war in der Unterrichtsstufe weniger konfliktträchtig.
- Ältere Lehrer waren gegenüber jüngeren Eltern weniger kontaktfreudig.
- Die Initiative zum Eltern-Lehrer-Kontakt geht häufiger von den Eltern aus und findet *meist in der Schule statt,* an einem Ort, an dem sich *nur der Lehrer psychologisch sicher fühlt.*
- Hausbesuche von seiten des Lehrers waren im Verhältnis erfolgreicher als Schulbesuche der Eltern.
- Probleme konnten weitaus häufiger gelöst werden als Konflikte.
- Häufiger nahm der Lehrer Einfluß auf die Eltern, als umgekehrt.

Ich glaube, daß viele Kollegen manche der oben angeführten Schlußfolgerungen bestätigen können. Wir sehen, daß viele Störfaktoren eine echte Kommunikation zwischen Lehrer und Eltern beeinflussen. Allein die oft ungünstige zeitliche Plazierung der Elternsprechstunde hält viele Eltern davon ab, mit dem Lehrer ins Gespräch zu kommen. Jeder Hauptschullehrer in den oberen Klassen kann bestimmt bestätigen, wie gering die Besucherzahl bei Elternsprechstunden ist.

Elternsprechtage hingegen werden sehr häufig genutzt. Hier steht aber der Lehrer so unter Zeitdruck, weil vor der Klaßzimmertür viele Eltern oft stundenlang auf nur kurze 10 Minuten ,,Beratung" warten müssen. Allein um den Kontakt zu den oft unbekannten Eltern herstellen zu können, benötigt der Lehrer schon einige Minuten. Tauchen dann schwierige Probleme auf, so ist es unmöglich, differenzierte Hilfe anzubieten. Es bleibt meist ein ungutes Gefühl bei beiden Gesprächspartnern zurück. Die Aussage einer Mutter sollte hier zu denken geben (8. Klasse Hauptschule): ,,Ich gehe nur zu den Elternsprechtagen und stelle mich stundenlang an, daß der Lehrer merkt, daß ich am schulischen Weiterkommen meines Sohnes interessiert bin. Hilfe und Beratung kann ich in den wenigen Minuten hier nicht erwarten!"

Wie kann nun gerade in der Hauptschule versucht werden Lehrerängste, Elternängste und somit Kontaktschwierigkeiten zwischen Schule und Elternhaus abzubauen?

Die nachfolgende Darstellung eines Versuchs zur erzieherischen Kooperation zwischen Elternhaus und Schule erhebt nicht den Anspruch auf allgemeine Gültigkeit, sondern sollte unter dem Blickwinkel des Experiments gesehen werden.

4. Der Elternstammtisch – zeitgemäße Chance zur Wiedergewinnung des Erzieherischen

4.1 Definition

Der *Elternstammtisch* darf nicht verwechselt werden mit einem normalen Stammtisch, wo sich Personen in ihrer Freizeit zu einer gesellschaftlichen Veranstaltung in einem Gasthaus treffen. Ziele und Aufgabe eines *Elternstammtisches* wären nachfolgend so zu umreißen:
- Der *Elternstammtisch* ist ein regelmäßiges Treffen von Eltern, Klaßlehrer und auch Schülern.

- Der *Elternstammtisch* gibt die Möglichkeit, sich in einer neutraleren Atmosphäre als der Schule kennenzulernen.
- Der Lehrer hat die Möglichkeit, seine schulische Arbeit transparenter zu machen.
- Die Eltern haben die Möglichkeit, konkrete Erziehungsprobleme vorzutragen und mit dem Lehrer und anderen Eltern zu besprechen.
- Beim *Elternstammtisch* werden Informationen aus dem Bereich Erziehung, Berufswahl, Schullaufbahn vermittelt.
- Besondere Freizeitveranstaltungen festigen die Kontakte zwischen Eltern, Lehrer und Schüler.

Zwei Bereiche scheinen nach den bisherigen Erfahrungen für einen *Elternstammtisch* sehr wichtig zu sein: Informationsveranstaltungen und Freizeitveranstaltungen.

4.2 Genese eines Elternstammtisches an einer Hauptschule in Ingolstadt

Als Klaßlehrer übernahm ich im Schuljahr 1976/77 an einer Hauptschule im Südviertel von Ingolstadt eine 7. Jahrgangsstufe mit 43 Schülern. Es waren 24 Jungen und 19 Mädchen. Bei dieser großen Schülerzahl zeigte es sich, daß die Elternsprechstunden und Klassenelternsprechtage nicht ausreichten, um den Kontakt mit vielen Eltern intensiver zu gestalten. Es sollte der Versuch unternommen werden, zu regelmäßigeren Kontaktphasen zu kommen.

Am 23. März 1977 gelang es endlich, einen allgemeinen Elternabend durchzuführen. Ich wählte dazu das Thema: Der Jugendliche in der Pubertät. Es waren an diesem Abend 25 Eltern anwesend. Insgesamt herrschte großes Interesse an Erziehungsfragen, besonders zum Bereich Pubertät. Trotzdem zeigte die Atmosphäre des Klassenzimmers gewisse negative Einflüsse. Später bestätigten viele Eltern, daß allein der Gang in das Schulgebäude eine etwas unnatürliche Zurückhaltung mit sich bringt. Der Vorschlag meinerseits, sich außerhalb der Schule im Nebenzimmer einer nahegelegenen Gaststätte zu weiteren Veranstaltungen zu treffen, wurde dankbar angenommen. Die Eltern wünschten die Erweiterung der Information zum Bereich „Pubertätszeit". Dieses Treffen wollte man als Stammtisch der Eltern der Klasse 7a – kurz *Elternstammtisch* – nennen. In der entscheidenden Phase des Gründungsvorschlags wurde ich von dem vorher informierten Klassenelternsprecher unterstützt.

Der erste *Elternstammtisch* fand dann am 23. März 1977 im Nebenzimmer einer Gaststätte statt. Um Eltern, die bei dem allgemeinen Elternabend nicht anwesend waren, zu informieren, wurde an alle Schüler ein *Elternbrief* verteilt. Hierin wurden die Eltern über den Ablauf der letzten Veranstaltung und die Gründung eines *Elternstammtisches* informiert und gleichzeitig zu dem ersten Stammtisch eingeladen (vgl. 5.3 Elternbrief).

Als Referentin lud ich die Schuljugendberaterin ein. Der Ablauf des Abends wurde genau besprochen. Es stellte sich heraus, daß das geplante Konzept mit einem ca. 20-minütigen Kurzreferat und dann allgemeiner Fragenstellung an die Referentin sehr großen Anklang fand. Das Thema des Abends lautete: Unsere Kinder in der Pubertät – psychologische Aspekte bei Konfliktsituationen.

Von 43 Schülern kamen 21 Eltern (48 %). Positiv war festzustellen, daß von vielen Schülern Vater und Mutter anwesend waren. Bemerkenswert war auch die anschließende Kleingruppendiskussion unter den Eltern, die sehr lebhaft ihre Erziehungserfahrungen austauschten.

Der Abend begann um 19.30 Uhr und endete gegen 0.30 Uhr. Während des Abends wurde auch der Wunsch geäußert, eine Veranstaltung mit den Kindern zusammen zu unternehmen.

Am Sonntag, dem 22. Mai 1977 fand die erste gemeinsame Freizeitveranstaltung statt. Die Veranstaltung stand unter dem Motto: „Wir lernen uns kennen!". Hier nun der Ablauf:

— Fahrt mit zwei Bussen (38 Erwachsene und 48 Kinder) zu einem ca. 25 km entfernten ADAC — Rundwanderweg mit ca. 7 km Länge.
— Auslosung der Teilnehmer in 10 gemischte Gruppen (Erwachsene / Kinder).
— Rundwanderweg mit ca. fünf Stationen, die von Schülern besetzt waren.
— Jede Gruppe mußte an den Stationen verschiedene Aufgaben mit Wettkampfcharakter lösen.
— Abschließend Brotzeit in einer kleinen Gaststätte mit Preisverteilung.
— Dauer der Veranstaltung: 13 Uhr bis 19.30 Uhr.

Bei der nächsten Veranstaltung wurde eine Information über den „Qualifizierenden Abschluß" gewünscht. Gerade im Blick auf den Übertrittswunsch vieler Schüler an weiterführende Schulen wurde das Thema des Abends folgendermaßen ausgeweitet: „Probleme beim Wiedereintritt in die Hauptschule nach erfolglosem Besuch einer weiterführenden Schule". An diesem Abend übernahm der Rektor unserer Schule selbst das Referat. Anwesend waren 30 Eltern oder Elternpaare. Dieser Stammtisch dauerte wieder bis gegen 24 Uhr.

Die nächste Freizeitveranstaltung fand am 22. Juli 1977 zum Schuljahresschluß statt. Es war eine Abend und Nachtwanderung mit Eltern und Kindern (natürlich auch Geschwistern) rund um einen Baggersee mit anschließender Brotzeit (Entfernung ca. 10 km). Die Veranstaltung dauerte von 19 Uhr bis 23 Uhr.

Damit endeten die Veranstaltungen im Schuljahr 1976/77. Von 43 Schülern verließen 13 Schüler die Klasse. Sie traten in die Real- oder Handelsschule über.

Zu Beginn des Schuljahres 1977/78 bestand die Klasse aus 34 Schülern (19 Knaben, davon 2 Aussiedlerkinder aus Rumänien; 15 Mädchen, davon 1 Kind aus Polen).

Am 27.9.1977 wurden die Eltern zu der Klassenelternsprecherwahl in die Schule gebeten. Gleichzeitig sollte den Eltern das neue Fach Erziehungskunde vorgestellt werden. Nach dem Weggang der stark interessierten und motivierten Eltern der Übertrittsschüler, hatte ich sehr große Bedenken, daß der *Elternstammtisch* nicht mehr weitergeführt werden könnte. Erstaunlicherweise kamen an diesem Abend von 34 Schülern genau 20 Eltern. Überraschend war, daß jetzt auch Eltern von Kindern kamen, die an Veranstaltungen im letzten Schuljahr nicht teilgenommen hatten. Diese Eltern scheinen nach dem Weggang der Übertrittsschüler etwas von ihrer negativen Rolle, Kinder zu haben, die nicht übertreten können, entlastet worden zu sein.

Die Veranstaltung dauerte von 19.30 Uhr bis 21 Uhr.

Am 23. Oktober 1977 fand die nächste gemeinsame Freizeitveranstaltung statt. Sie war als Herbstwanderung auf markierten Wanderwegen geplant.

Während der Wanderung konnte jeder, der Lust hatte, kleinere Beobachtungsaufgaben lösen. Bei dieser Wanderung wandten sich zum ersten Mal Eltern mit konkreten Erziehungsproblemen an mich und baten um meinen Rat. Wir waren von 12 Uhr bis 18 Uhr unterwegs und es nahmen 48 Erwachsene und Kinder daran teil. Transportmittel war wiederum der Bus und die Fahrtdauer war nicht länger als 30 Minuten für eine Wegstrecke.

Der dritte *Elternstammtisch* wurde am 22. November 1977 durchgeführt.

Ich referierte zu dem Thema: ,,Schulschwierigkeiten und Lernhemmung". An diesem Abend nahmen 37 Eltern teil. Es waren die Eltern von 19 Kindern der Klasse vertreten (60 %). Außerdem folgten vier Eltern von Übertrittsschülern der Einladung. Während der Veranstaltung konnte ich ca. 15 Einzelgespräche zu Schul- und Erziehungsfragen führen. Der Stammtisch dauerte von 19.45 Uhr bis 0.15 Uhr.

Im Wechsel zum *Elternstammtisch* war nun wieder eine Freizeitveranstaltung geplant. Sie fand am 29. Januar 1978 als Faschingsparty in den Räumen der Ingolstädter Pionierkaserne statt. Hier war zum ersten Mal festzustellen, daß eine Gruppe von Eltern die gesamten Vorbereitungen übernahm. Bereitstellung des Saales, Besorgung der Getränke und des Essens und auch die Bedienung wurden ohne meine Mithilfe organisiert und auch gut durchgeführt.

Erste Ansätze eines Wir-Gefühls waren festzustellen. Es wurde der Wunsch geäußert, diesen Stammtisch auch nach der Entlassung aus der Schule privat weiterzuführen.

Die Gestaltung des Nachmittags mit Tanz- und Geschicklichkeitsspielen wurde von mir übernommen. Das Alter der Teilnehmer lag zwischen 3 und 50 Jahren. Die Veranstaltung mit 70 Erwachsenen und Kindern dauerte von 15 Uhr bis 22 Uhr.

Beim Elternsprechtag am 6. April 1978 zeigten sich erste positive Auswirkungen auf die schulische Arbeit. Ohne Umschweife konnten konkrete Probleme zur Erziehung und zur Berufswahl besprochen werden.

Der nächste *Elternstammtisch* am 27. April 1978 wurde ohne Referent durchgeführt. Er stand unter dem Thema: ,,Was tue ich, wenn . . . " Die Eltern sollten vorgestellte Erziehungsfälle analysieren und Erziehungsmaßnahmen vorschlagen. Die Lösungen wurden verglichen und natürlich oft heftig diskutiert. Die Erziehungsfälle stammten aus dem Fach Erziehungskunde. Dabei wurden die Eltern auch mit Lösungen ihrer Kinder konfrontiert. Die Teilnehmerzahl war dieses Mal 20 Eltern von 16 Schülern.

Im 2. Teil des Abends wurden den Eltern Trickfilme vorgestellt, die heute in einem modernen Religionsunterricht Verwendung finden. Der Abend dauerte von 19.30 Uhr bis 22.30 Uhr.

Für das restliche Schuljahr sind noch folgende Veranstaltungen geplant:

− Freizeitveranstaltung: Stadterkundungsspiel im Mai
− *Elternstammtisch:* gemeinsam mit Schülern zum Thema ,,Sexualität"
− Freizeitveranstaltung: Abschlußfest als Gartenparty im Juli.

4.3 Intentionen für ein allgemeingültiges Modell

4.3.1 Voraussetzungen

Als erste und wichtigste Voraussetzung dürfte hier einmal die Aufgeschlossenheit und Bereitschaft des Klaßlehrers, einen *Elternstammtisch* durchzuführen, genannt werden. Danach müßte der entsprechende Lehrer die Situation ,,seiner" Eltern in der Klasse näher überprüfen. Sollte es sich herausstellen, daß schon erste Kontakte mit den Eltern über die Wahl des Klassenelternsprechers geknüpft worden sind, ist der nächste Schritt ein allgemeiner Elternabend. Dabei sollte der Lehrer selbst versuchen, mit den Eltern ins Gespräch zu kommen.

Eine gute fachliche und auch methodisch-didaktische Vorbereitung ist zu beachten. Vielleicht kann auch die Wahl des Themas den Eltern selbst überlassen werden. Es genügt schon, ein Arbeitsblatt mit Themenvorschlägen an die Eltern weiterzureichen und gewünschte Themen ankreuzen zu lassen. Ist es gelungen, mit Hilfe des Klassenelternsprechers, der am besten vorher informiert wurde, die Eltern zu einer Gründung eines *Elternstammtisches* anzuregen, so muß zu diesem Zeitpunkt schon die Frage des entsprechenden Lokals mit einem günstigen Nebenzimmer geklärt sein. Ich würde aus den Bemerkungen vieler Eltern schließen, daß eine Versammlung innerhalb des Schulgebäudes wegen der allzu großen „Schwellenangst" und der oft starken Aversionen gegen die Schule nicht gewünscht wird. Über das Vorhaben, einen *Elternstammtisch* zu gründen und den Verlauf des ersten Elternabends sollte der Lehrer auch die Eltern informieren, die am Elternabend nicht teilgenommen haben.

Vielleicht sind doch ein Vater oder eine Mutter eher bereit, an einer weniger offiziellen Veranstaltung außerhalb der Schule teilzunehmen. Aus meiner Erfahrung glaube ich, daß es nicht allzu schwer sein dürfte, die Eltern einer Klasse in größeren Abständen zum Kontakt mit dem Lehrer und anderen Eltern einzuladen.

4.3.2 Zeitlicher und organisatorischer Ablauf

Um einen *Elternstammtisch* zu einer Dauereinrichtung während des gesamten Schuljahres werden zu lassen, sind gleichbleibende zeitliche und organisatorische Abläufe einzuhalten. Eine im Schulsprengel gelegene Gaststätte ermöglicht auch Eltern ohne Führerschein den Besuch der Veranstaltung. Das Nebenzimmer des Gasthauses sollte über einen Stromanschluß (Film- oder Diavorführung) verfügen. Auch sollte eine gute Belüftung dafür sorgen, daß Referent und Nichtraucher nicht allzu stark belästigt werden. Eine vorherige Besichtigung des Lokals und ein Gespräch mit dem Wirt helfen unnötige Pannen zu vermeiden.

Ist das Lokal bekannt, ist zu überlegen, welcher Wochentag für einen *Elternstammtisch* geeignet scheint. Eine kleine Umfrage, ein Blick in das Fernsehprogramm und den örtlichen Veranstaltungskalender lassen den Organisator nicht vor leeren Stühlen sitzen. Für die Abendveranstaltung ist der Zeitpunkt des Beginns ungefähr auf 19.30 Uhr zu setzen, da erst mit einiger Verspätung angefangen werden kann und auch einige Teilnehmer gegen 21.30 Uhr nach Hause gehen wollen.

Der Abend beginnt gewöhnlich mit einer kurzen Begrüßung durch den Klassenelternsprecher oder den Klaßlehrer. An dieser Stelle kann ein Rückblick auf die Themen der letzten Abende gehalten werden; dann kann man den Referenten des Abends vorstellen. Das Referat soll einen Zeitraum von ca. 20 bis 25 Minuten nicht überschreiten und in einer verständlichen pädagogischen Sprache gehalten werden. Sehr von Vorteil ist auch der Einsatz eines Films, einer Diaserie oder einer Tonbandaufnahme.
Zuhörer, die den ganzen Tag gearbeitet haben, ermüden sehr rasch.

Eine allgemeine Diskussionsrunde zu der Problematik schließt sich an. Konkrete Erziehungsfälle erleichtern dabei den Einstieg in das Gespräch. Es muß auch beachtet werden, daß die Eltern einen genügend großen Spielraum zur Einzelaussprache und Kleingruppendiskussion haben. Bevor der offizielle Teil des Abends beendet ist, wird noch ein Ausblick auf die weiteren Veranstaltungen gegeben (Terminabsprache).

Der Klaßleiter als Leiter des Abends wird versuchen, die Rolle des Moderators zu übernehmen, um die Kommunikation der Eltern untereinander zu fördern.

Bei einem der letzten Treffen hat sich als besonders gute Kommunikationsform die Besprechung von konkreten Erziehungsfällen herausgestellt. Dabei wird eine schwierige Erziehungssituation an einem neutralen Beispiel vorgestellt. Die Eltern werden dann mit der Frage konfrontiert: „Wie hätten Sie in dieser konkreten Situation gehandelt?" (Fallmethode). Nach einer kurzen Denkpause kommt es dann meist zu einer lebhaften Diskussion über Erziehungspraktiken. Der Referent oder der Lehrer brauchen nur zu versuchen, mit dem nötigen Taktgefühl auf gewisse positive Lösungen hinzuweisen (Verstärkung).

Ich möchte den Ablauf einiger Abende exemplarisch vorstellen.

Der erste Abend stand unter dem Thema: „Unsere Kinder in der Pubertät – psychologische Aspekte bei Konfliktsituationen." Die Referentin war die Schuljugendberaterin, die in einem ersten Teil des Abends besonders die seelischen Veränderungen beim Pubertierenden herausarbeitete und dann im zweiten Teil ihres Vortrages konkrete Erziehungssituationen in diesem Alter vorstellte. Es ging dabei um Fragen der Disziplin, der Kleidung, des Gottesdienstbesuchs, des gemeinsamen Spaziergangs mit Eltern usw. Die Eltern waren sehr schnell und ohne Scheu bereit, auch eigene schwierige Situationen vorzustellen. Es war erstaunlich, daß Eltern gerade in kleinen, alltäglichen Zusammenstößen mit ihren Kindern sehr unsicher reagierten. Nachdem einige Eltern die Bereitschaft zeigten, persönliche Schwierigkeiten zuzugeben, kam es zu einer lebhaften Diskussion. Die Bereitschaft ging sogar soweit, daß am ersten Abend ein Ehepaar vom Kaufhausdiebstahl ihres Sohnes berichtete. Man merkte, daß die Eltern unter einem sog. „Leidensdruck" standen und ihre Erziehungsmaßnahmen überprüft wissen wollten. Der Abend ging erst nach längerer Kleingruppendiskussion zu Ende. Während des inoffiziellen Teils des Abends wechselte ich mehrmals die Gesprächsgruppe und mußte erfahren, daß gerade dann die Eltern bereit waren, konkrete Probleme mit ihren Kindern offen vor mir zu schildern. Auch konnte ich manche Beobachtung von zu Hause von meiner schulischen Sicht abschwächen oder bestätigen. So stellte sich bei einem Schüler heraus, daß er zur Zeit große Schwierigkeiten mit seinem Vater hatte. Auch der Vater klagte über den mangelnden Kontakt mit seinem Sohn. Die Eltern hatten aber zu wenig bemerkt, daß der brave, sehr angepaßte Junge inzwischen versuchte, seine Identität zu finden und natürlicherweise gegen den Vater opponierte. Die Eltern waren durch die Haltung des Sohnes in ihrer Erziehung verunsichert und nahmen die Informationen des Abends dankbar und entlastend für sich an. Sie bekamen ja auch die gleichen Schwierigkeiten von anderen Eltern bestätigt.

Nach ca. 6-8 Wochen besserten sich die abgesunkenen Leistungen des Jungen (Deutsch 5, Mathematik 5) durch die häusliche Entlastung so, daß der Schüler heute wieder sehr befriedigende bis gute Leistungen zeigt. Der Junge hatte gemerkt, daß die Eltern größeres Vertrauen in seine Arbeit hatten, ihm mehr Freiheitsspielraum und Verantwortung gaben und so konnte er seine Aufmerksamkeit wieder mehr der Schule widmen. Der Schüler zeigte auch in der Schule mehr Selbstvertrauen, da er von den Kontakten des Lehrers mit seinen Eltern wußte. Dabei sah er den Lehrer immer mehr als seinen Anwalt und nicht als Übertragungsperson für seine Vaterkonflikte.

Ich glaube, das eine positive Beispiel dürfte die Einrichtung eines *Elternstammtisches* schon rechtfertigen.

Ich möchte nun einige Freizeitveranstaltungen beschreiben.

Alle Freizeitveranstaltungen wurden bisher immer am Sonntagnachmittag durchgeführt. Der Beginn der Veranstaltung war gegen 13 Uhr und das Ende gegen 19 Uhr. Die Terminwahl erwies sich deshalb als sehr günstig, weil Hausfrauen meistens samstags noch Einkäufe zu erledigen hatten und auch sehr viele Eltern am Sonntagmorgen den Gottesdienst besuchen wollen. Außerdem kann jede Familie noch zu Hause das Mittagessen einnehmen. Für kinderreiche Familien ist dies ein finanzieller Vorteil. Ein weiterer Grund, den Sonntagnachmittag zu bevorzugen, war die große Schwierigkeit der Eltern, diese Restfreizeit eines Wochenendes sinnvoll mit ihren Kindern zu gestalten. Meistens gehen die Interessen ab einem bestimmten Alter sehr auseinander. Für viele Eltern war und ist die gemeinsame Freizeitveranstaltung eine gute Möglichkeit, ohne größere Belastung mit ihren Kindern zusammen zu sein. Die Jugendlichen waren viel eher bereit, eine Fahrt mit ihren Eltern zu unternehmen, da sie ja die Gelegenheit hatten, mit ihren Klassenkameraden und anderen Erwachsenen zusammen zu sein. Die Fahrten und Freizeitveranstaltungen sind grundsätzlich für alle Familienmitglieder offen; auch sollen Bekannte und Freunde die Möglichkeit haben, mitzumachen. Da auch Kleinkinder mitfahren, kann eine Busfahrt nur die nähere Umgebung zum Ziel haben. Die Fahrzeit soll dabei 30 bis 45 Minuten nicht überschreiten. Ich möchte nun die organisatorischen Vorüberlegungen zu einer Freizeitveranstaltung kurz skizzieren. Man muß sich rechtzeitig, gerade in der Sommerzeit, um einen Bus bemühen; d.h. die Anmeldungen für die Fahrten müssen rechtzeitig ausgegeben werden.

Bei unserer ersten Fahrt zum Kennenlernen fuhren wir nur etwa 50 km mit dem Bus zu einem Rundwanderweg. Die Teilnehmer formierten sich dort zu Gruppen durch Losentscheid. Erwachsene und Kinder bildeten gemischte Gruppen. Die Freiwilligkeit wurde dabei besonders beachtet. Niemand wurde auch gezwungen, an einem Spiel teilzunehmen. Trotzdem gab es kaum jemand, der sich weigerte mitzumachen. Auf dem Rundwanderweg waren ca. alle 1 bis 2 km Stationen errichtet. Schüler der Klasse nahmen die Gruppen in Empfang und stellten ihnen leicht zu lösende Beobachtungsaufgaben (Wegmarkierung, Hinweistafel usw.). An einigen Stationen wurden auch kleinere sportliche Leistungen verlangt, wie Kniebeugen, Steinstoßen, Kletterübungen usw. Immer wieder wurde darauf geachtet, daß Aufgaben gestellt wurden, die die gesamte Gruppe zu lösen hatte. Auf die gelösten Aufgaben oder Übungen gab es Punkte. Nachdem alle Gruppen die verschiedenen Stationen im Uhrzeigersinn durchlaufen hatten, fuhren wir zu einer Gaststätte zum „Brotzeitmachen". Natürlich war unser Besuch vorher mit der Wirtin abgesprochen. Ich hatte mir die Speisekarte zuschicken lassen und die Eltern und Schüler hatten schon zu Hause bestellt. Ideal ist es, wenn die gesamte Gruppe in einem reservierten Nebenzimmer des Gasthauses untergebracht ist.

Während der Brotzeit fand die Siegerehrung statt. Kleinere Preise wurden von den Eltern selbst gestiftet. An jedem Stammtischabend wird ein kleines Sparschwein herumgereicht; mit den Geldspenden werden eventuelle Auslagen erstattet, z.B. Materialkosten, Preise, Zuschüsse für kinderreiche Familien, Trinkgelder für den Busfahrer usw.

Der Veranstalter sollte, bevor er die Tour mit einer größeren Gruppe durchführt, die gesamte Fahrt- und Wanderroute schon einmal erkundet haben. Genaue Ortskenntnisse und gute Auswahl der Gasthäuser sichern auch hier schon im voraus den Erfolg. Insgesamt muß gesagt werden, je genauer die Vorbereitung ist, desto weniger Ärger gibt es während der Veranstaltung. Um auch jüngeren Kindern die Teilnahme an Ausflugsfahrten zu ermöglichen, muß auch für diese Teilnehmer ein eigenes Programm geplant werden.

Hier erhielt ich tatkräftige Unterstützung durch jüngere Mütter, die sich schon zu Hause Spiele und Unterhaltungsmöglichkeiten ausgedacht hatten.

Von Vorteil ist, wenn an solchen Rundwanderwegen ein Kinderspielplatz vorhanden ist.

Sehr schön gestaltete sich auch die Abend- und Nachtwanderung im Juli. Viele Kinder waren noch nie mit ihren Eltern in der Nacht gewandert. In die Wanderung eingebaut war ein Besuch in einer Gaststätte, so daß die anschließende Rückwanderung im Dunkeln stattfand. Man nahm einige Fackeln zur Sicherheit mit. Auch durfte der Wanderweg nicht an einer Straße entlang führen.

Eine sehr gelungene Freizeitveranstaltung war die gemeinsame Faschingsparty mit Eltern und Kindern. Der überwiegende Teil der Eltern war maskiert gekommen. Bei dieser Veranstaltung wurde die Arbeit einem kleinen Organisationskomitee übergeben, so daß ich entlastet war. Die Eltern übernahmen dabei nicht nur die Dekoration des Saales, sondern auch die Bereitstellung von Essen und Trinken, sowie die Installation des Plattenspielers und der notwendigen Verstärker.

Das Programm des Nachmittags war so aufgebaut, daß sich Tanz und Spielrunden abwechselten. Die Spiele waren auf das Alter der Teilnehmer abgestimmt, so daß auch jüngere Kinder mitmachen konnten. Eine Schülergruppe hatte einen Sketch vorbereitet, in dem sie den Eltern den „Unterricht" vorstellten. Für die Nichttänzer unter den Jugendlichen stand eine Kegelbahn zur Verfügung. Diese Faschingsparty machte allen großen Spaß.

Ich möchte noch einige Vorschläge für Freizeitveranstaltungen anfügen:

— Stadtsuchspiel – Wir entdecken unsere Stadt / unser Dorf.
— Radfahrturnier – Wer ist der geschickteste Radfahrer?
— Gemeinsame Radtour – geplant als Sternfahrt.
— Betriebsbesichtigungen – Hier arbeitet mein Vater!
— Gartenparty zum Schuljahresschluß – Wir veranstalten ein kleines Volksfest.
— Fußballspiel – Eltern gegen Kinder (Tischtennis, Schwimmen).
— Wir wandern nur mit Kompaß und Karte.
— Fotosafari – Die besten Fotos der Stadt / des Dorfes.
— Miniolympiade – (ähnlich „Spiel ohne Grenzen").

Ich glaube, daß man mit etwas Phantasie die wenigen Freizeitveranstaltungen, die im Wechsel mit den Stammtischabenden folgen, leicht gestalten kann.

4.3.3 Feedback für den Lehrer

Meine Erfahrungen mit *Elternstammtisch* und Freizeitveranstaltungen aus den beiden Schuljahren möchte ich nun ansprechen.

Mancher Kollege, der diese Zeilen liest, wird vielleicht fragen, ob sich der zeitliche Aufwand lohnt. Eine Betrachtung unter diesem Aspekt im Bereich der Erziehung ist immer etwas fraglich, da sich erzieherisches Wirken ja nicht in Meßdaten übertragen läßt und dann immer erst auf längere Sicht erkennbar wird. Auch bleibt die Beurteilung dieses Experiments immer vorläufig subjektiv. Unter allen diesen Einschränkungen kann aber festgestellt werden, daß sich das Klima in der Klasse durch den engeren Kontakt mit Schülern und Eltern sehr geändert hat. Aus einem sachlichen, sterilen Schulklima wurde ein persönliches, freundschaftliches. Sicher können dadurch Konflikte mit Eltern nicht ausgeräumt werden, aber sie lassen sich emotionsfreier bewältigen. Die Eltern kennen den Lehrer auch in einer privaten Atmosphäre. Der Lehrer muß in vielen Situationen nicht nur Gesprächspartner in schulischen Dingen sein, sondern kann sich auch einmal von einer anderen Seite zeigen. Die Eltern fühlen sich dabei entlastet, denn mit einem Lehrer, mit dem man gemeinsame positive Erlebnisse hat, kann man eher persönliche Probleme besprechen. Auch lernt der Lehrer seine Schüler in einer ganz neuen Rolle kennen, nicht als oft von der Schule „frustrierte", sondern recht aktive, kreative junge Menschen. Das führt zu einer Verhaltensänderung im Unterricht. Man kann auf einen positiven Erlebnishintergrund zurückgreifen und so läßt sich manche schwierige Schulsituation viel leichter bewältigen. Die Auswirkungen von diesen Treffen mit den Eltern und den Schülern sind bis jetzt nur positiv. Die Schüler werden regelmäßig von ihren Eltern über die Abende informiert, und am nächsten Morgen von den Schülern eine Stellungnahme meinerseits verlangt.

Die Schüler fühlen sich entlastet, wenn ihre Probleme besprochen werden und sie sehr genau wissen, daß sich ihre Eltern bemühen, ihre Erziehung kritisch zu überprüfen.

4.3.4 Die Rolle des Klassenelternsprechers

Durch die intensivere Zusammenarbeit zwischen Elternhaus und Schule ist auch die Rolle des Klassenelternsprechers neu zu definieren. Er ist jetzt nicht nur Interessenvertreter der Eltern und Kontaktmann zur Schule, sondern echter Mitarbeiter und Mitinitiator. Bei der Organisation einer Freizeitveranstaltung, der Suche nach geeigneten Themen, der Auswahl von Referenten, der Verwaltung des gespendeten Geldes kann er den Lehrer wirklich entlasten. Es hat sich auch gezeigt, je mehr der Lehrer bereit ist, Verantwortung zu delegieren, desto stärker wird die Bereitschaft, aktiv mitzuarbeiten.

4.3.5 Auswirkungen auf die in der Allgemeinen Schulordnung geforderten Maßnahmen

Ich möchte hier nur den Bereich der Elternkontakte durch Elternsprechstunden näher beleuchten. Die Sprechstunden werden jetzt noch genauso frequentiert, wie vor der Errichtung des *Elternstammtisches*. Bei den Gesprächen mit den Eltern waren folgende Änderungen festzustellen:

- Die Eltern zeigten sich weniger reserviert oder gehemmt.
- Sie stellten genauere, thematisch engere Fragen.
- Die Aussprache konnte zielorientierter durchgeführt werden.
- Das Gesprächsklima wurde als entspannt empfunden.
- Die Beratung baute auf den allgemeinen Informationen der Stammtischabende auf und konnte auf den Schüler spezialisiert werden.
- Pädagogisches Vorwissen war schon bei den Eltern vorhanden und konnte in das Gespräch mit eingebaut werden.
- Es wurden zusehends mehr Fragen zur Erziehung gestellt und es wurde weniger nach dem Leistungsbild allein gefragt.
- Schulversagen wurde differenzierter betrachtet und auch häusliche Schwierigkeiten wurden mit einbezogen.

Insgesamt kann als Resümee festgehalten werden:

Eine Elternsprechstunde führt durch den Elternstammtisch zu einer echten Kommunikation zwischen Schule und Elternhaus.

5. Erfahrungen über die Operationalisierbarkeit des Modells

5.1 Klärung der Bedarfslage seitens der Eltern

Das Interesse der Eltern am *Elternstammtisch* und an den Freizeitveranstaltungen ist sehr groß. Die Besucherzahl lag immer zwischen 50 und 60 % der Eltern der Klasse. Bei einer kleinen klasseninternen Umfrage wurde an die Eltern die Frage gerichtet:

„Welche Erwartungen verbinden Sie mit dem Wort *Elternstammtisch?*" Hier einige Antworten:

„... Kontakt mit anderen Eltern, bei gemütlichem Beisammensein." – „... Mit anderen Eltern reden; Auskunft vom Lehrer über mein Kind" – „Erfahrungsaustausch" – „... einen gesunden Meinungsaustausch über Erziehung ..." – „Eventuell auftretende Probleme zwischen Lehrer und Schüler auf legere Art zu besprechen und nötigenfalls zu beseitigen ...". Ich glaube, daß die Antworten ein wenig die Bereitschaft der Eltern widerspiegeln, sich über Erziehungs- und Schulprobleme in „legerer" Art auszutauschen.

5.2 Schwierigkeiten in der Anfangsphase

In der Anfangsphase muß sich ein Kollege, der die Initiative zu einem *Elternstammtisch* hat, bewußt machen, daß er zunächst allein alle Veranstaltungen organisieren muß. Dieser Prozeß dauert ca. ein halbes Jahr, bis sich eine kleine aktive Elterngruppe in Verbindung mit dem Klassenelternsprecher gefunden hat, um dem Lehrer einiges an Organisationsarbeit abzunehmen. Sehr wichtig scheint mir auch noch die Information des Rektors oder anderer Kollegen. Dabei sollte der Lehrer darauf achten, daß sein Vorschlag Elternarbeit zu treiben, an der Schule nicht in das Kreuzfeuer der Kritik gerät.

Schwierigkeiten kann es am Anfang dann geben, wenn nicht sofort versucht wird, eine Jahresplanung zu erstellen. Die Eltern können sich dann viel besser auf die Termine einstellen.

5.3 Der Elternbrief – ein wichtiges Kommunikationsmittel

Der Elternbrief scheint die beste Möglichkeit zu sein, zwischen den einzelnen Veranstaltungen mit den Eltern in Kontakt zu bleiben.

Der Elternbrief hat immer eine ähnliche Form. Er ist in persönlichem Stil abgefaßt, informiert die Eltern über die letzte Veranstaltung und lädt zu einer neuen Veranstaltung ein.

Ich möchte hier den Kopf und den Schlußabschnitt eines Elternbriefes vorstellen:

> Hauptschule an der Stollstraße
> Klasse 8a
> Elternbrief Nr. 1   Ort, Datum
>
>
> Liebe Eltern!
>
> — Treffpunkt, genaue Uhrzeit, und Datum werden besonders hervorgehoben —
>
> Mit freundlichen Grüßen
>
>   Unterschrift des Klaßlehrers
> --
>
> Ich habe den Elternbrief Nr. 1 erhalten und werde an der Veranstaltung am . . . . . ,
> um . . . . . teilnehmen / nicht teilnehmen.
> (Falls ich verhindert bin, sorge ich rechtzeitig für Ersatz)
>
> Ort, Datum   Unterschrift der Eltern

Der letzte Abschnitt hat sich besonders bewährt. Hier werden die Eltern ganz bewußt zu einer frühen Stellungnahme „gezwungen".

Der Lehrer hat sehr schnell einen Überblick, ob sich die Veranstaltung durchführen läßt und kann dies den Kindern mitteilen. Bei Freizeitveranstaltungen wurden Anmeldungen meistens nur von Eltern *und* Kindern angenommen. Somit bleibt die Aufsichtspflicht bei den Eltern und nicht beim Lehrer. In Ausnahmefällen wurde von der Regelung abgegangen und die „elternlosen" Schüler mußten sich „Gasteltern" suchen, die dann während der Veranstaltung auf das Kind mit aufpaßten.

Im Laufe des Schuljahres stellte sich heraus, da auch Eltern, die anfangs überhaupt nicht an Veranstaltungen teilnahmen, überraschenderweise doch kamen. Im Gespräch erklärten einige, daß der Elternbrief und die darin geschilderten Veranstaltungen mit der Zeit eine große Anziehungskraft ausübten.

5.4 Übertragbarkeit auf andere Schulen und andere Lehrpersonen

Grundsätzlich scheint das Modell eines *Elternstammtisches* mit Freizeitveranstaltungen in allen Altersstufen und an allen Schulen durchführbar zu sein. Sicherlich werden es größere Schulen in einer Stadt etwas leichter haben. Einige Schwierigkeiten dürfte es bei Schulen geben, wo Schüler aus sehr vielen Gemeinden in die Mittelpunktsschule oder das Schulzentrum fahren. Kollegen, die in solchen Schulen unterrichten, sagten mir, daß sehr viele Eltern ein Fahrzeug besitzen und sich zu Fahrgemeinschaften zusammenschließen könnten. Außerdem könnte man auch den Stammtisch abwechselnd in verschiedenen Gasthäusern an verschiedenen Orten halten. Schwierig dürfte die Durchführung von Freizeitveranstaltungen in ländlichen Gegenden sein, wo die Eltern der Schüler an besondere Termine, wie Viehfütterung, vielleicht auch sonntags, gebunden sind. Bei einer langfristigen Planung könnten sich diese Eltern eine Vertretung besorgen. Ich glaube, daß örtliche Bedingungen bei den anfänglichen Überlegungen eine große Rolle spielen dürften. Sehr oft mußte ich auch eine negative Stellungnahme von Kollegen auf die Frage, ob sie einen *Elternstammtisch* gründen würden, entgegennehmen. Eine Kollegin gab zur Antwort: ,,Ich finde diese Art der Veranstaltung sehr gut, würde aber nur mitmachen, wenn ich eine Stundenermäßigung erhalte!" Ich glaube, daß sehr viele Lehrer einer Zusammenarbeit zwischen Elternhaus und Schule noch zu zurückhaltend gegenüberstehen.

5.5 Stellungnahme von Eltern zum Elternstammtisch

An die Eltern wurde ein kurzer Fragebogen ausgeteilt, mit der Bitte, zu den Veranstaltungen Stellung zu nehmen. Von 34 Schülern gaben 28 Eltern den Fragebogen zurück. 8 Eltern begründeten kurz, warum sie nicht an den Veranstaltungen teilnehmen konnten und wollten.

Hier einige Auszüge:
,, . . . aus gesundheitlichen Gründen . . . – bin ich abends in der Arbeit . . . – Der Stammtisch traf immer auf meine Nachtschicht . . . – Wir besuchen den Stammtisch nicht, weil mein Mann Nachtschicht hat und ich alleine nicht hingehen möchte . . . – Kein Interesse am Stammtisch".

Von 20 Eltern wurde der *Elternstammtisch* ausnahmslos positiv beurteilt. Einige Antworten sollen hier exemplarisch herausgestellt werden:

Frage 1: Welche Erwartungen verbinden Sie mit dem Wort *Elternstammtisch?*
Antworten: siehe 5.1.

zu Frage 2: Glauben Sie, daß die bisher besuchten Veranstaltungen für Ihre Tätigkeit als Erzieher hilfreich waren?

Es antworteten 10 Eltern nur mit ,,ja".

Ansonsten wurden folgende Antworten gegeben:
,,auf jeden Fall! – Wir finden für manches Erziehungsproblem leichter eine Lösung. – Wir sind überzeugt, daß die Veranstaltungen sehr hilfreich waren. – unbedingt – ja, denn ich erfahre mehr über das Verhalten meines Sohnes – Die neuen Erfahrungen und Erkenntnisse waren sehr hilfreich für unsere Probleme – da lerne ich auch andere Erziehungsmöglichkeiten kennen – ja, mir waren sie (Veranstaltungen) sehr von Nutzen – Meine Erziehung ist freier geworden."

zu Frage 3: Warum besuchten Sie den Elternstammtisch und die Freizeitveranstaltungen?

Antworten: ,,Wegen besserem Kontakt mit dem Lehrer und Informationsmöglichkeiten. – Austausch mit anderen Eltern – Die Möglichkeit mit dem Lehrer zu sprechen – Ich konnte leider nur selten kommen, aber solche Veranstaltungen finde ich prima! – Zum Kennenlernen von anderen Eltern – daß Eltern, Schüler und Lehrer in einem besseren Verhältnis stehen – nützliche Informationen; Dinge, die wir nie erfahren hätten; Kontakte mit anderen Eltern und dem Lehrer; heuter und lehrreich, das ist unser Elternstammtisch."

zu Frage 4: Nennen Sie Veranstaltungen, die Ihnen besonders gut gefallen haben!

Antworten: Mit Abstand am häufigsten wurden das Stationsspiel und dann die Faschingsparty genannt.

zu Frage 5: Sind Sie mit der Form des *Elternstammtisches* einverstanden? Möchten Sie etwas geändert wissen?

Antworten: Von 20 Eltern waren 19 uneingeschränkt mit dem Ablauf der Veranstaltungen einverstanden. Eine Antwort befürwortete die Abhaltung eines Stammtisches am Samstagabend (Schichtarbeit).

zu Frage 6: Würden Sie den *Elternstammtisch* bei einem anderen Klaßlehrer auch besuchen?

Antworten: Alle Eltern antworteten mit „ja".

zu Frage 7: Hat sich in Ihrer Familie durch Veranstaltungen im Rahmen des *Elternstammtisches* etwas positiv oder negativ geändert?

Antworten: 11 Eltern antworteten mit „nein". 5 Eltern antworteten mit „positiv".

„Es ist wie ein Wunder; Vater hat seitdem auch ein Ohr für Schulprobleme — Nach jeder Veranstaltung sind positive Ansätze spürbar und haben sicher auch weiter gewirkt."
„Man sieht die Schwächen der Kinder mit nderen Augen. —"

zu Frage 8: Sprechen Sie mit Ihrem Sohn / mit Ihrer Tochter über die Themen einer Veranstaltung?

Antworten: 19 Eltern antworteten mit „ja".

„Am nächsten Tag wird heiß diskutiert. Sogar die erwachsene Tochter hält mit — Der Sohn fragt, worüber gesprochen wurde und geht im Gespräch mehr aus sich heraus."

zu Frage 9: Was sollte an einem Abend noch besprochen werden? Was interessiert Sie?

Antworten: „Jugendkriminalität — Gestaltung von Ferien mit Kindern — Fort- und Weiterbildungsmöglichkeiten nach Abschluß der Schule — Einblick in den Unterrichtsablauf — Wie weit geht der Lehrer mit der Aufklärung? — Berufsprobleme — "

Die Aussagen der Eltern sind ein hoffnungsvolles Signal für einen Neuansatz im Verhältnis Elternhaus — Schule. Nach den Erfahrungen in einem fast zweijährigen Experiment können mit aller Vorsicht thesenartig folgende Feststellungen getroffen werden:

1. Der *Elternstammtisch* und die Freizeitveranstaltungen ermöglichen echte Kooperation im Erziehungsfeld Schule — Elternhaus.
2. Der *Elternstammtisch* schafft eine Basis für den effektiveren Einsatz bestehender schulischer Beratungseinrichtungen.
3. *Elternstammtisch* und Freizeitveranstaltungen sind eine Hilfe bei der Verwirklichung des Erziehungsauftrages der Schule.

Literatur

Vierzig, Siegfried: Der Lehrer im Religionsunterricht. In: Informationen zum religions-unterricht, Heft 3 (1976)
Gloor, Armin: Lehrer in ihren Beziehungen zu Eltern. In: Schweizer Schule, Heft 19 (1963), S. 708-713.

Johann Fackelmann/Klaus Patho

Mündliche Prüfung in Schulpädagogik

Vorbemerkung 158

1. Prüfungsverlauf 158

2. Gegenstandsbereich 158
2.1 Aussagen der Prüfungsordnung 158
2.2 Auswahlkriterien 158
2.2.1 Beispiele für Fälle, die den Schüler in den Mittelpunkt stellen 159
2.2.2 Beispiele für Fälle, die den Lehrer in den Mittelpunkt stellen 159
2.2.3 Basisprobleme 159

3. Analyse der Fragestellungen 160

4. Erwartungen der Prüfer 163
4.1 Gründliches und umfassendes Erfassen der Aufgabenstellung 164
4.1.1 Alle vorgegebenen Informationen in der Problematisierung verwerten 164
4.1.2 Basisprobleme von Zusatzbeschreibungen abheben 165
4.1.3 Eine Offenheit in der Fragestellung klar herausstellen 165
4.1.4 Das Problem benennen 166
4.2 Vorstellen einer nach logisch-wissenschaftlichen Gesichtspunkten aufgebauten Gliederung 166
4.2.1 Fallbeispiele: Der Schüler als Konfliktauslöser 167
4.2.2 Fallbeispiele: Der Lehrer als Konfliktauslöser 170
4.3 Wissenschaftlich gründliche, „vollständige" Beantwortung 174
4.3.1 „Vollständigkeit" der Beantwortung 174
4.3.2 Wissenschaftliche Gründlichkeit 174
4.4 Gezielter Gebrauch der Fachsprache 174
4.5 Geistige Flexibilität 175
4.5.1 Eingehen auf Eingriffe der Prüfungskommission 175
4.5.2 Zusammenhänge der Ausführungen herstellen und Schlußfolgerungen daraus ziehen 176

5. Möglichkeiten der Vorbereitung 176
5.1 Erstellen von Arbeitspapieren im arbeitsteiligen Verfahren 176
5.2 Training des Herauslösens von Problemfeldern 177
5.3 Training des schnellen Gliederns 177
5.4 Brainstorming 178
5.5 Rollenspiel 178

6. Zusammenfassung 178

Literatur 178

Vorbemerkungen

Der für diesen Beitrag gesetzte Rahmen verlangt eine entscheidende Einschränkung. Im Vordergrund der Ausführungen stehen deshalb Hilfen zur formalen Bewältigung der Prüfungssituation. Inhaltliche Aussageaspekte [1] können nur anklingen.

Unser Ziel ist es, den Blick für anstehende Probleme zu öffnen und aufgrund der Problemsichtigkeit Kräfte für die inhaltliche Aufbereitung dieses Teilbereichs der Prüfung freizusetzen.

1. Prüfungsverlauf [2]

Während der 30 Minuten dauernden Prüfung werden dem Prüfling zwei Fallbeispiele vorgelegt. Die Prüfungskommission besteht aus einem Vorsitzenden (meist Schulrat) und zwei Beisitzern (meist Seminarrektoren). Dieser dürfen weder der eigene Schulrat noch der eigene Seminarleiter angehören. Die Bewertung erfolgt durch *alle* Mitglieder der Prüfungskommission. Die Fallbeispiele sowie die Art der Beantwortung werden in einer Niederschrift festgehalten. Die Bewertung der Leistung wird dem Prüfling mitgeteilt. Die Note geht in die Gesamtberechnung mit dem Multiplikator eins ein.

2. Gegenstandsbereich

2.1 Aussagen der Prüfungsordnung [3]

„In der mündlichen Prüfung aus der Schulpädagogik sind dem Prüfungsteilnehmer an konkreten Fällen erziehungspraktische Probleme vorzulegen, deren erzieherische Behandlung er aufzuzeigen und aus pädagogischen, psychologischen und soziologischen Einsichten zu begründen hat."

Damit stellt sich die Frage, nach welchen Kriterien die konkreten Konfliktfälle gewonnen werden.

2.2 Auswahlkriterien

Im Bereich der Unterrichts- und Erziehungsarbeit stellt sich immer dann das Problem, sog. „Fälle" lösen zu müssen, wenn einer der am Interaktionsprozeß beteiligten Personen

---

[1] Literaturhinweise zur inhaltlichen Vorbereitung finden sich im Anhang.
[2] VPO II v. 4.10.1972, § 15 und KMS v. 28.3.1974.
[3] VPO II v. 4.10.1972, § 14.

(Lehrer, Schüler) Konflikte auszutragen hat. Damit rückt zum einen der Schüler mit seinen spezifischen Problemen (Mitschüler, Gruppe, Lehrer, Stoff, Ordnungsrahmen usw.) und zum anderen der Lehrer im Rahmen der Verwirklichung seines Erziehungsauftrags (Konflikte mit Schülern, Kollegen, Eltern, Klassen, Ordnungsrahmen, Erziehungszielen usw.) in den Mittelpunkt der Betrachtung. Diese Analyse des Interaktionsprozesses erlaubt eine erste Kategorisierung der Gegenstandsbereiche.

2.2.1 Beispiele für Fälle, die den Schüler in den Mittelpunkt stellen

- *In Ihrer Klasse ist ein unordentlicher Schüler. Sein Platz ist nie aufgeräumt, Hefte und Bücher sind zerrissen und verschmiert.*
- *Sie stellen fest, daß ein neuer Schüler Schwierigkeiten hat, von der Klassengemeinschaft angenommen zu werden.*
- *Ein Schüler Ihrer Klasse stellt seinen Mitschülern gegen kleinere Geldbeträge seine Hausaufgabe zum Abschreiben zur Verfügung.*
- *Ein Schüler Ihrer Klasse fällt durch ständige Zwischenrufe auf.*

Aus diesen Beispielen wird deutlich, daß der Schüler aus phänomenologischer Sicht zwar im Mittelpunkt steht und über sein Verhalten zu reflektieren ist, aber letztlich der Lehrer aufgefordert ist, bei der Bewältigung der Schülerkonflikte entscheidende Hilfestellung zu leisten, indem er eine Verhaltensänderung beim Schüler oder der Klasse (Gruppe) zu initiieren hat.

2.2.2 Beispiele für Fälle, die den Lehrer in den Mittelpunkt stellen

- *Sie übernehmen eine Klasse, die als disziplinschwierig gilt.*
- *Der Lehrer macht an der Tafel einen Fehler. Ein Schüler weist ihn darauf hin. Der Lehrer sagt: „Danke, daß du so gut aufgepaßt hast."*
- *Im Schaukasten eines Klassenzimmers werden stets nur gute Schülerarbeiten ausgestellt.*
- *Ein Lehrer erteilt nach Meinung der Eltern zu viele Hausaufgaben.*

Während es in den vorher genannten Beispielen darum ging, Schülerverhalten zu ändern, ergibt sich hier die Notwendigkeit, über das Lehrerverhalten zu reflektieren, um Möglichkeiten zur Verhaltensänderung aufzuzeigen oder die Entstehung von Verhalten, sei es positiv oder negativ, zu durchdenken.

Obwohl, wie bei allen zwischenmenschlichen Beziehungen eine unendliche Anzahl von Konfliktfällen möglich scheint, läßt sich letztlich die Fülle der Beispiele auf eine überschaubare Anzahl von Basisproblemen zurückführen. Anhand dieser Basisprobleme lassen sich Informationen effektiv sammeln. Sie sollten deshalb Ausgangspunkt einer inhaltlichen Prüfungsvorbereitung sein.

2.2.3 Basisprobleme

Wir sind uns bewußt, daß aufgrund der vielen Überschneidungen und Wechselwirkungen eine eindeutige Kategorisierung der Basisprobleme nicht zu leisten ist. Wenn wir dennoch eine Unterteilung versuchen, möchten wir damit bestimmte Schwerpunkte für die Betrachtung eines Phänomens setzen.

Nachdem zum Lösen von Problemen aus der Sicht des Lehrers häufig rechtliche Verlautbarungen als Grundlage herangezogen werden müssen, weist die Kennzeichnung mit

„R"[4] auf eine notwendige rechtliche Argumentation hin. Ein Anspruch auf Vollständigkeit wird nicht erhoben.

Schüler

Arbeitshaltung (Aufmerksamkeit, Konzentrationsmangel, Faulheit, Heftführung ...)
Störverhalten (Zwischenrufe, Schwätzen ...)
Angst
Aggression
Verwahrlosung
Entwicklungsstörungen
Leistungsversagen (auch: Wiederholung, Einweisung in Förderkurse, Sonderschule ...)   R
Schulreife   R
Sprachstörungen
Sozialverhalten (Außenseiter, Neuling, Klassenkaspar, Petzer ...)
Dominanztypen
Rauchen / Drogen   R
Schulschwänzen   R
Diebstahl   R
Lüge

Lehrer

Strafen (aversive stimuli ...)   R
Disziplin, disziplinlose Klasse
Wetteifer, Wettkampf
Ordnungsformen
Hausaufgaben   R
Elternkontakte   R
Führungsstil, Erziehungsstil (Verbalverhalten ...)
Vorbild, Leitbild
Wanderung, Feier (erziehlicher Aspekt)   R
Differenzierung (pädagogischer Aspekt)
Gruppenarbeit (pädagogischer Aspekt)
Verstärker (Belohnung ...)
Ausstattung des Klassenzimmers
Verhalten gegenüber Klaßlehrer, Fachlehrer, Schulleiter   R
Sitzordnung
Schulgebet   R
Gastarbeiter   R

3. Analyse der Fragestellungen

Beispiele

1. *Die Mutter eines Schülers Ihrer Klasse beklagt sich in der Sprechstunde energisch über die umfangreichen Hausaufgaben. Ihr Sohn braucht für die Erledigung der Aufgaben regelmäßig etwa 2 Stunden.*

Bereits in der Fragestellung ist das Kernproblem „Stellenwert der Hausaufgaben" benannt. Es bleibt offen, ob sich der Konflikt nur als individuelles Problem und damit als Schülerproblem zeigt, oder ob eine Fehleinschätzung des Leistungsvermögens der ge-

---

[4] Hierzu wären die entsprechenden Verlautbarungen der ASchO und LDO nachzulesen.

samten Klasse durch den Lehrer vorliegt. In jedem Fall wird die pädagogische Bedeutung der Hausaufgaben zu erörtern sein.

2. Sie übernehmen eine Klasse, die sich nur schwer disziplinieren läßt. Einige Schüler kommen am Rande oder außerhalb des Unterrichts zu Ihnen und sagen Negatives über verschiedene Mitschüler aus.

Als zentrales Problem fällt zunächst das Basisproblem „Klassenübernahme" auf. Eine nähere Charakterisierung dieser Klasse wird durch die Formulierung „schwer zu disziplinieren" angezeigt. Als besondere Schwierigkeit taucht zusätzlich das Problem des „Petzertums" auf. Diese beiden Zusatzinformationen machen es notwendig, das allgemeine Problem der Klassenübernahme spezifiziert darzustellen. Offen bleibt, ob die Disziplinlosigkeit der Klasse durch die Einwirkung einiger dominanter Schüler verursacht wird.

Fazit: Die Komplexität der Fragestellung wird das Vorgehen bei der Beantwortung determinieren. So sind folgende Lösungsschemata denkbar:

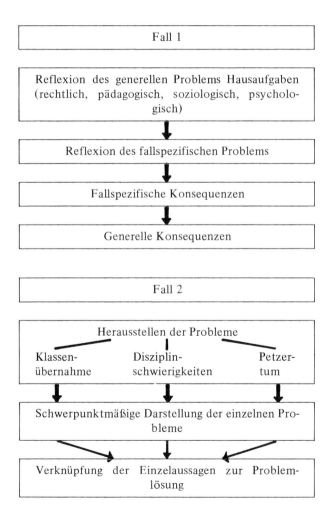

> Übung
>
> Versuchen Sie die folgenden Fallbeispiele nach diesen Lösungsstrategien zu gliedern.
>
> - *Der Fachlehrer, der Kunsterziehung in Ihrer Klasse erteilt, bittet Sie, einen Schüler mit einer Strafarbeit zu belegen, weil dieser sich weigert, im Unterricht mitzuarbeiten.*
> - *Sie machen folgende Beobachtung: Während der Pause nimmt ein Schüler Ihrer Klasse aus Ihrem Pult eine Tube Uhu und steckt sie in seine Tasche.*
> - *Eine Schülerin kommt eine Minute nach dem offiziellen Unterrichtsbeginn zur Schule. Der Schulleiter stellt sie am Eingang des Schulhauses zur Rede. Da hastet der Klassenlehrer der Schülerin an den beiden vorbei in sein Klassenzimmer.*
> - *Ein Schüler Ihrer 1. Jahrgangsstufe kann nicht ruhig am Platz sitzenbleiben. Er läuft planlos in der Klasse umher, verkritzelt anderen Kindern die Zeichnungen und wirft deren Arbeitsmaterial auf den Boden.*
> - *Nachdem Sie zwei streitende Jungen getrennt haben, wirft sich einer der beiden auf den Boden, schlägt wie wild um sich und brüllt. Dabeistehende Schüler meinen: ,,Das macht er immer so, wenn er seine Wut hat".*
> - *Susanne fehlt grundsätzlich, wenn eine Probearbeit angesagt ist. Da die Leistungen im allgemeinen nicht entsprechen, möchte die Klaßlehrerin die Schülerin wiederholen lassen.* [5]

3. Die Schülerin einer 3. Jahrgangsstufe kommt einige Wochen nach Schuljahresbeginn nach Hause und berichtet: ,,Bei der neuen Lehrerin ist es Klasse."

Ein Konflikt wird in der unmittelbaren Formulierung nicht aufgezeigt [6]. Erst das Reflektieren über die Schüleräußerung (in anderen Fällen die Lehreräußerung) ,,Bei der neuen Lehrerin ist es Klasse", führt an die eigentliche Problematik heran. Es bieten sich zwei Interpretationsmöglichkeiten, die das später zu behandelnde Basisproblem grundlegen:

1. Es handelt sich um eine Individualäußerung, die von den Mitschülern nicht geteilt wird. In diesem Fall müßte das Verhalten der Lehrerin zur Einzelschülerin näher analysiert werden (z.B. Verstärkungstechniken).

2. Die Äußerung ist Ausdruck der Stimmung der gesamten Klasse. Damit müßte die Verhaltensweise der Lehrerin zu allen Schülern diskutiert und die Frage nach der Diskrepanz der erlebten Erziehungsstile gestellt werden.

Grundsätzlich gilt es bei solchen Fragen, die Reaktionsweisen vorgeben, diese zu überlegen, zu interpretieren und daraus die spezifische Problematik abzuleiten. In vielen Fällen sind *mehrere* Konstellationen denkbar und deshalb *mehrere* Lösungsansätze zu verfolgen.

Für unser Fallbeispiel ergäbe dies folgendes Schema:

---

[5] Der Formulierung der Fälle wurden teilweise Anregungen von SchAD Maag und SR Bahr zugrundegelegt.
[6] Huber ordnet diese Fragen dem sogenannten ,,Positivkatalog" zu. Anton Huber; Führung und Ausbildung, Donauwörth 1978.

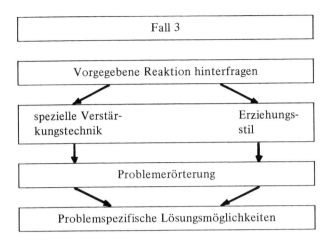

> Übung
>
> Versuchen Sie auch hier ein Traning
>
> – *Sie beziehen mit Ihrer neu übernommenen Klasse ein neues Klassenzimmer. Nach einer Woche hören Sie im Vorübergehen einige Kinder Ihrer Klasse zueinander sprechen: „Bei Herrn O. war unser Klassenzimmer aber viel schöner."*
>
> – *Auf die falsche Antwort eines Schülers hin gibt der Lehrer folgenden Kommentar: „Du hättest halt aufpassen sollen, statt mit deinem Nachbarn zu reden, dann würdest du nicht solchen Quatsch erzählen und uns von der Arbeit abhalten."*

Der Leser muß sich darüber im klaren sein, daß es sich hier um idealtypische Darstellungen handelt. Mischtypen in der Art der Fragestellung sind denkbar.

4. Erwartungen der Prüfer

Welche Erwartungen bei der Beantwortung der Fallbeispiele an den Prüfling gestellt werden, läßt sich an Auszügen aus Prüfungsprotokollen belegen.

- ... erkennt das Problem im ganzen richtig
- ... erfaßt die Problematik vollständig und analysiert sie sehr gründlich
- ... erkennt den Zusammenhang zwischen den Einzelinformationen nur unvollständig
- ... stellt den Ausführungen eine sachlogische Gliederung voran
- ... ohne das Problem zu benennen, werden vorschnell unrealistische Lösungsansätze geboten
- ... durch die oberflächliche Ursachenerhellung müssen die Lösungsvorschläge ohne klaren Bezug bleiben
- ... das fallunspezifische, vorbereitete Grobschema einer Gliederung führt zu einer oberflächlichen Abhandlung
- ... unter Einbezug der rechtlichen Verlautbarungen wird eine theoretisch und praktisch ausgewogene Darstellung entwickelt
- ... die theoretisch fundierten Ausführungen sind nur punktuell auf das Fallbeispiel bezogen
- ... kann nur mit zielgerichteten Hilfen zu einer umfassenden Analyse kommen

... begrifflich klare und überzeugende Argumentation kennzeichnet die Ausführungen
... Die mangelhafte Kenntnis der einschlägig bekannten Fachliteratur und die unsystematische, unbeholfene Art der Darstellung ...
... Unsicherheit im Gebrauch der Fachsprache führt zu laienhaft wirkenden Lösungen

Folgende Anforderungen werden also an den Prüfling gestellt:

4.1 Gründliches und umfassendes Erfassen der Aufgabenstellung

4.1.1 Alle vorgegebenen Informationen in der Problematisierung verwerten

In vielen Fällen überliest der Prüfling wichtige Details und stößt dadurch häufig erst recht spät in vollem Umfang zur implizierten Problematik vor. Je nach Auffassungstyp kann hier lautes, betontes Lesen oder auch eine Umformulierung (z.B. Ersatzprobe) der Aufgabe weiterhelfen.

Beispiel

– *Peter wiederholt den 2. Schülerjahrgang. Er stört den Unterricht, indem er seine Mitschüler immer wieder zum Lachen bringt. Er spielt „doof", schneidet Grimassen und versucht durch allerlei Tricks Aufmerksamkeit zu erregen.*

Durch die Informationen wird die Vielzahl der Ursachen für Störverhalten entscheidend eingeengt. Es handelt sich um einen Wiederholer, also um einen leistungsschwachen Schüler, wobei allerdings noch nichts über die Ursache des Leistungsversagens ausgesagt ist. Gleichzeitig wird im Fallbeispiel das Ziel des Störverhaltens angegeben und damit eine ganz bestimmte Ursache in den Mittelpunkt gerückt.

Beispiel

– *In der Sprechstunde teilt Ihnen die Mutter einer Schülerin mit, daß ihre Tochter sich in diesem Jahr vor dem Unterricht häufig erbricht und nur selten etwas essen kann.*

Die entscheidende Information stellt hier die Aussage „in diesem Jahr" dar. Es scheint also ein enger Zusammenhang zwischen dem neuen Schuljahr und der Störung in der morgendlichen Nahrungsaufnahme zu bestehen. Offen bleibt allerdings, durch wen diese Störung verursacht wird. Hier können Eltern, Lehrer, Mitschüler und auch die Besonderheiten der Jahrgangsstufe ebenso als entscheidende Faktoren auftreten wie z.B. endogene Faktoren.

Beispiel

– *Horst, ein angeblich sensibles Kind, verläßt während der Pause nach der Beteiligung an einer Prügelei die Schule und behauptet bei seiner Mutter, er sei mißhandelt worden.*
Die Mutter erscheint sehr häufig in den Sprechstunden und macht Ihnen Vorhaltungen über die zu harte Art, mit der Sie Horst „anfassen".

Die Einzelinformationen, die zunächst recht beziehungslos nebeneinanderstehen, ergeben bei näherer Betrachtung einen inneren Zusammenhang. Sensibilität des Kindes, Verhalten der Mutter, Weglaufen und die angebliche Mißhandlung stehen in engem Zusammenhang. Der Schüler wird sich auch in diesem Fall von der Mutter bestärkt wissen, da diese ihr Kind offensichtlich falsch einschätzt (overprotection).

Übung

Versuchen Sie die Verwertung aller Informationen innerhalb der folgenden Beispiele zu üben:
- *Ein mittelmäßig leistungsfähiger Schüler wird bei vielen Gelegenheiten handgreiflich. Täglich beklagen sich Schüler über sein Verhalten während der Pause.*
- *Christine ist ständig darauf bedacht, jegliches Fehlverhalten ihrer Mitschüler sofort dem Lehrer zuzutragen. Im Soziometrischen Test nimmt sie nur negative Wahlen vor.*
- *Eine Mutter erklärt Ihnen in der Elternsprechstunde: Seitdem ich meinem Kind mit Freizeitverbot gedroht habe, bin ich mit seinen Noten zufrieden. Aber jedesmal vor einer Probearbeit kann es nicht einschlafen und liegt morgens schweißgebadet im Bett. Mein Kind braucht aber doch die guten Noten fürs Gymnasium.*

4.1.2 Basisprobleme von Zusatzbeschreibungen abheben

Während es in den vorgenannten Beispielen um Berücksichtigung aller Informationen ging, soll jetzt aufgezeigt werden, wie in bestimmten Fallbeispielen das Basisproblem klar von Zusatzbeschreibungen zu trennen ist.

Beispiel

- *Eine Mutter bringt ihren Sohn täglich zur Schule, geht mit ihm ins Klassenzimmer und setzt ihn auf seinen Platz. Als die Klassenlehrerin die Frau anspricht, sagt diese: „Ja, wissen Sie, er ist unser einziger. Wir haben solche Angst ihn zu verlieren."*

Der erste Teil des Beispiels stellt das Problem vor: Überbehütung. Der zweite Teil schließlich liefert eine Erklärung für das Verhalten der Mutter. Die Analyse des Erzieherverhaltens und die Lösung des Falls werden dadurch determiniert.

Beispiel

- *Dieter ist für Sie ein Problem. Wo Sie ihn hinsetzen, stört er den Unterricht und die Mitschüler.*
Ein Kollege rät Ihnen, den Schüler von Zeit zu Zeit vor die Türe zu stellen.

Hier geht es um das Problem des störenden Kindes. Der Rat des Kollegen kann eigentlich nur bei der Diskussion möglicher Maßnahmen einbezogen und durchdacht werden. Kernproblem bleibt das Störverhalten des Schülers.

4.1.3 Eine Offenheit in der Fragestellung klar herausstellen

Durch falsche Interpretationen offener Fragestellungen kann es zu einer einseitigen und vordergründigen Sichtweise eines komplexen Problems kommen.

Beispiel

- *Bei Klassenübernahme bitten Sie die Schüler nach wenigen Tagen, das Punkt- und Belobigungssystem Ihres Vorgängers weiter anzuwenden.*

Ohne Klarheit über die Möglichkeiten der Anwendung und die theoretischen Hintergründe eines Punkt- und Belobigungssystems geschaffen zu haben, kann dieses Fallbeispiel nicht angegangen werden.

Die pädagogische Intention, das psychologische Wissen und die soziologische Auswirkung werden bei verschiedenen Formen völlig unterschiedlich zu interpretieren und damit auch zu werten sein (negative stimuli versus positive Verstärkung).

Beispiel
- *Ein Mädchen Ihrer Klasse meldet sich im Unterricht nie zu Wort. Wird es aufgerufen, erschrickt es, wird verlegen, macht aber kaum Äußerungen.*

Das Erscheinungsbild ist eindeutig festgelegt und läßt auf regressives Verhalten schließen. Entscheidend für die Therapie wird hier aber sein, welche Leistungsfähigkeit dieses Kind besitzt und inwieweit es in die Klassengemeinschaft integriert ist.

Grundsätzlich empfiehlt es sich, bei weniger detaillierten Vorgaben in der Fragestellung nach dem Herausstellen der Offenheit eine Interpretation in mehrfache Richtung anzugehen.

4.1.4 Das Problem benennen

Indem sich der Prüfling zu Beginn seiner Ausführungen zwingt, die dem Fallbeispiel zugrundeliegenden Problemfelder bzw. das Basisproblem zu benennen, ist eine gründliche Analyse sichergestellt. Für das Herauslösen der Problematik bietet die unter 2.2.3 aufgeführte Liste Hilfen an.

Übung

Versuchen Sie für folgende Fallbeispiele die implizierten Basisprobleme zu benennen:
- *Sie geben in einer zweiten Jahrgangsstufe zwei Stunden Sport. Nach etwa drei Wochen fällt Ihnen ein Schüler auf, der nahezu jeder Übung aus dem Weg geht. Als Sie ihn ermuntern, ans Gerät zu gehen, beginnt er zu weinen.*
- *Auf einen Impuls hin melden sich nur wenige Schüler. Um weitere Kinder zu ermuntern, äußert die Lehrerin: „Es ist gar nicht schwer, wenn es diesmal sogar der Dietmar weiß."*
- *Bei der Klassenelternversammlung fordert ein Vater von der Leistungsdifferenzierung im Rechtschreiben abzugehen, da dadurch soziale Diskrimination begünstigt würde.*
  (Anm.: Obwohl das Problem schon benannt ist, sollte es nochmals deutlich herausgestellt werden)
- *Ein Schüler Ihrer Klasse schlägt bei vielen Gelegenheiten auf seine Mitschüler ein. Sie beobachten, wie er gerade einen Klassenkameraden vom Stuhl stößt.*

4.2 Vorstellen einer nach logisch-wissenschaftlichen Gesichtspunkten aufgebauten Gliederung

Entsprechend unserer eingangs getroffenen Einteilung bieten sich hier eigentlich zwei grundlegend unterschiedliche Gliederungsmodelle an, denen allerdings wiederum idealtypischer Charakter zukommt und die unbedingt flexibel anzuwenden sind. Mit besonderem Vorbehalt sind sie bei komplexen Fragen zu betrachten. Hier wäre eine Integration der Gliederungsschemata erforderlich.

4.2.1 Fallbeispiele: Der Schüler als Konfliktauslöser

Beispiel

– *Die Schülerin einer 3. Jahrgangsstufe meldet sich fast nie zu Wort. Die Leistungen fallen gegenüber dem Vorjahr rapide ab. Auf Befragen hin teilen Ihnen sowohl Kollegen als auch Eltern mit, daß das Kind in der 1. und 2. Jahrgangsstufe eine eifrige Schülerin war, die aktiv am Unterrichtsgespräch teilnahm.*

Vorgehen	Aussagemöglichkeiten
HERAUSLÖSEN DER PROBLEMATIK Basisproblem und Zusatzinformationen trennen Grundsatzliteratur einfließen lassen	Problem des plötzlichen Leistungsversagens. Offen bleibt, ob die Schülerin die Klasse wechselte; unklar ist, welche familiären Einflüsse gegeben sind.
VORSTELLEN EINER GLIEDERUNG Fallspezifische Orientierung beim Gliedern Verzicht auf vorbereitete Schemata	Konfliktanalyse, Diagnose, Konfliktlösung, Grenzen der Einflußnahme, Forderungen, um derartige Erscheinungen zu verhindern.
KONFLIKTANALYSE *Symptomerhellung* nicht unbedingt erforderlich	Welche Symptome kennzeichnen das Erscheinungsbild dieser Schülerin? Welche Symptome deuten grundsätzlich auf Leistungsversagen hin?
Ursachenerhellung Auflisten des Ursachengeflechts, Verwerten aller Informationen Kein schablonenhaftes Aufzählen aller Ursachenmöglichkeiten (pädagogisch, psychologisch, soziologisch)	Lehrerwechsel Verhalten des Lehrers Emotionale Schwierigkeiten Konflikte im Kind Wechsel der Klasse Rivalität im Elternhaus affektive Hemmung . . .

Methoden der Ursachenerhellung Verbindung zwischen vermuteter Ursache und methodischen Ansätzen aufzeigen	Befragung der Lehrkraft → Analyse des Verhaltens gegenüber der Schülerin Elterngespräch → Veränderungen in der Familie (erwartete Schwierigkeiten einfließen lassen) Soziogramm → Integrationsgrad (kritische Anmerkungen zur Aussagefähigkeit des Soziogramms in der Grundschule beachten) Gespräch mit der Schülern (Exploration) → Eruieren von Konflikten (Schwierigkeiten betonen, praktische Hinweise zur Realisierung geben, Methode theoretisch untermauern, z.B. Gesprächsführung nach Rogers).
DIAGNOSE UND ZIELSETZUNG	
In den meisten Fällen muß aus der Fülle der Ursachen eine bestimmte angenommen werden, um sie zielgerichtet weiterzuverfolgen. (Vorteil: Vertieftes Einsteigen in eine stimmte Problematik)	z.B. Verhalten der Lehrkraft mitverursacht durch eine affektive Hemmung der Schülerin (Diagnosen auswählen, die der Lehrkraft auch Einflußmöglichkeiten bieten) z.B. emotionale Stabilität im Lehrer-Schüler-Verhältnis
KONFLIKTLÖSUNG	
Kurzfristige Maßnahmen Klaren Bezug zur Diagnose herstellen	Einleitung: Welche Auswirkungen hat die Fortdauer des Lehrerverhaltens? Reflexion über Lehrerverhalten, Probleme? Elternkontakte (rechtliche Vorschriften zum Leistungsabfall
Langfristige Maßnahmen Nicht nur katalogisieren und rezepthaft darstellen, sondern pädagogische Intentionen und lernpsychologisches Modell einfließen lassen	Verstärkung positiver Leistung → Effektgesetz (Thorndike) Änderung der Sitzordnung → Modellernen (Bandura) Übertragen von Aufgaben → Stärkung des Selbstwertgefühls (Gefahr: Aufgaben werden als Bevorzugung interpretiert)

Anmerkung: Sollte genügend Zeit vorhanden sein, lassen sich weitere Diagnosen nach gleichem Lösungsweg verfolgen	

GRENZEN	
Realistische Sichtweise beachten	Einflüsse, die außerhalb der Schule liegen, entwicklungspsychologische Gegebenheiten ...

ZUSAMMENFASSUNG	
Thesenhaft zusammenfassen	Forderungen zur Verhinderung derartiger Erscheinungen

Bei diesem Fallbeispiel wurde durch die detaillierten Vorgaben von Anfang an die unmittelbare Fallösung ins Auge gefaßt und erst in der Zusammenfassung eine Generalisierung der Aussagen versucht. Bei allgemein gehaltenen Fällen (z.B. Ein Schüler fertigt keine Hausaufgaben) empfiehlt es sich, die Problematik zunächst losgelöst vom Fall zu erörtern, um dann auf der Basis dieses Grundwissens die Lösung anzugehen.

Beispiel
- *Ein leistungsstarker Schüler weigert sich, bei Partner- und Gruppenarbeit mitzuarbeiten. Er äußert häufiger: „Allein bringe ich mehr fertig."*

Vorgehen	Aussagemöglichkeiten
HERAUSLÖSEN DES PROBLEMS	Leistungsverweigerung bei kooperativen Arbeitsformen, übertriebenes Selbstwertgefühl
VORSTELLEN EINER GLIEDERUNG	siehe obiges Beispiel

KONFLIKTANALYSE	
Allgemein Das Abschweifen in didaktische Aussagen ist zu vermeiden	pädagogische, psychologische, soziologische Bedeutung der Gruppenarbeit, Partnerarbeit: Kooperationsfähigkeit partnerschaftliche Einstellung Frustrationstoleranz Einsatzbereitschaft Selbstbeherrschung . . . Lösen affektiver Spannungen Bereitschaft zu Kompromiß und Ausgleich Selbststeuerung Kontaktverhalten . . . [7]
Fallspezifisch ▼	(das weitere Vorgehen kann analog zum obenstehenden Beispiel erfolgen)

Übung

Versuchen Sie aus den vorgenannten Beispielen Fälle zusammenzutragen, die sich mit Hilfe dieser Gliederung lösen lassen!

4.2.2 Fallbeispiele: Der Lehrer als Konfliktauslöser

Zwei Formen der Fragestellung lassen sich hier unterscheiden:

- Die Reaktionsweise des Lehrers ist offen

    Beispiel

    – *Bei der Übernahme einer 5. Klasse während des Schuljahres stellen Sie fest, daß die Schülerzeichnungen, die die Wand schmücken, nicht von den Schülern dieser Klasse gefertigt sind.*

- Die Reaktionsweise des Lehrers ist vorgegeben

    Beispiel

    – *Ein Lehrer läßt die Bücher und Hefte nach einem bestimmten System unter die Bank einordnen. Die Schüler wissen sofort, wo das betreffende Heft bzw. Buch zu finden ist.*

---

[7] Vgl. Georg Dietrich: Bildungswirkungen des Gruppenunterrichts. München 1969.

Im ersten Fall muß zunächst nach den theoretischen Kenntnissen gefragt werden, die die Lehrkraft einbringen muß, um ihre Entscheidung *zu treffen.* Beim zweiten Beispiel dagegen ist das Verhalten der Lehrkraft zu überdenken, um zu eruieren, aufgrund welcher theoretischer Vorentscheidung sie *gehandelt hat.*

Trotzdem ergibt sich in der Gliederung einer sachlogischen Lösung beider Fälle keine größere Abweichung, so daß auf eine differenzierte Darstellung verzichtet werden kann. Das folgende Beispiel zwingt zum Durchdenken einer Lehreräußerung.

Beispiel
— *Auf den Zwischenruf eines Schülers antwortet die Lehrerin: ,,Wenn du nur sonst auch so geistreiche Einfälle hättest."*

Vorgehen	Aussagemöglichkeiten
HERAUSLÖSEN DES PROBLEMS	
Alle Informationen einbeziehen. Zu keiner vorschnellen Wertung verleiten lassen	Verbale Reaktionsweise auf Störverhalten Erziehungsmittel der Bloßstellung (begriffliche Abklärung)
VORSTELLUNG EINER GLIEDERUNG	
PROBLEMERÖRTERUNG	
pädagogische Intention psychologische Annahme soziologisches Wissen theoretische Untermauerung der Aussagen mit Literaturverweisen	Was bewegt den Lehrer zu dieser Äußerung? z.B. Intention: Beteiligung, Steigerung der positiven Aktivität Wirkung: soziale Diskrimination eines einzelnen Schülers Modell: Imitation z.B. Intention: Anbahnen von Ordnungsformen Wirkung: Verstärkung negativen Verhaltens Modell: Reiz-Reaktionslernen Erfolgsgesetz (Skinner/Thorndike)

	z.B.
	Intention: Bewußte Bloßstellung
	Wirkung: wird falsch eingeschätzt
	Modell: aversiver Stimulus

WERTUNG

Wertung des Verhaltens bzw. Zielsetzung
(besonders bei offenem Lehrerverhalten)

Ablehnung des Erziehungsmittels der Beschämung oder Bloßstellung
Einsatz positiver Erziehungsmittel im Verbalbereich

Auswirkungen kurzfristig

Verärgerung
affektive Hemmung
Steigerung des negativen Verhaltens ...

Auswirkungen langfristig
Wirkungen auf den Einzelschüler und die Gruppe oder Klasse unterscheiden

soziale Probleme
negative Auswirkungen auf das Klassenklima
emotionale Ablehnung des Lehrers ...
Leistungsverweigerung
Schulangst
Außenseiter
Klassenkaspar ...

PROBLEMLÖSUNG

Fallspezifisch
Keine Rezeptologie
Ursachenspezifisch argumentieren
Eigenen unterrichtspraktischen Bezug herstellen
Pädagogische, nicht didaktische Sichtweise akzentuieren

Wie verhalte ich mich gegenüber Schülern, die durch witzige Zwischenbemerkungen auffallen?
Intention: Aufmerksamkeit erregen
Reaktion: Nichtbeachten (Extinction)
Problem: Reaktion der übrigen Schüler

Intention: Aggression gegenüber der Lehrkraft
Reaktion: Kontingenzvertrag, Verstärkereinsatz
Problem: Einhalten des Vertrags oder Verstärkens bei normaler Klassenstärke

	Intention: Anerkennungsdefizit kompensieren
	Reaktion: Verschiebung der Aktivität
	Problem: Leistungsschwäche des Schülers

Allgemein
Allgemeine Grundsätze aufstellen und theoretisch untermauern

Nach welchen Kriterien sollte das Verbalverhalten eines Lehrers ausgerichtet werden?
Tausch [8]: Reversibilität
  Emotionale Zuwendung
  Sachlichkeit
  . . . . .
Ideal wäre eine Verknüpfung der Forderung mit psychologischen Wirkungen

GRENZEN

Rückgriff auf mögliche Komponenten: Lehrer, Schüler, Eltern, Schulorganisation unter Berücksichtigung der fallspezifischen Problematik

Gefahr antiautoritären Verhaltens
Problematik bei mangelnder Einsicht (Gewöhnung)
Milieubelastung . . .

Übung

Versuchen Sie die Gliederung an folgenden Beispielen einzuüben:

Beispiele
- *Sie haben eine Klasse neu übernommen. Bei jeder falschen Antwort springen die Schüler auf, zeigen auf das betreffende Kind und beginnen lauthals zu lachen.*
- *Ein junger Lehrer fordert unbedingten Gehorsam und ahndet jeden Verstoß mit drastischen Erziehungsmaßnahmen.*
- *Ein Lehrer führt jede Übungsarbeit als Wettbewerb durch. Schüler, die besonders leistungsfähig sind, werden ausgezeichnet.*
- *Die Lehrerin einer 1. Jahrgangsstufe verteilt für besonders schöne Arbeitsblätter Sternchen. Bei 10 Sternchen darf sich ein Schüler ein Bild abholen.*

Es muß nochmals betont werden, daß die Vielzahl der Möglichkeiten, ein Fallbeispiel zu formulieren, eine flexible Handhabung der eben vorgestellten Gliederungen erfordert.

---

[8] R. u. A. Tausch, Erziehungspsychologie, 5. Aufl., Göttingen 1970.

4.3 Wissenschaftlich gründliche, ,,vollständige" Beantwortung

4.3.1 ,,Vollständigkeit" der Beantwortung

Um zu einer vollständigen Beantwortung bei sehr komplexen Fragestellungen zu kommen, empfiehlt es sich, durch Aufzählen der Einzelprobleme Problembewußtsein zu beweisen, aber mit Einverständnis der Prüfungskommission bestimmte Probleme auszuwählen und dann gründlich abzuhandeln.

Beispiel

– *Sie übernehmen eine neue Klasse. Bei der Vorinformation über die Schüler finden Sie im Schülerbogen eines Kindes folgende Eintragung ,,Verwahrlosungssyndrom".*

Beim Verwahrlosungssyndrom handelt es sich um ein Bündel von Symptomen, die innerhalb von 15 Minuten keineswegs erschöpfend abgehandelt werden können. In einem solchen Fall wäre zu empfehlen, zunächst die gesamte Problematik aufzuzeigen und dann aus den Symptomen eines auszuwählen, das dann wissenschaftlich gründlich angegangen wird. Die Floskel: ,,Mit Ihrem Einverständnis wähle ich mir den Bereich... aus", könnte die Kommunikation zwischen Prüfling und Kommission erleichtern.

4.3.2 Wissenschaftliche Gründlichkeit

Wissenschaftliche Gründlichkeit kann nicht so verstanden werden, daß wörtliche Zitate aneinanderzureihen wären. Dennoch ist ein eindeutiger Literaturbezug anzustreben.

Wissenschaftliche Gründlichkeit verlangt fachadäquates Vorgehen, das sich von einer Beraterkolumne in einer Elternzeitschrift deutlich abhebt. Die praktisch orientierten Folgerungen sollten stets theoretisch untermauert werden. Dies bedeutet, daß man z.B. auf Theorien zur Genese von Verhaltensabweichungen zurückgreift.

Beispiel

Aggression: – *als angeborener ,,Trieb" (Freud, Lorenz?)*
– *als Reaktion auf Frustration (Dollard, Doob, Miller, Mowrer, Sears)*
– *als Produkt des Lernens (Selg, Oswald, Raue)*

Übung

Tragen Sie auch zu diesen Symptomen eine wissenschaftlich fundierte Ursachenerhellung zusammen!
Angst, Diebstahl, Lügen, Trotz, Störverhalten, Außenseiter, Sprachstörung, Entwicklungsstörung.

4.4 Gezielter Gebrauch der Fachsprache

Diese Forderung steht in enger Beziehung zu 4.3.

Eine überzeugende Argumentation kann nur gelingen, wenn die Fachsprache beherrscht wird. Relevante Begriffe können in Form kurzer, selbstentwickelter Definitionen, im Sinne einer operationalisierten Umschreibung abgeklärt werden.

Übung

Versuchen Sie eine Kurzdefinition oder Umschreibung folgender Begriffe:

Disziplin	Angst
negative Verstärkung	Erziehungsmittel
Konzentration	Erziehungsstil
Strafe	Regressives Verhalten
Wettbewerb	Intrinsische Motivation
Symptom	Anamnese

4.5 Geistige Flexibilität

4.5.1 Eingehen auf Eingriffe der Prüfungskommission

Erfahrungsgemäß scheitert die Reaktion auf Eingriffe von Prüfern zumeist an der mangelnden Dekodierungsfähigkeit des Prüflings. Im nachfolgenden wird deshalb einmal versucht, Mehrdeutigkeiten des Sprachgebrauchs an Beispielen näher zu verdeutlichen.

Beispiele	Erwartungen
Sie sprechen von Verstärkung	Zurückführen auf den Gedankengang Wegführen von falschen Behauptungen Hinlenken auf weitere Aussageaspekte Definition oder Präzisierung des Begriffs
Der Schüler zeigte nicht nur Aggressionen	Erfassen der gesamten Problematik Bedeutung wichtiger Zusatzinformationen Hinweis auf das Basisproblem
Da könnte man doch den Eltern einen Brief schreiben	Widerspruch provozieren Erweiterung der aufgezeigten Lösungsmöglichkeiten

In vielen Fällen bieten die Situation und die nonverbalen Zusatzinformationen hinreichend Möglichkeiten, die Eingriffe eindeutig zu dekodieren. Auf sie sollte deshalb besonders geachtet werden.

4.5.2 Zusammenhänge der Ausführungen herstellen und Schlußfolgerungen daraus ziehen

Vor allem bei sehr komplexen und offenen Fragestellungen besteht die Gefahr, daß bei der Fülle der Details der Zusammenhang aus dem Blickfeld gerät. Deshalb ist eine Verdichtung der Einzelaussagen unbedingt erforderlich.

Beispiel

— *Sie stellen fest, daß ein neuer Schüler Schwierigkeiten hat, von der Klassengemeinschaft angenommen zu werden.*

Durch die Offenheit des Falls ist eine Fülle von Ursachen möglich. Es liegt daher die Gefahr nahe, daß dem reihenden Aufzählen von Ursachen ohne hinreichende Zusammenfassung eine ebenso allgemeine und beziehungslos dargebotene Therapie folgt. Hier nun zeigt sich die Flexibilität in einem klaren Herstellen von Beziehungen. Dabei sollten schwerpunkthaft einige ausgewählte Ursachen bis zur Langzeittherapie weiterverfolgt werden.

5. Möglichkeiten der Vorbereitung

5.1 Erstellen von Arbeitspapieren im arbeitsteiligen Verfahren

Als Ausgangspunkt für das Erstellen von Informationspapieren können die unter 2.2.3 angegebenen Problemfelder dienen. Durch arbeitsteiliges Verfahren läßt sich die Verarbeitung der einschlägigen Fachliteratur leisten.

Hier ein Vorschlag für ein derartiges Arbeitspapier:

Hausaufgabe

Rechtlicher Aspekt

○ vorbereitende und nachbereitende Hausaufgabe
○ Schüler ist zur Hausaufgabe verpflichtet
○ Jahrgangsstufen 5-9 führen Aufgabenheft
○ Durchschnittliche Schüler müssen die Aufgabe selbständig in angemessener Zeit erledigen können (Grundschule 1 Stunde, Hauptschule 1-2 Stunden)
○ Sonntage, Feiertage und Ferien sind von Aufgaben freizuhalten

Pädagogischer Aspekt der Hausaufgaben

Aufgabe der Hausaufgabe

● Erziehung zur Selbständigkeit durch Übertragen eigenverantwortlicher Aufgaben
● Anbahnen von Arbeitstugenden (Regelmäßigkeit, Sauberkeit, Zeiteinteilung, Ausdauer ...)
● Sinnvolle Ergänzung einseitiger Spielhaltung

Hausaufgabe

- Verbindungsglied zwischen Schule und Elternhaus: Realistische Einschätzung der Arbeitshaltung und Leistungsfähigkeit der Kinder
- Steigerung der Arbeitsfreude durch individualisiertes Arbeitstempo
- Arbeitsfreude durch Rückblick auf Geleistetes
- Ästhetische Erziehung
- Stärkung der Gruppenbindung durch gemeinsame „Aktionen im Freizeitbereich"

Gefahr der Hausaufgaben

▲ Verstärken milieubelastender Faktoren (unzureichender Arbeitsplatz, mangelndes Verständnis und Interesse verstärken die Differenzen in den Ergebnissen und können zu schichtenspezifischen Nachteilen führen.
▲ Begrenzung des engen Freizeitraums bei überehrgeizigen Eltern
▲ Quelle von Verhaltensauffälligkeiten (Lügen, Abschreiben, Täuschung, Unsauberkeit durch mangelnde Hilfestellung, die durch Verstärkung generalisiert werden kann ...)
▲ Lehrer als Aufgabensteller kann bei Schülern, die z.B. überfordert werden, emotional negativ „beladen" werden.

Forderungen an eine pädagogisch effektive Hausaufgabe

★ Zusammenhang zwischen Unterricht und Hausaufgaben Schülern transparent werden lassen (intrinsische Motivation)
★ Beratung der Eltern (vom Helfen zum Anerkennen!)
★ Variation in der Aufgabenstellung sichert Motivation und Problembewußtsein
★ Rückmeldung über die Erledigung der Aufgaben muß unmittelbar erfolgen (Problem des Einsammelns)
★ Leistungsdifferenzierung sichert optimale Passung und steigert damit das individuelle Anspruchsniveau

Lit.: Geißler, Hausaufgaben – Hausarbeiten, Bad Heilbrunn 1970.

5.2 Training des Herauslösens von Problemfeldern

Im Gegensatz zur Ernstsituation sollte diese Arbeit zunächst ohne Zeitdruck erfolgen. Denn gerade durch die Diskussion über die Ergebnisse werden weitere Aspekte ins Blickfeld gerückt. Deshalb scheint auch hier die Kleingruppe das ideale Arbeitsteam. Das Konstruieren von Fallbeispielen zu angenommenen Problemfeldern lenkt den Blick auf die Zusammenschau von Einzelinformationen, sprachliche Kodierungsfloskeln, Strukturen von Fallbeispielen und hilft die Schwerpunkte richtig zu gewichten.

5.3 Training des schnellen Gliederns

Um zu einem flexiblen Gebrauch der in diesem Beitrag angeregten Gliederungen zu kommen, kann ein Gliedern unter Zeitdruck empfohlen werden.

5.4 Brainstorming

Nach Vorlage eines Fallbeispiels und Benennen der Problematik versuchen alle Gruppenmitglieder Stichpunkte für die Fallösung zusammenzutragen. Im Anschluß an diese Stoffsammlung werden die beziehungslos zusammengetragenen Informationen kategorisiert.

5.5 Rollenspiel

Für das freie fachspezifische Sprechen und das Erproben von Lösungsstrategien hat sich das Rollenspiel gut bewährt. Zunächst versucht eine Kleingruppe vor einem „Prüfer" die Ernstsituation zu simulieren. Dazu wird ein nicht vorbereitetes Fallbeispiel vorgelegt, das dann in 15 Minuten umfassend mündlich bearbeitet werden soll.

Das Rollenspiel in Form der Einzelprüfung erwies sich erst am Ende des Trainings als effektiv.

6. Zusammenfassung

Erziehliche Konfliktfälle, die die Grundlage für die mündliche Prüfung in Schulpädagogik bilden, lassen sich, wie zwischenmenschliche Prozesse überhaupt, nur idealtypisch in Schemata pressen. Die Erziehungspraxis wird stets neue Konflikte zutage fördern, die Interdependenz der einzelnen Faktoren unterschiedlich gewichten müssen und damit die Arbeit zu immerwährender Innovation anregen. Demzufolge ist gerade in dieser Prüfung äußerste Flexibilität in der Argumentation notwendig, um die vorgegebenen Informationen fallspezifisch zu erörtern. Jedes Schema, einschließlich der hier aufgezeigten, kann nur einen Grobraster für die Arbeit darstellen. Es kann aber helfen, eine wissenschaftliche Vorgehensweise zu verdeutlichen und dadurch über eine umfassende Analyse zu vielfältigen, zielgerichteten Therapieansätzen zu gelangen. Im Aufdecken der inneren Zusammenhänge und in der theoretisch fundierten Untermauerung der sachlogisch entwickelten Gedanken liegen die Stärken eines kritischen Erziehers.

Systematische Therapieansätze, die über die allgemeinen Erfahrungen mit Kindern hinausgehen und neben dem individualpsychologischen Ansatz auch verhaltenstherapeutische Bemühungen kritisch würdigen, vervollständigen das Bild professionellen Arbeitens (des pädagogischen Fachmanns).

Literaturhinweise zur inhaltlichen Vorbereitung – Kurzinformationen

Gruber/Stieren/Volk: Schulpädagogik und Fachdidaktik in Frage und Antwort. München 1977
Beiträge in Blätter für Lehrerfortbildung ab 7/8 1977

Weitere Information
Tausch, R. u. A.: Erziehungspsychologie. Göttingen

Correll, W.: Einführung in die pädagogische Psychologie. Donauwörth
Belschner/Hoffmann/Schott/Schulze: Verhaltenstherapie in Erziehung und Unterricht. 3. Aufl., Stuttgart 1975
Dührssen, A.: Psychogene Erkrankungen bei Kindern und Jugendlichen. 2. Aufl., Göttingen 1960
Kuhlen, V.: Verhaltenstherapie im Kindesalter. 4. Aufl., München 1974
Ammer u.a.: Veränderung von Schülerverhalten. München 1975
Seiß, R.: Beratung und Therapie im Raum der Schule. Bad Heilbrunn 1976